HEYNE <

D1873805

DAS BUCH

In der Galaxis Ambriador, Millionen Lichtjahre von der Erde entfernt, streben die Ereignisse ihrem Höhepunkt entgegen. Das wiederum kann für das Imperium Altera der in Ambriador lebenden Menschen nur heißen: Die Katastrophe naht. Kat-Greer, der neue Erste Hetran des Trovents der Laren, gibt seinen Flotten den Marschbefehl in Richtung Altera. Auch Verduto-Cruz, der geniale larische Techniker, hat einen Weg gefunden, die Posbis der Zweiten Zivilisation mit ihrer geballten Militärmacht gegen das Sternenreich der Menschen zu werfen. Posbis und Laren hätten für diesen Angriff keinen besseren Zeitpunkt wählen können: Das Imperium Altera ist von den Auseinandersetzungen der letzten Jahre nicht nur militärisch geschwächt. Das ganze Staatsgefüge zeigt Risse, als es zum offenen Machtkampf zwischen den Fraktionen von Administrator Ismael und Staatsmarschall Michou kommt.
Und Perry Rhodan hält sich fern von Altera auf, im Takrone-System, das in der Nähe des hyperphysikalisch chaotischen Zentrums der Galaxis liegt. Vom Planeten Pakuri aus steuert der Terraner TRAGTDORON an, das Produkt der überlegenen Kosmokraten-Technologie. Er ist sich sicher: Wer über TRAGTDORON verfügt, entscheidet über das weitere Schicksal der Völker von Ambriador. Doch TRAGTDORON, das Instrument der Kosmokraten, lässt sich nicht einfach in Besitz nehmen wie ein lebloses Konstrukt. Es steckt ein Geist in der Maschine – in der Schöpfungsmaschine. Und dieser Geist hat seinen eigenen Willen ...

DER AUTOR

Uwe Anton wurde 1956 in Remscheid geboren und arbeitet seit 1980 als freiberuflicher Schriftsteller, Herausgeber und Übersetzer (unter anderem für »Star Trek«). Seit 1995 gehört er dem PERRY RHODAN-Team an.

DER UMSCHLAGILLUSTRATOR

James Clyne studierte zunächst Kunst und Malerei und später Industriedesign, bevor er Mitte der 90er-Jahre begann, Kulissen und Figuren für Computerspiele zu entwickeln. Seit 1997 arbeitet Clyne als Illustrator in Hollywood, unter anderem für Filme wie *Krieg der Welten, Poseidon, Charly und die Schokoladenfabrik, Der Polarexpress* und *Minority Report.*

Perry Rhodan

DER POSBI-KRIEG

UWE ANTON

DIE SCHÖPFUNGS-MASCHINE

Roman

Perry Rhodan » Der Posbi-Krieg 6

Mit einem Anhang von Hartmut Kasper

Originalausgabe

WILHELM HEYNE VERLAG
MÜNCHEN

Umwelthinweis:
Dieses Buch wurde auf chlor- und säurefreiem Papier gedruckt.

Originalausgabe 4/07
Redaktion » Hartmut Kasper
Lektorat » Sascha Mamczak & Ursula Bergenthal
Copyright © 2007 by Pabel-Moewig Verlag KG, Rastatt
Copyright © 2007 des Anhangs by Hartmut Kasper
Copyright © 2007 dieser Ausgabe
by Wilhelm Heyne Verlag, München
in der Verlagsgruppe Random House GmbH
www.heyne.de
Printed in Germany 2007
Umschlagbild » James Clyne
Umschlaggestaltung » Nele Schütz Design, München
Satz » C. Schaber Datentechnik, Wels
Druck und Bindung » GGP Media GmbH, Pößneck

ISBN: 978-3-453-53267-0

Prolog

Aus den Chroniken des kosmischen Ereignisforschers Beck

Die Kleingalaxis Ambriador, etwa fünf Millionen Lichtjahre von der Milchstraße entfernt, war im Jahr 1343 Neuer Galaktischer Zeitrechnung von rätselhafter hyperenergetischer Tätigkeit erfüllt, die bewirkte, dass aus allen Bereichen der Lokalen Gruppe und darüber hinaus in Hyperstürmen einzelne Raumschiffe oder gar ganze Raumschiffskonvois verloren gingen und so schwer beschädigt in Ambriador wieder zum Vorschein kamen, dass sie die Galaxis nicht mehr verlassen konnten.

Im Jahr 2409 alter Zeitrechnung der Terraner war ein Siedlerkonvoi der Terraner nach Ambriador verschlagen worden, hatte dort aus den Trümmern der geretteten Technik das Imperium Altera gegründet und war auf eine Population von Posbis getroffen, die auf demselben Weg nach Ambriador gelangt war.

Zweieinhalbtausend Jahre herrschte zwischen Altera und den Posbis Frieden. Obwohl die Posbis von Ambriador nie »befriedet« worden waren, hatte die Hass-Schaltung, die sie in der Milchstraße zu Feinden jeglichen Lebens gemacht hatte, anscheinend keine Macht über sie.

Doch im Jahr 4894 begannen die Posbis gegen das Imperium von Altera einen Vernichtungskrieg zu führen. Begleitet von der Frage *»Seid ihr Wahres Leben?«* flogen sie eine Angriffswelle nach der anderen gegen das Imperium.

Anfang April 1343 NGZ – was dem Jahr 4930 alter terranischer und gültiger alteranischer Zeitrechnung entsprach – bat Lotho Keraete, der Bote der Superintelligenz ES, den Terranischen Residenten Perry Rhodan, in Ambriador nach dem Rechten zu sehen. Die bis dato in der Milchstraße unbekannte Bevölkerung der Menschen in Ambriador stand im Krieg gegen die Posbis vor dem Untergang, und Rhodan war es schließlich schon einmal gelungen, die Posbis zu befrieden.

Auf Caligo, dem Trovent-Planeten einer Laren-Population, die es ebenfalls nach Ambriador verschlagen hatten, gerieten Rhodan und seine Begleiter zwar in die Wirren eines Bürgerkriegs, konnten den neuen Ersten Hetran der Laren, General Kat-Greer, jedoch überzeugen, den Techniker Verduto-Cruz ausfindig zu machen, der als Einziger in der Lage war, einen havarierten Fragmentraumer der Posbis wieder flugtüchtig zu machen. Kat-Greer schien – nicht zuletzt unter den Einflüsterungen einer Hypton-Kolonie, die im Trovent die Fäden zog – einzusehen, dass die Posbis sich auch gegen die Laren wenden würden, sobald sie das Imperium Altera erst zerschlagen hatten. Rhodan beabsichtigte, mit dem erbeuteten Raumschiff den geheimen Zentralplaneten der Posbis anzufliegen, die Achtzigsonnenwelt. Wollten sie die Menschheit des Imperiums Altera retten, mussten sie die Hass-Schaltung finden und außer Kraft setzen.

Doch die Hass-Schaltung stellte sich als durch einen geheimnisvollen »Siebenkopf-Zusatz« modifiziert heraus und konnte nicht aufgehoben werden. Währenddessen gerieten Rhodans Begleiter Startac Schroeder und die von ihm auf Caligo befreite Alteranerin Tamra Cantu auf dem Rückweg zum Imperium Altera in Raumnot und mussten mit dem altersschwachen Troventaar ORTON-TAPH auf dem entlegenen Planeten Terra Incognita notlanden. Ihre Zuflucht erwies sich jedoch als Standort eines regelrechten Raumschiffs-Friedhofs – und eines Dimensionstunnels, der an einen unbekannten Ort führte.

Perry Rhodan, Mondra Diamond und ihre Posbi-Begleiter aus der Milchstraße erreichten schließlich Siebenkopf, eine Siedlung von 69 Keloskern auf dem Planeten Pakuri, im Zentrum der Kleingalaxis Ambriador. Für Siebenkopf arbeiteten nicht nur Posbis, sondern auch die Ureinwohner von Pakuri. Die Imago-Forscher erschufen mit der Kraft ihres Geistes Artefakte, die nur einen Zweck hatten: die TRAGTDORON-Fähre zu erbauen, ein Vehikel, das den Keloskern Zugang zu einem mächtigen Instrument der Kosmokraten verschaffen sollte.

Eins

Perry Rhodan, Pakuri:
5. Juni 1343 NGZ (4930 nach Christus)

Perry Rhodan versuchte, den Nebel mit Blicken zu durchdringen, doch es war sinnlos. Die Schleier waren nicht nur überall, schienen nicht nur mit jeder Sekunde dichter zu werden, sondern auch näher zu kommen, wogten heran, als wären sie beseelt. Nur verschwommen konnte er die Frachtbühne erkennen, der sie folgten und auf der sich die 69 Kelosker von Siebenkopf versammelt hatten.

Eine schwere Erschütterung erfasste den Gleiter und ließ ihn einen meterhohen Satz machen, und Rhodan befürchtete einen Moment lang, den Halt und das Gleichgewicht zu verlieren. Instinktiv schloss er die Finger fester um die Haltestange des Gefährts, das eigentlich die Bezeichnung Transit-Porter trug, wie Rechenmeister Crykom ihm beiläufig mitgeteilt hatte. Er traute dem Fluggerät nicht ganz über den Weg, auch wenn es von Posbis konstruiert worden war. Allerdings nach Vorgaben der Kelosker, und die mochten zwar mehrdimensionale Gleichungen problemlos lösen können, traten beim Laufen aber schon mal auf ihre überlangen Greiftentakel. In der Theorie waren sie unübertroffen, bei der Bewältigung der Praxis aber unbeholfen, wenn nicht sogar untauglich.

»Wir m-müssen sofort u-umkehren!«, drängte Nano Aluminiumgärtners zum wiederholten Mal innerhalb von fünf Minuten. »Das Risiko ist viel zu groß! Wir dürfen Mondra dieser Gefahr auf keinen Fall aussetzen. Wie konntest du nur so v-verantwortungslos handeln, Perry? Wir müssen ...«

Der Posbi stieß einen leisen Schrei aus und verstummte abrupt.

Rhodan schaute nicht hin. Er wollte gar nicht wissen, was die Mutter seines Sohns Delorian und seine derzeitige »Leibwächterin« mit dem Roboter angestellt hatte. Seit Nano sich »unsterblich« in die ehemalige Artistin und TLD-Agentin verliebt hatte, ging er ihnen noch mehr auf die Nerven als zuvor.

Er antwortete nicht auf Nanos verzweifelte Bitte, starrte weiterhin in den undurchdringlichen Nebel, der das Tal der Dimensionen ausfüllte.

Tal der Dimensionen! Der Name übte eine beträchtliche Faszination aus, klang geheimnisvoll, vielversprechend für den, der kein Risiko scheute, wenn es galt, einem Geheimnis auf den Grund zu gehen. Einem Geheimnis, das über das Schicksal einer Galaxis und das Leben von Milliarden Menschen entscheiden konnte.

Als er die Augen zusammenkniff, machte er wieder die gewaltige Plattform aus, der sie folgten. Die Kelosker dienten als Lotsen, doch Rhodan fragte sich, inwieweit selbst sie diese Umgebung überhaupt erfassen konnten. Er vermutete, dass die schier endlose Senke, in die sie flogen und die viele Kilometer tief durch den unheimlichen Nebel in die Kruste von Pakuri hineinzuführen schien, nichts anderes als eine dimensionale Verzerrung war. In Wahrheit gab es hier überhaupt kein Tal, sondern der Raum selbst hatte sich zu einer Mulde verformt.

Eine dimensionale Verzerrung, die durchaus imstande war, sie jeden Augenblick zu verschlingen. Rhodan fragte sich, was mit ihnen geschehen würde, wenn Raum und Zeit über ihnen zusammenschlügen. Würden sie dann wie durch einen Dimensionstunnel an einen anderen Ort versetzt werden? Einer wie den, durch den Startac Schroeder und seine Begleiterin Tamra Cantu vom Planeten Terra Incognita nach Pakuri vorgestoßen waren? Oder würden sie irgendwie zwischen den Dimensionen vergehen, entkörperlicht werden, als Hauch einer Erinnerung zwischen Sein und Nichtsein treiben?

Erneut wurde der Transit-Porter heftig durchgeschüttelt.

»O weh«, sagte der Matten-Willy Mauerblum, »wie soll ich euch jetzt noch beschützen?«

Er meinte damit in erster Linie die Posbis Nano Aluminiumgärtner und Drover, die er nach Ambriador begleitet hatte, um ihnen seine Obhut angedeihen zu lassen.

Rhodan zwang sich, ruhig und gleichmäßig zu atmen. Er konnte die gewaltige Plattform nur undeutlich ausmachen. Gerüste standen darauf, Stangen sperrten in alle Richtungen. Dazwischen knotenhafte Gebilde, über deren Sinn und Zweck er nur Vermutungen anstellen konnte. In der Mitte die Siebenunddreißig, die Tawe, der Imago-Mönch der Ueeba, geschaffen hatte. Und irgendwo daneben die 69 Kelosker.

Plötzlich schien der Nebel in Brand zu geraten. Ein grelles Flackern durchzog ihn, ein Leuchten und Irrlichtern, das ihm eine ganz neue Konsistenz verlieh. Nun war er nicht mehr einförmig grau, sondern schien in Flammen zu stehen, die sich rasend schnell zu dem Transit-Porter fraßen. Ein lautes Knistern durchdrang die Kabine des Gleiters, als würde auch die Luft in ihm brennen.

Was geschah in diesem Tal? Was erzeugte diese Effekte?

»Mondra!«, kreischte Nano Aluminiumgärtner. »B-bleib standhaft! Ich eile zu dir, ich umschließe und schütze dich mit meinem Körper, ich verbrenne, verglühe, verkohle, bevor du verzehrst wirst von der Flammen Gewalt, denn ich könnte es nicht ertragen, dich vor mir sterben zu sehen!«

»Halt den Mund, Nano«, sagte Rhodan. Vor sich machte er nicht mehr nur die Frachtbühne mit den kruden Kolossen darauf aus, sondern noch etwas anderes, eine Art ... *verfestigten* Nebel? Ein graueres Grau als das, das sie allgegenwärtig umgab? War das etwa ... der Boden der Senke?

»Nein!«, schrie Nano. »Mondra! Bitte nicht! Nein!« Diesmal lag eine solche Qual in seiner Stimme, dass Rhodan sich unwillkürlich zu seinen Begleitern umdrehte.

Mondra Diamond, Startac Schroeder und Tamra Cantu lagen reglos auf dem Boden des Transit-Porters, und Mauerblum breitete sich wie ein Teppich zwischen Drover und Nano aus. Die Lebewesen waren bestenfalls bewusstlos, die Roboter rührten sich nicht mehr.

Wer in das Tal hinabsteigen will, braucht als Lotsen einen Kelosker! Und selbst dann ist es normalsterblichen Wesen nicht vergönnt, die Desorientierungen bei Bewusstsein zu überstehen!

Wann hatte Rechenmeister Crykom das zu ihm gesagt? Er wusste es nicht mehr genau. Die Verwirrung griff auch nach ihm, bekam ihn immer stärker in die Gewalt. Weil er das gegenwärtige Geschehen nicht mehr richtig erfassen konnte, floh er in Erinnerungen.

Was hatte Lotho Keraete ihm gesagt, damals, in der Milchstraße? Seine Anwesenheit in Ambriador war unbedingt erforderlich, *weil es ein Schloss zu öffnen gilt, für das nur du einen Schlüssel finden kannst.* Deshalb hatten die Kelosker auch darauf bestanden, ihn ins Tal der Dimensionen mitzunehmen ... ganz abgesehen davon, dass er sich von nichts in der Welt davon hätte abhalten lassen, sie zu begreifen.

Normalsterbliche Wesen ... Er blieb bei Bewusstsein, die anderen nicht. Sicher, Drover und Nano waren Roboter, aber ...

»Perry!« Er hörte Mondras Flüstern in demselben Augenblick, in dem er sah, wie sie sich aufzurichten versuchte, das Gesicht verzerrt, Arme und Beine unnatürlich verbogen, als wären sie bei dem Sturz mehrfach gebrochen worden ... oder knochenlos wie die Tentakel der Kelosker.

Du siehst die Fähre nicht. Sie verzerrt die Raum-Zeit. Du siehst nur eine Nebelsenke. Du erfasst nicht die komplexe sechsdimensionale mathematische Schönheit, fielen ihm Crykoms Worte vor dem Aufbruch wieder ein.

»Ganz ruhig«, flüsterte Rhodan. »Ich vertraue den Keloskern! Sie wissen, was sie tun! Nichts von allem, was wir sehen, ist wirklich! Es handelt sich nur um dimensionale Verzerrungen!«

»Perry, ich ... ich sterbe ...« Mondra schien ihn nicht wahrzunehmen, sah an ihm vorbei.

»Das ist Unsinn! Kämpfe nicht dagegen an! Du musst nicht bei Bewusstsein bleiben! Denk daran, was die Ueeba und die Kelosker gesagt haben!«

Er hatte erwartet, dass Mondra sich zurückfallen ließ, sich der gnädigen Ohnmacht überantwortete, doch sie zog sich hoch, Zentimeter um Zentimeter. Nano Aluminiumgärtner stand wie erstarrt da, statt seiner großen Liebe zu helfen, und auch Drover regte sich nicht. Wahrscheinlich waren ihre biologischen Komponenten in Mitleidenschaft gezogen.

»Mondra«, flüsterte Rhodan.

Dann war es vorbei. Der Transit-Porter kreischte wie ein Lebewesen, schüttelte sich noch einmal wie ein Wildpferd, das zugeritten werden sollte. Rhodan kämpfte um den Halt, und seine ehemalige Lebensgefährtin sackte auf den Boden zurück.

Die Blitze leuchteten kaum noch und erloschen dann endgültig, und Rhodan richtete sich langsam auf und drehte sich um, sah zu dem, was vor ihnen lag. Der Flug war scheinbar endlos gewesen, doch nun schienen sie ihr Ziel erreicht zu haben.

Der Nebel war so dicht geworden, dass man ihn kaum noch als solchen bezeichnen konnte. Hatte er sich tatsächlich verfestigt?

Das irrlichterne Gewitter erlosch endgültig. Sie hatten den Grund der Senke erreicht.

O nein, dachte Rhodan, nur um im nächsten Augenblick wieder klar und logisch zu denken. Die Desorientierung fiel von ihm ab.

Der starre Nebel tief unten in der Senke war fester Grund und Boden. Eine etwa zehn Kilometer durchmessende Talsohle, auf der eine rege Geschäftigkeit herrschte, die er niemals erwartet hätte.

Schwärme von Posbis umlagerten dort ein albtraumhaftes Gebilde, arbeiteten daran, montierten es.

Die TRAGTDORON-Fähre.

Ein gigantisches, widersinnig in sich verschlungenes Etwas, das nur ein wahnsinniger Geist hatte ersinnen können und sich Rhodans Begriffsvermögen weitestgehend entzog.

Schwärme von Posbis.

Unwillkürlich wartete er darauf, dass sie ihn bemerkten, sich zu ihm umdrehten und die für sie einzig relevante Frage stellten: *Seid ihr Wahres Leben?*

Aber nein, versuchte er sich zu beruhigen. Es waren die *Alles-für-euch*, wie die Ueeba sie nannten, die positronisch-biologischen Roboter, die nicht der neu erweckten Hass-

Schaltung unterlagen, sondern seit jeher im Auftrag der Kelosker tätig waren. Der kruden Kolosse, die nicht mitbekommen hatten, was sich in den letzten 36 Jahren in Ambriador abgespielt hatte, so unglaublich das auch anmuten mochte.

Rhodan kniete neben Mondra und Startac nieder. Beide atmeten tief und gleichmäßig; die Lider seiner ehemaligen Geliebten bewegten sich leicht. Sie waren nur ohnmächtig, würden jeden Moment wieder erwachen. Das galt hoffentlich auch für Tamra und den Matten-Willy, mit dessen Körper er aber nicht vertraut genug war, um eine hinreichende Diagnose zu stellen.

»Kümmert euch um sie«, sagte er zu Drover und Nano Aluminiumgärtner. »Informiert mich über Funk, falls ihr Zustand sich verschlechtern sollte.« Dann ging er zum Schott des Gleiters, öffnete es und trat hinaus.

Vor ihm versperrte ihm die Frachtbühne die Sicht, der sie in das Tal gefolgt waren. Hinter ihr verschwand die obere Hälfte der TRAGTDORON-Fähre im wieder dichter werdenden Nebel.

Er machte einige Kelosker auf der Bühne aus, doch sie achteten nicht auf ihn, überwachten konzentriert die Aktivitäten der Posbis, die mittlerweile mithilfe von Antigrav-Projektoren die Siebenunddreißig von der Frachtbühne bugsierten. Sie verschwendeten keine Sekunde. Rechenmeister Crykom hatte ihnen wohl kaum auftragen müssen, Vorsicht walten zu lassen; Posbis unterliefen in dieser Hinsicht keine Fehler.

So unscheinbar die Röhre von sieben Metern Länge und vier Metern Durchmesser war, so wertvoll war sie für die Kelosker. Zwei Versuche hatten sie vor Jahrtausenden gestartet, den Hyperstrahler TRAGTDORON zu erreichen; beide waren gescheitert. Zwei Fähren hatten sie fertig gestellt, beide Male hatte TRAGTDORON die Kelosker nicht eingelassen. Das *Objekt-T* existierte im Hyperraum, und um es zu betreten, brauchte man ein Kopplungsmodul.

Eben die Siebenunddreißig, das Meisterstück der Imago-Forscher. Tausend Jahre lang hatten die Ueeba sich im Auftrag der Kelosker vergeblich bemüht, die psimaterielle Artefakt-Komponente zu erschaffen. Tausend Jahre lang war es ihnen nicht gelungen. Sie mussten ihr einen Psionischen Stempel aufdrücken, doch eine vollständige Kopie dieses Musters schien keine den Keloskern bekannte Macht des Universums herstellen zu können.

Erst, als Perry Rhodan mit dem Fragmentraumer-Konvoi von der Achtzigsonnenwelt Pakura erreicht hatte, hatte sich das Blatt gewendet. Rhodan verfügte über die Aura eines Ritters der Tiefe, und damit konnte Crykom die Spezifikationen der Siebenunddreißig so verändern, dass die Herstellung für die Imago-Forscher stark vereinfacht wurde. Rhodans Ritteraura war nichts anderes als ein psionisches Muster, und der Rechenmeister ließ das Kopplungsmodul nun so gestalten, dass dieses Muster in den Psionischen Stempel der Siebenunddreißig eingebunden wurde und ein Wesen mit einer Ritteraura TRAGTDORON erreichen konnte. Er hatte die Siebenunddreißig schlicht und einfach auf Rhodans Aura justieren lassen.

Lotho Keraetes Worte kamen ihm wieder in den Sinn. *Weil es ein Schloss zu öffnen gilt, für das nur du einen Schlüssel finden kannst.*

Der Bote der Superintelligenz ES hatte sich vielleicht etwas unklar ausgedrückt. Rhodan musste diesen Schlüssel nicht finden, er *war* der Schlüssel und musste jetzt nur noch zu dem Schloss vordringen.

Sorgfältig überprüfte Rhodan die Anzugsysteme. Zu seiner Überraschung schienen sie einwandfrei zu funktionieren. Warum auch nicht? Die Posbis arbeiteten schließlich ja auch mit Antigravstrahlen. Vorsichtig stieg er empor.

Und hielt den Atem an, als er die TRAGTDORON-Fähre wieder deutlicher ausmachen konnte.

Vielleicht tun der Nebel und die unwirkliche Umgebung das ihre dazu, um die Fähre so unwirklich aussehen zu lassen, klammerte Rhodan sich an eine vergebliche Hoffnung.

Mangels eines besseren Begriffs war der Terraner geneigt, die Fähre als *offenen Fragmentraumer* zu bezeichnen. Die Kantenverstrebungen verrieten eine Würfelform, doch die Oberflächen waren noch nicht eingelassen worden – *oder werden wohl nie eingelassen,* korrigierte Rhodan sich. Die Fähre hatte auch nicht die sonst übliche Kantenlänge von zwei oder drei Kilometern, sondern war nur 1200 Meter hoch, wie die Anzugsysteme ihm verrieten. Jeweils auf 400 und 800 Metern Höhe waren Zwischendecken eingezogen. Auf der ersten erkannte Rhodan zahlreiche Hochenergie-Aggregate, die von den Laren um Verduto-Cruz auf der Achtzigsonnenwelt erbaut worden waren, und auf der zweiten befanden sich mehrere kuppelförmige Aufbauten. Dorthin steuerten die Posbis auch die Siebenunddreißig.

In der Optik der Anzugortung wurde das Gebilde wie ein Würfel dargestellt, doch was Rhodan sah, schien in sich verschlungen zu sein, gebogen und gekrümmt, eher eine *Kugel.*

Hatte er geglaubt, auf der Fähre herrsche rege Betriebsamkeit, konnte er das, was sich nun auf dem Grund der Fähre seinen Blicken bot, nur noch als hektisches Durcheinander bezeichnen. Dort legten Tausende von Posbis letzte Hand an, ein 380 Meter hohes Etwas in das Schiff einzubauen, das ihm nur allzu gut bekannt war.

Das kriechende Herz, wie er es genannt hatte. Der Fragmentraumer-Konvoi, mit dem sie Pakuri erreicht hatten, hatte es befördert, ein Rohrgeflecht aus Metallen, Kunststoffen und Verbundstoffen, das ihn an verschlungene, peristaltisch langsam pulsierende Gedärme erinnerte, an ein Nest von trägen Riesenschlangen. Die einzelnen Bestandteile waren unlackiert und ohne Verkleidungen oder Beschichtungen. Rhodans Blicken bot sich nicht nur ein Gewirr von Formen und Materialien, sondern auch von Farben an, wobei allerdings Metall- und Erdtöne vorherrschten. An mehreren Stellen der untersten Ebene des eigentümlichen Schiffs zerrten Posbis ganze Knäuel Versorgungsleitungen zu dem kriechenden Herzen und schlossen sie an markierte Verbindungsmodule an.

Rhodans Blick fiel an dem Schiff vorbei ins Tal. Mehrere hundert Meter hinter dem oberflächenlosen Würfel machte er zwei weitere dieser Konglomerate künstlicher Riesengedärme aus. Er kniff die Augen zusammen. Obwohl keinerlei Ortungssysteme des Anzugs darauf hinwiesen, war er einen Moment lang überzeugt, dass sie sich bewegten, langsam zu dem Schiff glitten, als wollten sie ihre angestammte Stelle dort einnehmen und den Neuankömmling verdrängen.

Also hatten die Posbis dieses Modul nicht zum ersten Mal gebaut. Aber die neue Version hatten sie wahrscheinlich optimiert.

Unter sich machte er eine Bewegung aus. Er erkannte einen Kelosker, ihren Anführer, Crykom. Offenbar wollte der Rechenmeister die Arbeiten der Posbis aus einiger Entfernung betrachten.

Langsam sank er tiefer und bereitete sich mental auf ein Gespräch mit ihm vor. An eine beiläufige Plauderei war bei Keloskern nicht zu denken. Sie verstanden Wesen und Gegenstände aller Art sowie n-dimensionale Vorgänge als reine Zahlenkombinationen zu sehen und entsprechend zu berechnen. So ging es bei ihnen stets streng sachlich zu, wobei sie zum Abstrahieren und Mathematisieren neigten. Ihre Äußerungen überforderten normale Wesen in der Regel. Anders ausgedrückt: Es fiel einem Kelosker – und ganz besonders Crykom – schwer, sich normalen Wesen mitzuteilen.

»Ritter Rhodan«, sprach der Rechenmeister ihn zu seiner Überraschung an. Also wollte er etwas von ihm.

Rhodan musste den Kopf zurücklegen, um dem fast dreieinhalb Meter großen Wesen in die Augen sehen zu können. »Was kann ich für dich tun, Crykom?«

»Im Augenblick nichts«, erwiderte der Kelosker völlig ernsthaft. »Wenn es so weit ist, werde ich mich an dich wenden.«

Rhodan mahnte sich, bei Gesprächen mit Keloskern in Zukunft besser auf seine Wortwahl zu achten. »Weshalb willst du mich sprechen?«

»Begib dich mit deinen Begleitern an Bord der TRAGTDORON-Fähre. Wir werden starten, sobald die Posbis die beiden letzten Komponenten eingebaut haben.«

»Nicht so schnell«, sagte Rhodan. »Was ist das für ein Schiff?«

Machte er tatsächlich so etwas wie Verwunderung im Blick des Rechenmeisters aus? Erstaunen darüber, dass er sich nach dem Offensichtlichen erkundigte?

»Die dritte TRAGTDORON-Fähre, die die Posbis in den letzten Jahrtausenden nach unserer Anleitung erbaut haben. Sie wird es uns ermöglichen, den Attraktor TRAGTDORON zu betreten, nachdem die ersten beiden Versuche fehlgeschlagen sind.«

»Diese Hochenergie-Aggregate ...« Rhodan deutete auf das erste eingezogene Zwischendeck. »Die haben die Laren um Verduto-Cruz für euch erbaut, nicht wahr?«

Der Kelosker antwortete nicht darauf.

»Ich bezweifle, dass sie unter den neuen Bedingungen der Hyperimpedanz funktionieren«, brachte Rhodan seine Besorgnis zum Ausdruck.

»Sie sind funktionsfähig«, widersprach Crykom, »weil wir über einige Hyperkristalle einer überlegenen Ordnung verfügen.«

Überrascht horchte Rhodan auf. »Was für Kristalle?«

Wieder schwieg der Kelosker. Nach einem Moment – offensichtlich wartete er ab, ob Rhodan eine weitere Frage hatte – drehte er sich um und stapfte davon, seinem ursprünglichen Ziel entgegen.

Weitere Erklärungen waren laut seiner Berechnungen wohl überflüssig.

Besorgt musterte Rhodan seine »Leibwächterin« aus dem Augenwinkel. Sie hatte sich wesentlich schneller als Startac und der Matten-Willy von dem Abstieg ins Tal der Dimensionen erholt, die Desorientierung fast sofort überwunden, nachdem sie ihr kurzzeitig übermäßig schwer zu schaffen gemacht hatten.

Normalsterbliche Wesen, dachte Rhodan.

Mondra schien in den letzten Jahren, wenn nicht sogar Jahrzehnten, um keinen Tag gealtert zu sein. Sie schien körperlich und geistig frischer, besser in Form zu sein denn je zuvor.

Sie hat im Land Dommrath die Erinnerungen des sterbenden Dieners der Materie Torr Samaho und des toten Kommandanten und Architekten des Chaotenders ZENTAPHER, Kintradim Crux, in sich aufgenommen. Besteht da ein Zusammenhang?

»Das ist ... unheimlich«, sagte sie, bevor Rhodan dem Gedanken weiter nachgehen konnte. »Ich frage mich, wie die Ueeba in der Ringstadt der Posbis das wahrnehmen.«

Rhodan nickte. Sie hatten Unterschlupf in der Kuppel auf dem oberen Zwischendeck gefunden, in der sich auch die Kelosker aufhielten, während die Posbis die letzten Fertigungsschritte beendeten. Ein wahres Gewitter an Lichteffekten begleitete den Vorgang. Überall im Tal, so weit sie sehen konnten, leuchtete und irrlichterte es wieder. Der Nebel, nein, die gesamte Welt schien in einem Kaleidoskop greller Farben zu schimmern, die sie unwirklich machten, ihren Zusammenhalt zu zerreißen schien. Schneller, als das Auge – oder der Verstand – es erfassen konnte, löste sie sich auf und setzte sich anders wieder zusammen, tausende Male pro Sekunde.

Rhodan bedauerte, dass er von seinem Standort aus nicht verfolgen konnte, wie die letzten Bestandteile der TRAGTDORON-Fähre eingefügt wurden.

Er schloss kurz die Augen, als ein gewaltiger Blitz den Nebel des Tals hinaufschoss, vermutlich bis hinauf zur Ringstadt der Posbis. Im nächsten Moment spürte er ein leichtes Zittern unter den Füßen.

»O nein!«, jammerte Nano Aluminiumgärtner. »Du hättest dich niemals darauf einlassen dürfen, Perry! Zumindest hättest du Mondra zurücklassen müssen ...!«

Niemand achtete auf ihn.

Das Vibrieren ließ sofort wieder nach, und Rhodan spürte nicht die geringste Bewegung, während der Talboden auf einmal unter ihm wegzusacken schien. Es war eine eigentümliche Erfahrung. Wie ein gewaltiges Stück Nichts erhob sich die TRAGTDORON-Fähre aus dem Tal der Dimensionen, ohne wahrnehmbare Beschleunigung, stieg empor in den Himmel ...

Als Rhodan wieder zu Boden sah, war das Tal der Dimensionen verschwunden. Stattdessen bedeckte eine Wüste aus Sand den kreisrunden Platz im Mittelpunkt der Ringstadt der Posbis. Die Produktionsanlagen, die er eben noch auf der Talsohle erkannt hatte, waren nun mitten auf der Ebene zu sehen.

Es ist geglückt! Rhodan entrang sich ein schwaches Lächeln. *Rechenmeister Crykom und seine Kelosker steuern die Fähre ins All!*

Das unglaubliche Gebilde erwies sich, fast wider seine Erwartung, tatsächlich als raumtauglich. *Eine Sorge weniger,* dachte er erleichtert.

Zwei

Verduto-Cruz, Achtzigsonnenwelt:
27. Mai 1343 NGZ (4930 nach Christus)

Kohurion winkelte beide Arme an, als das halbe Dutzend Posbis den Kurs änderte und genau auf sie zuhielt. Seine Greiffinger bogen sich zurück, klappten aus den Scharnieren und gaben die Abstrahlmündungen zweier schwerer Kombiwaffen frei.

»Warte«, sagte Verduto-Cruz äußerlich ruhig. Innerlich fluchte er jedoch auf. Dem unspezifischen Befehl folgend, ihn zu schützen, hatte der von ihm programmierte Posbi-Kampfroboter vorschnell reagiert. Er hatte seine Waffen auf Artgenossen gerichtet und damit verraten, dass seine Programmierung nicht der Norm entsprach.

Der larische Wissenschaftler hätte von Kohurions Plasma-Komponente mehr erwartet.

Allerdings waren die Neuankömmlinge die ersten Posbis, die seit 24 Stunden Notiz von ihnen nahmen. Gestern war ihnen die Flucht aus der unmittelbar darauf startenden BOX-1122-UM gelungen. Bereits am Rand des Landefeldes waren sie auf den ersten Posbi gestoßen. Der Roboter hatte sie nicht angegriffen, weder Kohurion noch ihn, für Verduto-Cruz ein sicheres Zeichen dafür, dass seine neuerliche Manipulation der Hass-Schaltung erfolgreich gewesen war.

Die positronisch-biologischen Roboter hatten ihn nicht

einmal zur Kenntnis genommen. Es war ihm also tatsächlich gelungen, durch Veränderungen an der Hass-Schaltung die Laren als »Wahres Leben« zu definieren, während die Alteraner nach wie vor als »Falsches Leben« galten und von den Posbis mit aller Härte verfolgt wurden.

Die sechs Posbis setzten wenige Meter vor ihnen auf. Es handelte sich allesamt um Kampfmaschinen, jeweils um die zweieinhalb Meter groß und wahrscheinlich einer Baureihe entstammend. Dennoch unterschieden sie sich in zahlreichen Einzelheiten voneinander. Der eine hatte drei Waffenarme, der nächste einen kugelförmigen Kopf mit Spezialsensoren, der dritte eine schwere Thermokanone aus seinem Leib ausgefahren, aber nicht aktiviert. Das Aussehen sämtlicher Posbis war unterschiedlich und rein zweckbedingt.

»Ihr seid Wahres Leben«, stellte der vorderste der Roboter fest. Überflüssigerweise, denn sonst wäre Verduto-Cruz schon längst tot. »Dennoch wirft eure Anwesenheit hier einige Fragen auf.«

»Endlich«, sagte Verduto-Cruz. »Endlich nehmt ihr Kenntnis von uns.« Einen Tag lang waren sie über das riesige Hochplateau im Zentrum von Vabonde gezogen, auf dem sich die Anlagen des Neuen Zentralplasmas befanden, der zentralen Intelligenz der Posbis der Zweiten Zivilisation. Sie befanden sich jetzt mitten in dem Komplex. Nicht weit vor ihm ragte ein Kuppelbau auf, einer von vierzig, die das Zentralplasma der Zweiten Zivilisation bargen. Die Gebäude waren nicht sonderlich groß, aber über ein Gebiet von fünf Kilometern Durchmesser verteilt. Im Zentrum des Areals erhob sich eine wesentlich größere, rund 400 Meter durchmessende Kuppel.

Verduto-Cruz war von seinen bisherigen Besuchen auf der Achtzigsonnenwelt nur allzu gut bekannt, dass die Plasmamasse als biologisch lebender Bestandteil der Hyperinpotronik in Tanks untergebracht war, die subplanetarisch einen Zylinder von 20 Metern Durchmesser und 250 Metern Höhe ausfüllten und sich über der Oberfläche als eben jene 40 Kuppelbauten von jeweils zehn Metern Höhe und 20 Metern Durchmesser aufwölbten. Jede Kuppel verfügte über eine eigene Energie- und Klimaversorgung. Rohr- und Kabelverbindungen verschwanden neben den Einzelkuppeln im glatten, stahlharten Belag.

Die Anlagen waren ausgeweitet worden, als gäbe es heute mehr Kuppeln für zusätzliche Plasmamengen, ansonsten war alles wie damals.

Obwohl die nervenähnliche Masse so umfangreich war, dass sie echte Intelligenz entwickelt hatte, und die eigentliche Seele des Systems darstellte, war sie für Verduto-Cruz' Auffassung lächerlich schlecht gesichert. Die Ortung seines Raumanzugs verzeichnete zwar ein schier unentwirrbares Chaos energetischer Strukturen, doch es gab hier nicht einmal Prallfeldzäune oder andere Sperren. Hier, im absoluten Zentrum der Zweiten Zivilisation, die Ambriador seit 36 Jahren mit einem tödlichen Vernichtungskrieg überzog – einem Krieg, den er durch seine damalige und nicht vollständig geglückte Manipulation ausgelöst hatte!

Aber die Position der Achtzigsonnenwelt war nur den Posbis selbst bekannt, und die Welt wurde von Flotten geschützt, die keine bekannte Macht dieser Galaxis überwinden konnte.

Der Lare schaute zu der großen Kuppel hinüber. Die Steuereinheit lag im Zentrum eines Kreises, den jene acht Ur-BOXEN bildeten, die vor 11.000 Jahren nach Ambriador verschlagen worden waren und aus denen sich die Zweite Zivilisation entwickelt hatte.

»Ihr wünscht eine Kontaktaufnahme?«, fuhr der Kampfroboter fort. »Deshalb seid ihr auf der Achtzigsonnenwelt? Wie seid ihr hierher gelangt?«

Verduto-Cruz fragte sich, wieso das Zentralplasma erst mit einem Tag Verzögerung auf ihre Anwesenheit reagierte. »Ich bin Wahres Leben«, sagte er. »Ich bin ein Freund der Posbis. Es ist von größter Bedeutung, dass ich sofort mit der höchsten Instanz sprechen kann. Mit der Hyperinpotronik des Hochplateaus von Vagonde. Ich bin dem Zentralplasma nicht fremd und habe es schon mehrmals unterstützt. Mein Name ist Verduto-Cruz.«

Der Kampfroboter verharrte einen Augenblick lang unbeweglich. Das Licht in seinen Sehzellen schien kurz schwächer zu leuchten. Dann hellte es sich wieder auf, und das Glimmen verstärkte sich innerhalb von Sekundenbruchteilen zu einem intensiven dunkelroten Glühen. »Die Hyperinpotronik begrüßt das Wahre Leben Verduto-Cruz auf der Achtzigsonnenwelt«, sagte der Kampfroboter. »Sie versichert ihm, dass sie ihm weiterhin freundschaftlich verbunden ist. Allerdings verhindern gewisse Umstände, dass Verduto-Cruz in ihre unmittelbare Nähe vorgelassen werden kann. Doch die Hyperinpotronik nimmt nun direkten Kontakt mit Verduto-Cruz auf und wird mit ihm sprechen.«

Der Lare lauschte aufmerksam, vermochte in der Stimme des Kampfroboters aber nicht die geringste Veränderung herauszuhören, als er ohne Unterbrechung fortfuhr: »Wie ist das Wahre Leben Verduto-Cruz nach sechsunddreißig Jahren unbemerkt auf die Achtzigsonnenwelt zurückgekehrt, Verduto-Cruz?«

Der Wissenschaftler atmete tief ein. Er war überzeugt, dass nicht der Kampfroboter diese Frage wiederholt hatte, sondern er nun direkt mit der Hyperinpotronik sprach.

Die Hyperinpotronik ... kein Lare kannte sich besser mit ihr aus als er. Sie war sein Spezialgebiet; ihm war es gelungen, sie zu manipulieren, er hatte den Feldzug der Posbis gegen das »Falsche Leben« ausgelöst und den fatalen Fehler begangen, die Laren nicht davon auszuschließen. Ein Fehler, der viele Leben und ihn 36 Jahre seines Lebens gekostet hatte.

Ein Fehler, den er am gestrigen Tag korrigiert hatte.

Die Hyperinpotronik ... Positronische Schalteinheiten der Zentraleinheit dehnten sich subplanetarisch bis in 1500 Meter Tiefe aus. Darüber hinaus gab es nicht nur auf Vabonde, sondern auf der gesamten Achtzigsonnenwelt ungezählte Knoten- und Nebenrechner von normaler biopositronischer Konfiguration. Die Verbindung zwischen dem Zentralplasma und den Rechnern erfolgte über Millionen von Bioponblocks, deren vernetzte Ausläufer das Plasma durchzogen und die syntho-organischen Verbindungseinheiten – die Balpirol-Halbleiter – zwischen organischen Nervenbahnen und positronischen Leitern darstellten. Die Umsetzung von organischen Impulsen in technisch nutzbare Symbolgruppen und umgekehrt erfolgte über die Hypertoyktische Verzahnung der Bioponblocks.

Dieser Komplex von Hypertoyktischer Verzahnung, Hyperimpuls-Umformer sowie Positronik war die Hyperinpotronik, bei der der Plasmazusatz die Aufgabe des Gefühlssektors übernahm und Eigenleben und Kreativität entwickelte. Die Denkvorgänge waren daher effizienter als bei reinen positronischen Anlagen und erreichten im Rahmen der Grundsatzprogrammierungen einen nicht zu unterschätzenden Grad individueller Entscheidungsfreiheit.

»Ich verfüge über wichtige dem Zentralplasma noch unbekannte Informationen«, sagte er zu dem Kampfroboter. Auch früher hatten direkte Kontakte mit der Hyperinpotronik entweder über spezielle Terminals oder aber über direkt von ihr »übernommene« Posbis stattgefunden. Jeder

Posbi hatte einen etwa faustgroßen Zellplasma-Zusatz, der über halborganische Nebenstränge – eben diese Bioponblöcke – mit den Steuerschaltungen der eigentlichen Befehlspositronik verbunden war. Die Bioponblöcke übertrugen die Kommandoimpulse des Nervengewebes auf den Ausführungsmechanismus des Positronengehirns. »Die Achtzigsonnenwelt, das Allerheiligste der Zweiten Zivilisation, ist von Eindringlingen heimgesucht worden, ohne dass die Hyperinpotronik es bemerkt hat.« Er fand diese Form der Kommunikation einfach nur drollig; beide Seiten sprachen in der dritten Person von ihrem Gesprächspartner.

»Von Eindringlingen?«

»An Bord von BOX-1122-UM, die gestern nach einigen Tagen Aufenthalt wieder gestartet ist. Ein Posbi namens Nano Aluminiumgärtner befand sich an Bord. Er im Besitz sämtlicher Kommando-Kodes aus der alten Zeit – vor Entstehung der Zweiten Zivilisation!«

»Ein Posbi namens Nano Aluminiumgärtner?«

Das war ein kritischer Punkt. Verduto-Cruz hatte mittlerweile von Perry Rhodan die Hintergründe erfahren. Die Posbis stammten aus der Milchstraße, Rhodans Heimat. Dort war ihnen die Hass-Schaltung programmiert worden, die die Vernichtung aller Lebensformen außer dem Wahren Leben gebot. Selbstverständlich wussten die Alteraner von den Ur-Posbis, schließlich hatte der historische Großadministrator Perry Rhodan vor knapp 4000 Jahren persönlich den Frieden zwischen dem Solaren Imperium und den Posbis besiegelt.

Davon aber hatten die hiesigen Posbis aus Ambriador nichts erfahren. Sie waren schon vor etwa 11.000 Jahren nach Ambriador verschlagen worden, auf ähnliche Weise wie die Alteraner und die Laren. Rhodan war also ein völlig unbeschriebenes Blatt für sie.

»Ein Posbi der Ersten Zivilisation«, erklärte der Lare, »aus der legendären Heimat, der Milchstraße.«

Der Kampfroboter schwieg kurz. Sehr kurz, aber lange genug, dass Verduto-Cruz sich vorstellen konnte, welche Gedankenprozesse gerade in der Hyperinpotronik abliefen.

»Ein Posbi der Ersten Zivilisation?«, wiederholte sie dann.

Verduto-Cruz erläuterte die Zusammenhänge – soweit sie ihm bekannt waren und er es für gerechtfertigt hielt. Er sagte nicht die ganze Wahrheit, aber er griff auch nicht auf Unwahrheiten zurück. »Die Posbis der Zweiten Zivilisation müssen daher sämtliche Kodes umstellen«, empfahl er schließlich, »denn ein Teil dieser Kodes ist nun den Alteranern bekannt, und sie werden nicht zögern, diese Kodes im Kampf gegen die Fragmentraumer einzusetzen.«

»Die Hyperinpotronik ist geneigt, Verduto-Cruz zu glauben, und dankt ihm für diesen Hinweis«, antwortete der Kampfroboter diesmal ohne jede Verzögerung. »Mithilfe alter Kodes hat das Falsche Leben Fort Kanton zurückerobern können.«

»Sobald die Kodes umgestellt sind, kann die Zweite Zivilisation unverzüglich mit der Rückeroberung von Fort Kanton beginnen«, sagte der Wissenschaftler. »Die Laren sind Wahres Leben und den Posbis freundschaftlich verbunden. Anschließend wird die Zweite Zivilisation das Imperium Altera auslöschen, und die Laren, das Wahre Leben, werden an ihrer Seite sein.«

»Diese Handlungsfolge klingt logisch.«

Verduto-Cruz atmete auf. Damit stand endgültig fest, dass seine Manipulations-Korrektur erfolgreich verlaufen war.

Aber etwas anderes bereitete ihm Kopfzerbrechen: die Siebenkopf-Schaltung, jene rätselhafte Zusatzschaltung, mit der die ursprüngliche Hass-Schaltung der Posbis gekoppelt war. Was sie bewirkte, hatte er niemals herausgefunden, denn es handelte sich bei ihr um eine in höchstem Maße fortschrittliche Technologie, die er nicht verstand. Schon vor 11.000 Jahren hätten die Posbis in Ambriador mit dem Feldzug gegen das Falsche Leben beginnen müssen, doch sie hatten es nicht getan. Jene Siebenkopf-Schaltung hatte den kriegerischen Impetus der Hass-Schaltung neutralisiert.

»Das Wahre Leben Verduto-Cruz würde gern mit einigen Posbi-Fragmentraumern BOX-1122-UM folgen«, sagte er. Er wusste nicht, was Rhodan und seine Begleiter hier auf der Achtzigsonnenwelt über die Siebenkopf-Schaltung erfahren hatten, doch sie waren ihr auf der Spur. Er hatte Rhodan als ernst zu nehmenden Gegner kennengelernt – auch wenn die Denkweise des Terraners insgesamt der larischen natürlich weit unterlegen war – und durfte kein Risiko eingehen. Rhodan war immerhin unterwegs zu Siebenkopf.

»Auch diese Handlungsfolge klingt logisch. Doch wir müssen auf den nächsten Einflugkorridor warten, der sich in gut sechs Wochen auftut, denn die Einflugschneise ins galaktische Zentrum steht immer nur für wenige Stunden offen.«

Siebenkopf befand sich also im Zentrum Ambriadors? Erneut fluchte Verduto-Cruz innerlich. »Die nächsten gut fünf Wochen lang ist also keine Kommunikation ins Innere, zu Siebenkopf, möglich?«

»Genauso ist es.«

Rhodan hatte also einen beträchtlichen Vorsprung. Aber um Siebenkopf ging es Verduto-Cruz ohnehin nicht: Er wollte lediglich die Alteraner ausgelöscht sehen.

Genau wie der Erste Hetran, Kat-Greer, der ihn auf diese Mission geschickt hatte.

»Dann werden die Hyperinpotronik und ihre Freunde

und Verbündete, das Wahre Leben der Laren, sich in das Unvermeidliche fügen müssen«, sagte er.

»Der Lare Verduto-Cruz hat es richtig erkannt«, bestätigte die Hyperinpotronik. »Aber die Hyperinpotronik wird ihn zeitnah auf den Weg schicken. Sein erster Zwischenhalt wird Orombo sein. Doch zuvor möchte er bitte eine Besucherkuppel aufsuchen und dort seine gesamte Ausrüstung ablegen.«

»Warum?«, fragte der Wissenschaftler.

»Die Umstände seiner Ankunft auf der Achtzigsonnenwelt sind weitgehend noch ungeklärt. Vielleicht ergibt eine Analyse seiner Ausrüstung weitere wichtige Hinweise darauf.«

Der Lare war nicht sehr angetan von dieser Entwicklung, doch er konnte es drehen und wenden, wie er wollte: Er war nicht der Herr und Meister der Hyperinpotronik, sondern lediglich ihr Gast, ihr guter Freund, vielleicht auch ihr Verbündeter. Er hatte nicht die geringste Möglichkeit, der höchsten Instanz der Zweiten Zivilisation diesen *Wunsch* abzuschlagen.

»Natürlich«, sagte er gepresst. »Dieses Vorgehen klingt logisch.«

»Und er möchte bitte unseren Kampfroboter, dem allein er weisungsberechtigt ist, freigeben und der Hyperinpotronik zur Verfügung stellen.«

»Sicher gibt es auch dafür einen logischen Grund?«

»Die Hyperinpotronik hat festgestellt, dass die Programmierung dieser Einheit fehlerhaft ist. Sie stellt eine potenzielle Gefahr für den geschätzten Gast dar, den Laren Verduto-Cruz. Und Wahres Leben muss unter allen Umständen erhalten bleiben.«

Dieser Argumentation konnte er sich nicht verschließen. Aber er hatte von Anfang an die Möglichkeit in Betracht gezogen, dass die Posbis diese Manipulation bemerken würde, und dafür Vorsorge getroffen.

Aber trotzdem war diese Entwicklung unangenehm. Kohurion war ihm ein wichtiger Helfer, und wenn er seine Unterstützung nun verlor, schlimmstenfalls vielleicht von ihm getrennt wurde ...

Doch daran ließ sich nichts ändern. Der larische Wissenschaftler wusste, wann er geschlagen war. *Hyperinpotroniken streiten nicht,* dachte er. Er bezweifelte nicht, dass im Fall seiner Weigerung die sechs Kampfroboter Kohurion auf der Stelle vernichten würden.

»Selbstverständlich«, sagte er. »Ich begebe mich voller Vertrauen und Zuversicht in die Obhut der Hyperinpotronik.«

»Du bist Wahres Leben«, antwortete sein Gesprächspartner. »Die Hyperinpotronik würde niemals etwas tun, was Wahrem Leben schaden würde.«

»Natürlich nicht«, sagte Verduto-Cruz und folgte den Kampfrobotern zur nächsten Besucherkuppel.

Sie war nicht weit entfernt.

Er kannte sich hier aus.

Er war schon mehrmals hier gewesen.

Drei

**Perry Rhodan, TRAGTDORON-Fähre:
5. Juni 1343 NGZ (4930 nach Christus)**

Rhodan verfolgte wachsam die Manöver der Kelosker, musste sich jedoch eingestehen, dass er im Prinzip nicht die geringste Ahnung hatte, was genau Crykom und die anderen trieben. Sie schlurften durch die für ihre Bedürfnisse ausgelegte Zentrale der Fähre und berührten gelegentlich Schaltflächen, die zumeist so hoch angebracht waren, dass ein Terraner sie aus eigener Kraft gar nicht hätte erreichen können. Rhodan bezweifelte sogar, dass sie damit großen Einfluss auf den Kurs der Fähre nahmen. Vielleicht hatten sie ihn programmiert, vielleicht steuerten sie den in sich verschlungenen Würfel ohne Oberflächen allein mit der Kraft ihrer Gedanken.

Immerhin verrieten mehrere Holodarstellungen, dass die TRAGTDORON-Fähre tatsächlich durch das Weltall glitt. Anscheinend allerdings ziellos: In weitem Umkreis konnte er nichts, aber auch gar nichts von dem geheimnisvollen *Objekt T* ausmachen, das die Kelosker unbedingt erreichen wollten.

Es existiert im Hyperraum, erinnerte sich Rhodan, *und um es zu betreten, benötigt man das Kopplungsmodul – die Siebenunddreißig.*

Rechenmeister Crykom berührte wieder eine der Schaltflächen, und auf einigen Holos veränderte sich die Darstellung der Umgebung. *Entweder, er hat eine zusätzliche Hyperraum-Ortung zugeschaltet,* dachte der Terraner, *oder vielleicht einen speziellen Filter. Oder aber, ihm ist plötzlich eingefallen, dass wir auch noch da sind, und da er mich braucht, um TRAGTDORON zu erreichen, will er mich nicht ganz im Unklaren lassen.*

Welche Erklärung auch zutreffen mochte, vor seinen Augen formte sich ein Gebilde, das mindestens ebenso unbegreiflich schien wie die Fähre.

Nein, korrigierte sich Rhodan sofort. *Noch viel unbegreiflicher.*

Er sah eine Darstellung des Hyperraums, wie die Kelosker ihn wohl wahrnahmen: ein einförmiges Grau in Grau, auf eine unerklärliche Art und Weise in sich gekrümmt, eine anscheinend unendliche eindimensionale und doch dreidimensionale Fläche, die in vier Ecken, Kanten, *Punkten* endete, die gleichzeitig unendlich weit voneinander entfernt waren und doch praktisch nebeneinanderlagen.

Rhodan sah es zwar, konnte es jedoch nicht erfassen.

Und mitten darin 49 organisch geformte, annähernd spiralige Lichtsphären, deren Verwindungen Rhodan an DNS-Stränge erinnerten. Sie waren mehrere Kilometer lang, wie ins Interkosmo übersetzte Daten verrieten, zogen sich jedoch nicht stringent und sauber durch das übergeordnete Grau, sondern waren an den Rändern albtraumhaft zerfasert, teilweise nur noch hauchdünn erhalten, teilweise von Rissen durchzogen, die sie von einer bis zur anderen Seite durchliefen.

Ein dünnes Netz Fäden, die Rhodan in ihrer Gesamtheit an ein Spinnennetz erinnerte, verband die Sphären miteinander. Und je näher die TRAGTDORON-Fähre dem unerklärlichen Gebilde kam, je größer es in der Darstellung wurde, desto deutlicher erkannte Rhodan ein zweites Netz, unendlich viel dichter gesponnen als das erste, viel gröbere. *Ein Mikro- und ein Makro-Netz,* dachte er, ohne zu wissen, wieso er ausgerechnet diese Begriffe prägte.

Das Mikro-Netz verband etwa 200 kugelförmige, kleinere Sphären, die Rhodan unwillkürlich als materiell einstufte. Es war mit dem Makro-Netz der Lichtsphären nur noch an den Rändern verbunden. Die Intuition von fast 3000 Lebensjahren verriet ihm, dass dies ein schrecklicher Fehler war.

Nein, es war nicht nur die Intuition. *Jeder* hätte sehen können, dass diese Sphäre und die beiden Netze *wunderschön* wären, einfach *perfekt* – wären sie *intakt* gewesen. Aber das waren sie nicht. Ganz im Gegenteil, mit jeder verstreichenden Sekunde schienen sie stärker zu zerfasern. Es schien nur eine Frage der Zeit zu sein, bis die beiden Netze endgültig zerreißen und sich auflösen würden.

Im Hyperraum. Rhodan fragte sich, was dann mit ihnen und den Sphären geschehen würde, und schreckte gleichzeitig vor der Antwort zurück.

Sie würden *vergehen.* Natürlich. Und das war *falsch.*

Aber ... was war das für ein Gebilde?

TRAGTDORON, sagte er sich.

Natürlich. Aber *was* war TRAGTDORON?

Rhodan fiel auf, dass eine der Mikro-Sphären in dem speziellen Orter-Holo farbig markiert war. »Diese eine Sphäre«, hörte er im nächsten Augenblick Rechenmeister Crykoms Stimme, als hätte der Kelosker seine Gedanken gelesen oder zumindest *berechnet,* »ist als einzige aus dem Normalraum erreichbar. Diese eine Mikro-Sphäre hat als einzige eine konventionelle Masse und sorgt dafür, dass sich TRAGTDORON in dem System wie ein Asteroid verhält und eine in etwa regelmäßige Bahn fliegt.«

»Dann befindet sich dort auch die Nut, an der wir mit

dem Kopplungselement Siebenunddreißig andocken wollen?«, vermutete der Terraner.

»Gibt es eine andere Lösung?« Brüsk, wie es Rhodan schien, wandte der Kelosker sich seinen Instrumenten zu.

»Was *ist* TRAGTDORON?«, fragte Rhodan.

»Du wirst es bald erfahren«, antwortete Crykom, ohne sich zu ihm umzudrehen.

Rhodan liebte geradezu solche Antworten von Wesen, die den Menschen intellektuell überlegen waren. Ob sie nun, wie die Kelosker, Dimensionen erfassen konnten, die sich Terranern wohl niemals erschließen würden, oder wie die Boten von Superintelligenzen Rätsel aufklären, die sich sogar relativ Unsterblichen stellten – sie zogen offensichtlich eine ungeheure Befriedigung daraus, es einfach nicht zu tun.

Weil sie sich nicht in die Denkweise niedriger Wesen hineinversetzen konnten oder sie ganz einfach dumm halten wollten?

Die farbig markierte Sphäre wurde immer größer. Die TRAGTDORON-Fähre hielt genau auf sie zu. Rhodan erkannte – oder interpretierte – sie nun als ein kugeliges Gebilde von etwa 120 Metern Durchmesser, wie das Datenholo ihm verriet.

Und dann geschah wieder das, was die Wissenschaft der Kelosker für Wesen, die keine höherdimensionalen Phänomene erfassen konnten, mitunter zur reinen Magie werden ließ. Die unscheinbare Röhre von sieben Metern Länge, die die Ueeba in ihrer Psi-Fabrik nach Tausenden von Jahren endlich geschaffen hatten, dehnte sich aus. Auf einem Vergrößerungsholo konnte Rhodan genau verfolgen, wie das Gebilde aus Psi-Materie zu wachsen anfing, sich auf 70 Meter ausdehnte, auf 700 ... und dann in eine Verbindungsstelle glitt, die wie für es geschaffen war.

Rhodan sah zu Crykom hinüber. Er konnte nicht sagen, ob der Kelosker angespannt war oder ganz gelassen, so fremdartig war die Physiognomie der seltsamen Wesen, obwohl er vermutete, dass sich in diesen Sekunden entschied, ob das jahrtausendelange Wirken der Kolosse endlich von Erfolg gekrönt sein würde oder nicht. Rhodan vermochte *nichts* aus seiner Miene zu lesen.

Aber all das, was er im Grunde seines Skeptiker-Herzens befürchtete, blieb aus.

Kein greller Blitz, der TRAGTDORON verschwinden ließ. Keine aufjaulenden Alarmsirenen, keine zusammenbrechenden Holos und explodierenden Konsolen in der Zentrale.

Das Kopplungsmanöver war gelungen, die Siebenunddreißig hatte sich in der Stoff-Sphäre verankert. Die Holodarstellung wirkte wie ein billiges Trick-Trivid, und Rhodan fragte sich, was in diesen Augenblicken wirklich geschehen war.

Höherdimensional, dachte er. *Ich werde es niemals begreifen.*

»Begleite mich nun zur Siebenunddreißig«, sagte Crykom zu Rhodan, als hätten seine Berechnungen kein anderes Ergebnis zugelassen. »Wir setzen nach TRAGTDORON über.«

Rhodan nickte.

»Wir lassen dich nicht allein gehen«, sagte Mondra neben ihm.

Der Terraner schaltete diesmal sofort um. »Ich gehe nicht allein.«

Crykom zögerte keinen Sekundenbruchteil. Er war auf den Ritter der Tiefe angewiesen. »Begleitet mich nun zur Siebenunddreißig. Wir setzen nach TRAGTDORON über.«

»Selbstverständlich«, sagte er. »Darauf haben wir alle hingearbeitet.«

Rhodan fragte sich, ob ihn genau dieses intuitive Verstehen als Unsterblichen mit einer gewissen Lebenserfahrung und einem Gespür für kosmische Zusammenhänge von Normalsterblichen unterschied. Oder nur von exzentrischen Posbis wie Nano Aluminiumgärtner.

Während er dem sich schwerfällig bewegenden Crykom durch schier unendliche Gänge folgte, alle Wände, Decken und Böden metallisch Graubraun in Graubraun; während er sich fragte, was TRAGTDORON war, welchem kosmischen Geheimnis er sich näherte; während in ihm eine vertraute Faszination erwachte und immer stärker prickelte, die Verheißung auf Geheimnisse, die er bald erfahren würde; während nur dem und nichts anderem seine Gedanken galten, schien Nano vor den Entwicklungen zurückzuschrecken und sich in seine Traumwelten zu flüchten, um sich nicht mit dem beschäftigen zu müssen, was buchstäblich vor ihnen lag.

»Du m-machst einen Fehler, Perry«, sagte er nicht zum ersten Mal. »Du hättest Mondra nicht dieser Gefahr aussetzen dürfen.«

Mondra hat gefordert, mich zu begleiten. Rhodan musste sich zwingen, den Roboter nicht zu ignorieren. *Lass dir von Nano nichts einreden.*

Der Nachgedanke verriet ihm, dass auch er unglaublich angespannt war. Andernfalls wäre ihm das Gejammere des Posbis nicht so sehr auf die Nerven gegangen.

»Mondra«, säuselte Nano Aluminiumgärtner erneut, »du begibst dich unverantwortlich in Gefahr. Was soll aus dem Universum werden, wenn du nicht mehr bist? Deine Schönheit ist unübertroffen. Du bist eine Pf-Pf-Pflanze, die im Verborgenen blüht, ein Nachtschattengewächs, eine Mandragora, die ihren Liebeszauber aus sich selbst heraus wirkt, eine ...«

»Eine Paprika, die auf der Zunge brennt«, warf die ehemalige TLD-Agentin ein und riss Rhodan damit endgültig aus dem Gedankenkreis, der sich nur mit TRAGTDORON beschäftigte. Und er stellte fest, dass ihm die Ablenkung gut tat.

»Was?«, fragte der Posbi irritiert.

»Eine Kartoffel, die im Gesicht eine Knolle treibt.« Mondra deutete auf ihre Nase. »Eine Tomate, die beim Hineinbeißen zerplatzt. Eine Aubergine, die ...«

»Was?«, wiederholte Nano.

»Du hast den Tabak vergessen«, versetzte Rhodan ungerührt. Warum sollte er sich nicht auf das Spiel einlassen? Soviel er auch nachdachte, Antworten würde er erst bekommen, wenn es so weit war. Weshalb sich vorher quälen?

»Was redet ihr da? Wie könnt ihr eine so poetische Liebeserklärung ins Lächerliche ziehen?«

»Du hast mich mit einem Nachtschattengewächs verglichen«, sagte Mondra. »Die Kartoffel ist ein Nachtschattengewächs. Und auch die Paprika. Wie würde es dir gefallen, als Kartoffel bezeichnet zu werden?«

»Aber ... ich habe dich mit der Mandragora verglichen, deren Liebeszauber ...«

»Die Alraune«, sagte Mondra abfällig. »Eine *Wurzel* von menschenähnlicher Gestalt, die zu Zauberzwecken verwendet wird. Du bezeichnest mich also als kleine, knorrige Wurzelgnomin, der nichts anderes übrig bleibt, als Männer zu verzaubern, damit sie sich mit ihr abgeben?«

»Du verstehst mich völlig falsch! Das habe ich doch ...«

»Wusstest du«, unterbrach Rhodan ihn, »dass Nachtschattengewächse für ihr Wachstum nächtliche Mindestzeiten der Dunkelheit benötigen? Wenn sie auf Planeten mit langen Sommertagen angepflanzt werden, müssen sie rückgezüchtet, weiterentwickelt oder genetisch verändert werden.«

»Ihr *wollt* mich nicht verstehen«, wurde dem Posbi allmählich klar. »Oder ihr versteht mich absichtlich falsch.«

»Ach?« Mondra lächelte – fast boshaft, wie Rhodan kurz dachte. »Wie kommst du denn darauf? Es ist doch ausgeschlossen, dass eine Menschenfrau von grausamen Liebeserklärungen unbeeindruckt bleibt und fortan nicht darauf brennt, einem *Roboter* eine ganze Horde kleiner Blechkumpel in die Welt zu setzen? Einem Roboter, der vollständig aus scheinbar wahllos zusammengeschraubten Komponenten aus blaugrauen und anthrazitfarbenen Materialien besteht! Auch wenn«, fügte sie schon etwas besänftigter hinzu, »in der Gesamtheit betrachtet, dieser Roboter ein erstaunlich elegantes Bild ergibt ...«

»Ein hoch aufgeschossener Tänzer von zwei Metern Größe mit schmalen maschinellen Hüften und breiten Schultern«, sagte Rhodan spöttisch. Er gestand es sich nicht gern ein, aber es bereitete ihm auf einmal Spaß, sich mit Mondra die Bälle zuzuwerfen.

Nicht an TRAGTDORON denken zu müssen.

»Nein, *du* verstehst es nicht.« Nano Aluminiumgärtner wirkte niedergeschlagen. »Es geht doch nicht um die Fortpflanzung. Kann es ohne diesen Aspekt keine wahre Liebe geben? Meine biologische Komponente verzweifelt schier an dieser Frage, Mondra.«

»Ganz einfach, Nano«, antwortete sie. »Deine ewigen Liebeserklärungen *nerven.* Und sind obendrein auch nicht besonders gut, von originell ganz zu schweigen.«

»Und das wiederum verstehe ich nicht. Liza fand sie hervorragend.« Der Posbi stülpte, scheinbar erschrocken, die Brustkomponente vor. »Wenngleich sie sich natürlich nicht im Geringsten mit dir vergleichen kann, Mondra. Kein anderes weibliches Wesen in Ambriador kann sich mit deiner Schönheit messen, und in der Milchstraße auch nicht.«

Rhodan runzelte die Stirn. »Liza? Liza Grimm? Captain Liza Grimm? Du hast ihr ... Liebeserklärungen gemacht?«

Nano blieb stehen. »Ähh ... mit ihr gesprochen, ja.«

»Was hast du ihr gesagt?«

»Nun ja ...«

Täuschte sich Rhodan, oder vermittelte die biologische Komponente des Roboters plötzlich so etwas wie ... Unbehagen?

»Was hast du ihr gesagt?«

»Nun ja ... das Übliche.«

»Das Übliche?«

»Ja. Wie schön sie ist ... und dass ich ihre Kraft und ihre Verletzlichkeit l-liebe ... genau wie deine übrigens, Mondra.«

Und sie hat nicht gelacht? Rhodan biss sich auf die Zunge. Fast hätte er diese überaus verletzliche Bemerkung tatsächlich ausgesprochen. »Und ... was hat sie dazu gesagt?«

»Nun ja ... nichts.«

»Hat sie dich zurückgewiesen? Du hast doch gesagt, Liza hätte deine Liebeserklärungen ... *hervorragend* gefunden?«

»Nun ja ... natürlich. Sie wollte mir sogar erzählen, was sie gerade anhatte.«

Rhodan bemerkte, dass Mondra den Roboter nun neugierig, wenn nicht sogar misstrauisch musterte. Er gab ihr fast unmerklich ein Zeichen, sie möge bitte schweigen.

»Kannst du auch noch etwas anderes sagen als ›nun ja‹?«, fragte sie trotzdem.

»Nun ja ... Sicher. Klar.«

»Sie wollte dir *erzählen*, was sie anhatte? Dann war sie nicht bei dir?«

»Nein. Wir haben nur ... Gespräche geführt.«

Das darf nicht wahr sein, dachte Rhodan. *Das darf doch wirklich nicht wahr sein!*

Seine Vermutung war ungeheuerlich, aber er war überzeugt, dass sie zutraf. Er ignorierte Mondras nachdenklichen, forschenden Blick und schüttelte den Kopf. *Nur Gespräche geführt ...* »Und du hast ihr gegenüber deine Identität nicht gelüftet, nicht wahr? Sonst wäre sie doch kaum deinen ... Einflüsterungen erlegen.«

Nano Aluminiumgärtner sah zu Boden. In Rhodan brandete plötzlich überwältigendes Mitleid für den Posbi auf.

»Ich nehme das als Bestätigung.«

Nano schwieg.

Also so war das, dachte Rhodan.

Liza, Liza Grimm, *Captain* Liza Grimm, hatte eines Abends – oder war es Morgens gewesen? – in dem umfunktionierten Container auf ihn gewartet, der als seine und Mondras Kabine diente.

Nackt. In dem Bett, das er mit Mondra teilte.

Nun ja, dachte er säuerlich, nicht nach der üblichen Bedeutung dieser Redewendung. Tisch und Bett ... nein, das war vorbei. Mondra und er hatten sich auseinandergelebt, und er fragte sich, ob sie jemals wieder ...

Er verdrängte den Gedanken, zwang sich, ihn nicht fortzusetzen.

Jedenfalls hatte Captain Liza Grimm »als verantwortungsbewusste Soldatin das Terrain gesichert« und Mondra unter einem Vorwand irgendwo beschäftigt, sodass sie ungestört bleiben würden. Die Absichten der jungen Soldatin waren eindeutig.

Rhodan seufzte leise. Ach, wie gern hätte er in diesem Augenblick mit ihr geschlafen. Sich für eine Stunde oder zwei die Sorgen von der Haut streicheln lassen, die Verantwortung für Millionen von Alteranern, die in diesem Augenblick vielleicht von den Posbis als unwahres Leben eingeordnet und abgeschlachtet wurden. Sich einen Höhepunkt lang dem ultimativen Vergessen hingeben, den Bedürfnissen seines Körpers.

Aber er hatte es nicht getan.

Natürlich nicht.

Weil er Rhodan war. Der Unsterbliche. Und hier in Ambriador noch der Großadministrator dazu.

Rhodan, der in wenigen Minuten TRAGTDORON betreten würde.

Und weil er wusste, dass die Sache keine Zukunft hatte, nur eine sinnlose, hoffnungslose Schwärmerei Lizas war, die sie in eine tiefe Krise stürzen würde. *Der Captain, der mit dem Großadministrator geschlafen hat ...*

Weil er ein Idiot war. Ein unverbesserlicher Moralapostel, der seinem Ruf nicht nur gerecht werden musste, sondern ihn in vorauseilendem Kadavergehorsam für sich einforderte.

Wie dem auch sein mochte ... Ein Satz Lizas hatte ihn stutzen lassen. *Als wir ... geredet haben, war alles ganz anders.* Er hatte sich gefragt, warum sie das Wort *geredet* so merkwürdig betont, was sie damit gemeint hatte.

Sie hatten nicht geredet. Jedenfalls nicht darüber.

Nun fiel es ihm wie Schuppen von den Augen.

Nano Aluminiumgärtner hatte mit ihr *geredet*, wie er es gerade selbst eingestanden, sogar mit unterschwelligem Stolz *geprahlt* hatte. Nano musste Captain Liza Grimm anonym über den privaten Funk angerufen und ihr Süßholz geraspelt haben. Ohne sich erkennen zu geben.

Und sie musste den Posbi für ihn, Rhodan, gehalten haben.

»Nun ja«, sagte nun Rhodan. Allzu übel konnten diese *Gespräche* ja nicht gewesen sein. Immerhin hatten sie Captain Liza Grimm zu der Annahme verleitet, *er* habe sie angebaggert.

Rhodan wusste nicht, ob er erheitert oder erzürnt sein sollte, dass Liza ihn schlicht und einfach ausgerechnet mit Nano Aluminiumgärtner verwechselt hatte. Vielleicht beides. Das Vorgehen des Posbis war natürlich nicht in Ordnung; darüber würde er mit ihm noch ein Wörtchen zu reden haben.

Aber nicht jetzt. Mondra hatte sowieso schon ziemlich eindeutige Bemerkungen über Captain Liza Grimms Schwärmerei für ihn und sein Interesse für die junge, schwarzhaarige Frau ins Ziel gebracht. Er war ihr nicht mehr verpflichtet; er hätte mit Liza schlafen können, ohne dass es Mondra auch nur das Geringste anging, von gewissen Aspekten bezüglich seiner persönlichen Sicherheit einmal abgesehen; schließlich war seine ehemalige Lebensgefährtin als seine Leibwächterin mit nach Ambriador geflogen.

Aber er wollte sich nicht auch noch damit beschäftigen müssen. Er wollte Mondra nicht gegen sich aufbringen, und er wollte keinen gefühlsmäßigen Nebenkriegsschauplatz in die Welt setzen.

Verdammt, wurde er alt? Wollte er nur noch seine Ruhe haben?

Oder wollte er nur nicht, dass noch mehr zwischen ihn und Mondra trat, als sich dort sowieso schon aufgetürmt hatte?

Nano Aluminiumgärtner, mahnte er sich. Der Posbi war also durchaus imstande, eine gefühlsbetonte Beziehung aufzubauen. Er musste nur den Fehler vermeiden, sich dafür Personen auszusuchen, die eindeutig keinen Wert darauf legten. Eine zwiespältige Angelegenheit; Rhodan konnte sich nicht vorstellen, dass irgendein *Lebewesen* solch eine Beziehung mit einem *Positronisch-Biologischen Roboter* eingehen würde.

Vielleicht läuft Nano auf ewig einem unerreichbaren Traum hinterher, dachte er. Dem Wunsch, biologisch und von rein biologischen Wesen akzeptiert zu werden.

Vielleicht war er ganz einfach auch nur ein absolut durchgeknallter Spinner mit einer gestörten biologischen Komponente.

Rhodan wusste es nicht, und wenn er ehrlich zu sich selbst war, wollte er sich auch gar nicht damit beschäftigen, genauso wenig, wie er Mondra gegen sich aufbringen wollte.

Wie dem auch sein mochte, die *Gespräche* mit Captain Liza Grimm waren jedenfalls der größte Triumph der biologischen Komponente Nanos; ein Erfolg, von dem er aber wahrscheinlich nie erfahren würde. Vielleicht auch nicht erfahren durfte; wenn er spitzbekam, dass der Captain ihn für Rhodan gehalten und mit ihm hatte in die Kiste steigen wollen, würde er vielleicht völlig den Boden unter den Füßen verlieren.

Aber ich werde es ihm sagen müssen, dachte Rhodan. *Das bin ich der biologischen Komponente schuldig. Nicht jetzt, aber irgendwann.*

Irgendwann. Nicht jetzt.

Jetzt musste sein ganzes Interesse und seine Aufmerksamkeit TRAGTDORON gelten.

»Wir sind da«, sagte der Kelosker. »Schließt eure Raumanzüge.«

Was ist das?, dachte Rhodan und vergaß Captain Liza Grimm und das, was ihr zugestoßen war, von einem Augenblick zum anderen. Ein paar Minuten lang hatte er ein Mensch sein können, jetzt war er wieder der Sofortumschalter.

Vor ihm öffnete sich mitten in dem Gang mit den braungrauen Wänden ein Loch, kreisförmig, mit vier Metern Durchmesser.

Die Siebenunddreißig.

»Geh«, sagte Crykom. »Du hast die Ritteraura.«

Rhodan drehte sich zu seinen Begleitern um. Am liebsten hätte er Mondra in den Arm genommen, doch diese Geste war nicht nur fehl am Platz, sie hätte sie auch falsch verstanden. In der Beziehung, die sie derzeit hatten, konnte man sie nur missverstehen.

Er tat es trotzdem.

Und es war ihm völlig egal, was Nano Aluminiumgärtner davon hielt.

»Drover«, sagte er. »Du begleitest mich. Bleib zwei Meter hinter mir und folge allen meinen Bewegungen.«

»Sir, jawohl, Sir!«, sagte der Posbi.

Rhodan verdrehte die Augen. Konnten auch Roboter sich ihrer Umgebung anpassen wollen? Oder hatte er sich hier in Ambriador wirklich so autoritär benommen?

Er schloss den Raumanzug und trat in das Loch.

Eine seltsame Zwielichtzone empfing ihn. Die Röhre war transparent geworden und schien sich durch nichts weniger als das Universum zu erstrecken. Er hatte so etwas schon einmal erlebt, auf der Brücke in die Unendlichkeit. Da hatte er sich auf einem Steg bewegt, und unter, neben und über ihm brodelte das Universum, quollen Protogalaxien, sogen Schwarze Löcher und strahlten Protonensterne. Dehnte sich das Universum aus.

Ganz so schlimm war es jetzt nicht. Jetzt bekam er keinen Einblick in die Schöpfung an sich, sondern nur in das, was vielleicht die Kelosker wahrnahmen.

Ein unendliches Wabern, rot, grün, blau, gelb, wie Hyper- und Linearraum zusammengefasst. Vorhanden, aber nicht begreifbar, und er bewegte sich mitten hindurch. Er schritt durch eine sieben Meter lange Röhre und hatte schon 70 Meter zurückgelegt.

Dann 700. Und vielleicht 7000, als der seltsam tastende Einfluss ihn erfasste.

Er kehrte sein Innerstes nach außen. Rhodan glaubte, *entblößt* zu werden, nicht nur nackt vor einem unbekannten Gegenüber zu stehen, sondern sich ihm auch bis in die winzigste Faser seines Seins offenbaren zu müssen. Ein schrecklicheres Gefühl hatte er selten in seinem Leben empfunden.

Eins war klar: Jemand oder etwas nahm ihn in diesem Moment genauestens unter die Lupe.

TRAGTDORON.

Vier

Vhatom Q'arabindon, Tragtdoron:
5. Juni 1343 NGZ (4930 nach Christus)

Die Meldung erreichte Vhatom Q'arabindon in einer virtuellen Welt, in einer von vielen, in denen er sich seiner Agonie ergab.

Diese Welt war die grausamste von allen, die er bislang ersonnen hatte. Er ließ sich von gewaltigen Zyklopen jagen und foltern, und wenn ihm die Flucht in schier undurchdringliche Wälder gelang, lauerten dort wandelnde Bäume auf ihn, die ihm nachsetzten, und aus dem Himmel stießen Feinde auf ihn herab, die wie Fallschirme aussahen und ihn mit ihren Körpern einzuhüllen versuchten. Sie sonderten eine Säure ab, die seinen Panzer langsam auflöste, ganz langsam, und sich dann in sein Fleisch fraßen und es zersetzten.

Und immer, wenn er endlich starb, wurde er von einem bronzefarbenen, humanoiden Roboter wiederbelebt, der ihm jedes Mal die Erlösung und die Erfüllung versprach, nur um ihn dann wieder durch das Rad aus Feuer auf die unerträglich heiße, glühende und glimmende Ebene zu stoßen, auf der die Zyklopen schon auf ihn warteten.

Eins der baumähnlichen Lebewesen peitschte ihn gerade mit seinen Ästen, als Vhatom das Wispern hörte. Dornen schlugen in seinen Körper, genau dort, wo das Fleisch am weichsten und empfindlichsten war, und riefen bislang ungekannten Schmerz hervor. Zweige schlangen sich um seinen Hals und schnürten ihm die Luft ab, und er hielt das Säuseln zuerst für eine Täuschung seines Gehirns, dem bereits der Sauerstoffmangel zusetzte.

Für eine Einbildung.

Dann jedoch wurde das Geräusch lauter und deutlicher. Vhatom vernahm tatsächlich Laute und elektromagnetische Signale, die sich jedoch kaum zu Worten formen wollten. Er erfasste beide gleichzeitig, die Töne mit den Audio-Rezeptoren, die Impulse mit den Instrumenten der Stoff-Sphäre.

Er entsann sich verschwommen, dass er die Verbindung zur Sphäre stumm geschaltet, aber nicht endgültig getrennt hatte. Eine letzte Spur von Hoffnung hatte ihn dazu bewogen. Vielleicht geschah ja doch noch ein Wunder, vielleicht veränderten sich die Parameter erneut, und TRAGTDORON wurde wieder gebraucht. Die Möglichkeit dazu bestand immerhin, wie unwahrscheinlich sie auch sein mochte.

Glaubte er wirklich daran?

Das Säuseln wurde lauter und deutlicher, und schließlich erkannte er die Stimme des Bordgehirns. Er vergaß den Schmerz, den das Baumwesen ihm zufügte; mehr als sterben konnte er in dieser virtuellen Welt ja ohnehin nicht.

Leider.

Aber er würde nicht sterben. Das konnte er nicht zulassen. Er würde sich der Agonie ergeben, bis für ihn das Ende der Zeiten kam.

Was nicht mehr lange dauern konnte. Höchstens noch zehn Ewigkeiten.

»Hörst du mich, Steuermann? Oder bist du zu tief in deine ureigene Welt versunken? Muss ich sie erst ausschalten, damit du auf das reagierst, was ich dir zu sagen habe?«

»Das ... kannst du nicht. Das wagst du nicht ...«

»Eine auch für mich überraschende Meldung«, überging das Bordgehirn seinen Einwand. »Ein Besucher fordert Einlass in die Sphären!«

Ein Besucher? *Cairol! Das konnte nur Cairol sein!*

Im nächsten Moment verflog seine Euphorie so schnell, wie sie gekommen war. Cairol forderte keinen Einlass in die Sphären, er betrat sie einfach.

Andererseits ... kündigte er seine Ankunft nicht jedes Mal vorher an? So schlecht, so grausam die Nachrichten auch sein mochten, die er überbrachte, teilte er dem Bordgehirn nicht jedes Mal mit, dass der Steuermann ihn erwarten sollte?

Mit einem Gedankenbefehl schaltete Vhatom Q'arabindon die virtuelle Welt aus. Der Wald verschwand, das Baumwesen, das ihn angegriffen hatte, die Äste, Zweige und Dornen, der schreckliche Schmerz. Übrig blieb nur TRAGTDORON, und das, was Vhatom davon sah, war mindestens genauso schrecklich.

Er hatte den Eindruck, dass er erst jetzt richtig erwachte, zum zweiten Mal seit langer, langer Zeit. Diesmal wusste er aber, wo er sich befand.

Es dauerte eine geraume Weile, bis er seine innere Agonie wenigstens teilweise abschütteln und sich vollständig orientieren konnte. Wie lange war es her, dass er sich in die virtuelle Welt begeben hatte? *30.000 Jahre*, stellte er überrascht fest.

Nur 30.000 Jahre. Er hatte mit dem Zehnfachen gerechnet. Die Qualen waren ihm endlos vorgekommen.

»Ist es Cairol?«, sagte er.

»Ich wusste, dass du diese Frage stellen würdest, Plasma-Seele, und habe bereits diesbezügliche Untersuchungen angestellt. Nein, es ist nicht Cairol.«

30.000 Jahre, dachte Vhatom. *Hat das Bordgehirn eben-*

falls Schaden genommen? Oder reagiert es nur so ... offiziös, um mich wachzurütteln, aufzuwühlen, zu verhindern, dass ich das Interesse verliere und mich wieder meiner selbst gewählten Agonie hingebe?

Er erteilte *seinem* Körper den Befehl, sich zu bewegen, und der Körper bewegte sich. Zumindest dazu war er also noch imstande. Dann tastete er nach seinen anderen Körpern ... und verspürte Entsetzen.

So schlimm steht es mittlerweile also, dachte er. Es waren keine 200 mehr, nicht einmal 20.

»Wie konnte der ... Besucher uns finden?«, fragte er das Bordgehirn. »Das ist praktisch unmöglich, wenn es sich nicht gerade um einen Beauftragten der Hohen Mächte handelt. Überprüfe seine Legitimation!«

Ein Beauftragter der Hohen Mächte ... war er gekommen, um die Sache zu Ende zu bringen? Um den treulosen Steuermann zur Rechenschaft zu ziehen und ihm eine Strafe aufzubürden, die unvergleichbar schrecklicher war als die, die er sich selbst auferlegt hatte?

Vhatom schüttelte die unnützen Gedanken ab und setzte das verbliebene Robot-Ensemble, das sein Körper war, zum ersten Mal seit 30.000 Jahren in Bewegung. Während er sich zur Zentrale begab, um dort die Aktivitäten des Bordgehirns zu überwachen und gegebenenfalls einzugreifen, trat er gleichzeitig den langen Weg durch die deformierten Stoff-Sphären an, die im Zug der Dislokation aller Sphären wahrscheinlich kaum mehr den Zusammenhalt bewahren konnten.

Das hatte er vorher gewusst. Überraschend war nur, wie schlimm es wirklich um TRAGTDORON stand.

Korridore, Leitungen und Versorgungsstränge des Mikro-Netzes, die, als er sie zum letzten Mal – vor 30.000 Jahren –

begangen hatte, noch völlig gradlinig verlaufen waren, krümmten sich nun unter dem Einfluss des einbrechenden Hyperraums zu unendlichen Möbius-Schleifen, die er einfach nicht bewältigen konnte.

Und die energetischen Spinnfäden des Makro-Netzes, das die einzelnen Sphären zusammenhielt, leuchteten nur noch schwach und waren tausendmal dünner als damals, als er sie zum ersten Mal gesehen hatte. An einigen Stellen schien das Netz sogar gerissen zu sein.

Nicht einmal das dritte Netz, das des Bordrechners, war ihm zugänglich. Er konnte keine Datenflüsse wahrnehmen, geschweige denn sich in sie einklinken. Seine geistige Kommunikation mit dem Rechner lief über einige wenige Fäden ab, die auch immer dünner und schwächer wurden. Ihm wurde klar, dass das seltsame Verhalten des Bordrechners keineswegs willentlich gesteuert war; auch diese Einheit TRAGTDORONS stand kurz vor dem endgültigen Zusammenbruch.

Was habe ich getan, fragte er sich. *Was habe ich nur getan? Wie habe ich es nur dazu kommen lassen können? Wäre ein Ende mit Schrecken nicht besser gewesen als dieser Schrecken ohne Ende?*

Nein, korrigierte er sich. Das Ende würde bald kommen. Das Ende aller Zeiten.

Er musste mehrere Umwege einschlagen, mehrmals Körper zusammenfügen, um durch Schutt und Trümmer versperrte Stränge freizuräumen, doch schließlich erreichte er die Zentrale. Die Beleuchtung darin kam ihm seltsam trüb vor, als würde sich auch das Innerste TRAGTDORONS langsam und schleichend dem allgemeinen Niedergang unterwerfen. Oder unterwerfen müssen.

Mehrere Spezialterminals des Bordrechners waren unbeleuchtet, ausgefallen. Vhatom fragte sich, inwieweit sein

Partner seinen Aufgaben überhaupt noch nachkommen konnte.

Es dauerte lange, mehrere Millisekunden, bis sich schließlich ein Holo bildete, das den *Besucher* zeigte.

Es war ein Humanoider, etwa vier Fünftel so groß wie Cairol. Aber es war nicht der Bote der Kosmokraten. Das Wesen trug einen Raumanzug, befand sich in einem psionisch aufgeladenen Verbindungsstück aus Psi-Materie, das aus dem Normalraum nach TRAGTDORON griff, und war offensichtlich nicht imstande, die Sphäre aus eigener Kraft zu betreten.

Aber Vhatom Q'arabindon stand im Dienst der Hohen Mächte, und er hatte in über 100.000 Jahren – 70.000, wenn man die Zeit seiner Agonie abzog – gelernt, deren Vertreter zu erkennen.

Vielleicht hatte Cairol ihn auch manipuliert, ihm gewisse Dinge aufgezwungen, eingeprägt.

Nur nicht, meine Befehle auszuführen und TRAGTDORON zu vernichten, dachte er verbittert.

Aber Cairol hatte ihn darauf sensibilisiert, die Aura eines *Ritters der Tiefe* zu erkennen.

Er erkannte sie und war nicht imstande, sich ihr zu entziehen.

Aber er prüfte den Fremden, kehrte sein Innerstes nach außen. Und es war tatsächlich ...

Ein Ritter der Tiefe! Cairol hatte Vorsorge getroffen. Solch ein Geschöpf war ihm gegenüber definitiv weisungsbefugt. Er hatte keine andere Wahl, als den Besucher einzulassen.

Du hast dich schon einmal einem direkten Befehl widersetzt, dachte er. *Es wird dir auch noch einmal gelingen.*

Aber ... wollte er das überhaupt? Wenn die Kosmokraten ihn bestrafen wollten, würden sie Mittel und Wege dazu finden. Dann würden sie keinen Boten schicken, der TRAGTDO-

RON nicht einmal aus eigener Kraft betreten konnte. Also konnte die Ankunft des Ritters nur eine Bedeutung haben.

Er wollte TRAGTDORON nicht vernichten, und er wollte ihn, Vhatom, nicht bestrafen.

»Bordgehirn«, sagte er, »hole den Ritter an Bord. Und behandle ihn mit dem nötigen Respekt.«

Wenige Minuten später musste er seine Entscheidung schon wieder infrage stellen. Als er dem Wesen gegenüberstand, in der Tat einem zerbrechlichen Humanoiden, spürte er die geheimnisvolle Aura noch deutlicher.

Eine Aura, die den Ritter hoch über ihn, Vhatom Q'arabindon, TRAGTDORONS Steuermann, stellte. Eine Aura, der er sich unterwerfen musste.

Hatte er einen Chaotarchen aus diesem Universum gegen einen aus Hangay eingetauscht?

Stand ihm nun genau das bevor, was er nach seinem ersten Erwachen hatte durchmachen müssen? Was ihn auf ewig zerstört, zu dem gemacht hatte, was er nun war?

Während er den *Ritter der Tiefe* nachdenklich musterte, ließ er binnen Sekunden alle Erinnerungen ablaufen, die er nach seinem ersten Erwachen gesammelt hatte. Die einzigen, die er hatte.

Der Ritter der Tiefe bekam nichts davon mit, doch noch bevor er das Wort an ihn richtete, durchlebte Vhatom noch einmal alles.

Vom Rad aus Feuer bis hin zu den letzten virtuellen Welten, aus denen er gerade erwacht war und die er nach seinem Geschmack und Gefühlszustand so grausam wie möglich gestaltet hatte.

Vhatom Q'arabindon glitt in Gedanken in die Vergangenheit.

Fünf

Kat-Greer: Trovent-Planet Caligo,
28. Mai 1343 NGZ (4930 nach Christus)

Alles wird gut, schien es unentwegt von der Decke zu wispern. *Alles ist gut, und alles wird gut.*

Es waren keine klaren Worte, die die Hyptons von sich gaben. Es war eher ein Gefühl, das sich in ihm ausbreitete.

Ein gutes Gefühl. Und es traf zu.

Der Erste Hetran Kat-Greer ließ den Blick über die Gewölbedecke gleiten. Dort hingen sie kopfüber, im untersten Kellergeschoss des ältesten Gebäudes der Pyramiden von Taphior, dem Herrschafts- und Regierungszentrum des Trovents. Tausende von koboldhaften, in wallende, transparente Gewänder gehüllte Hyptons, mit vollkommen unbehaarter, milchig weißer, fast durchscheinender Haut. Bei großer geistiger Anstrengung verfärbte sie sich mitunter, bis sie schließlich völlig farblos und durchsichtig wurde. Dann ließen sich, wenn sie unbekleidet waren, die Eingeweide und blutführenden Gefäße darunter deutlich erkennen.

Er erinnerte sich, dass er anfangs Abscheu davor empfunden hatte. Es war ihm wie eine Verhöhnung der Schöpfung vorgekommen, in ein Lebewesen hineinsehen zu können. Mit der Zeit hatte er sich aber nicht nur daran gewöhnt, nun erkannte er die wahre Ästhetik darin: Die Hyptons boten den Betrachtern einen Einblick in ihr Innerstes.

Sie hatten nichts zu verbergen, offenbarten sich so, wie sie waren. Deshalb, vermutete er, zeigten sie sich ihm manchmal nackt.

Wie immer schlugen ihn in erster Linie ihre Augen in den Bann. Trotz der kleinen Köpfe waren sie so groß wie Larenfäuste, rund, weit hervorquellend und starr. Nachtschwarz musterten sie ihn. Sie schauten sanftmütig drein, so sanftmütig, doch seltsamerweise vermochte er ihren Blick nicht lange zu ertragen. Irgendwann wurde er unangenehm und zwingend. Bevor es so weit kam, wandte er den Blick lieber ab.

An'Gal'Dharan. Die Kolonie, das Kollektiv der Ratgeber.

In eine besonders dicht gedrängte Traube kam Bewegung, und einer der Hyptons verließ sie und kletterte auf ihn zu. Kat-Greer konnte ihn dank seiner Ohren trotz der so gut wie nicht vorhandenen Beleuchtung ziemlich gut ausmachen. *In dieser Hinsicht sind wir den meisten anderen humanoiden Intelligenzen deutlich überlegen,* dachte er.

»Alles läuft wie geplant.« Der Wortführer der mittlerweile einzigen Hypton-Kolonie in Forn-Karyan, dem *Kleinen Wirbelsturm*, sprach mit hoher, etwas piepsiger, aber nicht unangenehmer Stimme. Zumindest kam sie Kat-Greer längst nicht mit so unangenehm wie früher vor. »Dein Plan wird Früchte tragen.« Der Hypton-Schwarm der An'Gal' Dharan hatte schon einen Tag nach dem Tod der alten Herrscher seine neue Position in den Kavernen eingenommen.

Mein Plan, dachte der General sarkastisch. Begonnen hatte alles mit dem Umsturz. Nicht mit dem im Trovent, dem Bürgerkrieg, der ihn an die Macht gebracht hatte, sondern dem Wechsel der Herrschaft der beiden Hypton-Gruppen auf Caligo. *Das* war der wahre Grund des Bürgerkriegs gewesen, und ein natürlicher Vorgang.

Die Hyptons von Taphior unter Tar'Kor'Fharan hatten lange genug geherrscht; sie hatten ihren Zenit überschritten, und ihnen war der Wille zur Machterhaltung mit der Zeit abhandengekommen. Es war an der Zeit gewesen, dass sie abgelöst wurden. Die Hyptons der An'Gal'Dharan hatten das Machtvakuum mit seiner, Kat-Greers, Hilfe ausgefüllt.

Ausfüllen müssen. Sie, mit dem höheren Aggressionspotenzial, würden nun die Geschicke des Trovents lenken, aus dem Hintergrund, wie es immer gewesen war.

Aber mit der klaren Maßgabe, sich nicht allein der Posbis, sondern vor allem auch des Imperiums von Altera zu entledigen.

»Ja, er wird Früchte tragen«, sagte er. »Bislang ist alles wie geplant gelaufen.« Er saß inzwischen fest im Sattel und war der unumschränkte Beherrscher des Trovent der Laren. Und er konnte sich mittlerweile sicher sein, dass sein Plan mit Verduto-Cruz funktioniert hatte. Die Posbis griffen keine Schiffe und Stützpunkte des Trovents mehr an, dezimierten aber mit größerer Zielstrebigkeit denn je die Schiffe und Planeten des Imperiums Altera.

Die Laren waren nun *Wahres Leben*, und die Alteraner galten weiterhin als Feinde.

Konnte dem Trovent der Laren etwas Besseres passieren? So hatten er und seine Berater, die Hyptons der An'Gal'Dharan, es von Anfang an geplant. Das Imperium von Altera würde vernichtet werden, ohne dass der Trovent eigene Güter dafür aufwenden musste. Und wenn alles vorbei war, würde der Trovent die Reste aufsammeln.

Tar'Kor'Fharan hätte niemals den Mut zu diesem Schritt aufgebracht. Dazu bedurfte es eines An'Gal'Dharan.

Alles wird gut, wisperte es von der Decke der Katakombe, und Kat-Greer fragte sich, wieso er gerade noch solchen

Sarkasmus gehegt hatte. Natürlich war es sein Plan gewesen.

Allein sein Plan.

Kommando-Offizier Kat-Greer war es gewesen, der Verduto-Cruz in den Einsatz geschickt und damit den Großen Posbi-Krieg ausgelöst hatte. Und *Hetran* Kat-Greer hatte nun Verduto-Cruz ein zweites Mal ausgeschickt, um den Fehler zu korrigieren, der dem Wissenschaftler vor 36 Jahren unterlaufen war.

Alles ist gut, und alles wird gut. »Du weißt, was du nun zu tun hast?«

»Ich weiß es«, sagte er. »Und ich werde alles unverzüglich in die Wege leiten.«

»Unverzüglich«, bekräftigte An'Gal'Dharan. »Die Zeit könnte ein entscheidender Faktor sein. Keine überholten Formalitäten mehr. Keine Salutsalven, Truppenparaden, Vasallenchoräle, und auch keine unvermeidlichen, nichtsnutzigen Tieropfer. Du musst schnell handeln, Kat-Greer.«

»Ich werde schnell handeln«, versprach er.

An'Gal'Dharan kehrte ohne ein weiteres Wort in seine Traube zurück. Die Audienz war beendet. Es war alles gesagt, was es zu sagen gab.

Zwei Stunden später sprach Kat-Greer auf der schon längst einberufenen Versammlung seines Generalstabs. »Ich werde so schnell wie möglich mit meinem Flaggschiff von Caligo starten und Kurs auf das Grenzgebiet zum Imperium Altera nehmen«, sagte er. »Nun, da ich keine Kräfte zur Abwehr von Posbis mehr vorhalten muss, werden mir die Planeten des Imperiums in den Schoß fallen wie reife Früchte. Ich werde meine stärksten Troventaare sammeln, die Schiffe mit den größten Reichweiten, und mich bei sich bietender Gelegenheit der ersten Imperiums-Welten bemächtigen. Das Ende des Imperiums Altera steht unmittelbar bevor, und schon bald werden die Laren die unumschränkten Herren über Forn-Karyan sein.«

Er genoss das begeisterte Klatschen und Johlen seiner engsten Gefolgsleute.

Doch, dachte er, *mein Plan hat wirklich einen Hauch von Genialität. Alles ist gut, und alles wird gut.*

Sechs

Vhatom Q'arabindon: Vergangenheit
Das Feuerrad dreht sich

Vhatom Q'arabindon erwachte und sah das Rad aus Feuer.

Es loderte nicht weit von ihm entfernt, ein flammendes Licht im Halbdunkel einer gleichförmigen, eintönigen Landschaft ohne jede hervorstechende Landmarke. Dahinter ging die von Gräsern unterschiedlicher Höhe bewachsene Steppe nahtlos in den Horizont über. Eine kleine, fahlgelbe Sonne stand so tief am Himmel, dass er sie nur als verschwommenen Ball ausmachen konnte. Ihr Licht warf bereits lange Schatten.

Ging das Gestirn gerade auf oder unter? Er konnte es nicht sagen. Er kannte diese Sonne nicht; es war nicht die seiner Heimatwelt, genau, wie dieser Planet nicht seine Heimat war.

Wo bin ich?, dachte er. *Was für eine Welt ist das? Wie bin ich hierher gekommen?*

Er versuchte, sich auf den oberen Tentakeln aufzurichten, doch es gelang ihm nicht. Er hatte nicht das geringste Gefühl in ihnen.

Was war mit ihm passiert?

Vhatom lenkte seine Aufmerksamkeit wieder auf das Feuerrad. Es kam ihm seltsam vertraut vor, als habe er es schon einmal gesehen. Aber wann? Bei welcher Gelegenheit? Die Erinnerung war undeutlich, ein Schatten am Rand seines Bewusstseins, der schon wieder verblich. Bald würde er endgültig verschwunden sein, sosehr er sich auch bemühte, ihn im Gedächtnis zu behalten.

War es nicht immer so? Der Gedanke drängte sich ihm auf, ohne dass er eine Begründung dafür fand. Woher sollte er dieses Feuerrad kennen? Wenn er es schon einmal gesehen hatte, musste es jedenfalls vor langer Zeit gewesen sein.

Er sog tief die Luft ein. Sie roch fremdartig, leicht morastig, faulig. Er konnte sie atmen, aber es war nicht die Luft, die er gewohnt war.

Hier war nichts so, wie er es gewohnt war.

Er hatte noch immer keine Kontrolle über seine Gliedmaßen. Verwirrt versuchte er, den Kopf zu drehen. Es gelang ihm nicht. Mit einem Auge sah er am vorderen Teil seines Körpers entlang und machte einen langen, schaufelartigen Mund aus, der fast auf dem Boden ruhte.

Ein *Maul*. Einen *Schnabel*.

War das sein Körper? Sein Gesicht? Er konnte sich nicht daran erinnern, es sich aber auch nicht vorstellen. Aber wie sollte es anders sein?

Er kämpfte gegen die aufsteigende Verwirrung an, die sich in Panik zu verwandeln drohte, versuchte, ruhig zu bleiben. Es fiel ihm schwer. Es gelang ihm nicht einmal, tief durchzuatmen. Irgendwie kannte er seinen Körper nicht gut genug, um ihn dazu zu zwingen.

Während er noch versuchte, ein Hyperventilieren zu vermeiden, veränderte sich sein Sichtfeld. Die fremde Welt schien sich um ihn zu drehen, und er stellte fest, dass er nun auf den Boden blickte.

Hatte er das bewirkt? Wie, mit dieser mangelhaften Körperbeherrschung?

Nun sah er, dass es sich bei der Ebene, auf der er sich befand, nicht um Steppenland, sondern um einen Sumpf handelte, um Morast. Vielleicht ein Flussdelta, oder die Überflussauen eines gewaltigen Stroms, der nicht vor allzu langer Zeit noch über seine Ufer getreten war.

Eine Umgebung, die für solch eine ... Schnauze, wie ich sie habe, wie geschaffen ist, dachte er. *Damit kann man graben, feuchte, lockere Erde bewegen, Bauten ausheben ...*

Bauten! Tiere legten *Bauten* an. Er hingegen war ein intelligentes Wesen, sich seiner selbst und seiner unerklärlichen Lage bewusst. Wieso dachte er von sich wie von einem ... *Tier?*

Ihn überraschte die Gelassenheit, die er an den Tag legte. Die Panik lauerte am Rand seines Bewusstseins, ergriff aber noch nicht Besitz von ihm. Als dann die Gedanken kamen, die kommen mussten, nahm er sie nur kurz ernst, dann drängte er sie zurück.

Ich bin tot, und das ist das Jenseits. Aber ist das der Himmel oder die Hölle? Habe ich in meinem Leben Gutes getan, und die Götter belohnen mich nun dafür und holen mich zu sich, oder überwiegt in meinem Dasein das Böse, und sie lassen mich grausam dafür büßen?

Nein. Er hatte nie an Götter geglaubt, nie an ein Leben nach dem Tode. So viel wusste er. Er war ...

Er konnte den Gedanken nicht beenden. Er wusste nicht, was er war. Wieso hatte er nicht die geringste Erinnerung an sein Dasein, bevor er in diesem *Schlammloch* aufgewacht war? Oder nur Erinnerungsfetzen, die er nicht fassen konnte, die einen Moment verweilten und dann verblichen, wie kleine Pfützen, die in diesem Sumpf verdunsteten.

Sein Sichtfeld veränderte sich erneut, und er sah ... ein Auge. Ein kreisrundes Auge auf einem schmalen, zerbrechlich wirkenden Stiel, das ... ein Auge sah. Ein zweites.

Seine Augen. Er hatte ... bewegliche Stielaugen.

Auch wenn ihm jede Erinnerung vor dem Erwachen fehlte, war ihm nun klar, dass dieser gedrungene Körper mit dem schaufelartigen Maul und den Stielaugen nicht der seine war. Nicht der, in dem er bislang gelebt hatte.

Nun, da er von dem Augen wusste, konnte er sie mit einem Mal einsetzen, als hätte er nie etwas anderes getan. Er drehte sie und schaute an seinem Körper entlang.

Ein flacher, gedrungener Leib, bedeckt von einer hart und starr wirkenden Hülle – einem Panzer? – mit sechs verhältnismäßig kleinen, flachen paarweise angeordneten Füßen, aus denen jeweils eine Kralle spross. Ihm fiel auf, dass drei der sechs Hornauswüchse deutlich kürzer waren als die anderen. Waren sie ... abgebrochen? Abgetrennt worden? Und wozu benötigte er sie hier in diesem weichen Morast überhaupt? Die flachen Füße mit den Schwimmhäuten zwischen den Zehen ... ja, damit konnte er sich auch über weichen, lockeren Sumpf bewegen. Die Schnauze? Ja, damit konnte er den Morast umgraben. Aber die Krallen ...?

Verteidigungswaffen? In diesem Fall gab es Feinde hier. Dann war er nicht allein und musste auf seine Umwelt achten, um notfalls angemessen reagieren zu können.

Angemessen reagieren? Mit einem Körper, den er nicht einmal ansatzweise beherrschte?

Dann musste er es lernen, und zwar schnell, bevor diese potenziellen Feinde ihn entdeckten.

Es war wie mit den Augen. Nun, da er wusste, dass er sechs Beine und Füße hatte, konnte er sie auch gezielt einsetzen. Er ließ die Stielaugen unablässig kreisen – sie sahen kein anderes Lebewesen, nur schier endlosen Morast unter einer fahlgelben Sonne – und bewegte sich.

Versuchte, voranzukommen.

Musste er die drei rechten Beine gleichzeitig bewegen,

und dann die drei linken? Oder das vordere Beinpaar, dann das mittlere, dann das hintere?

Nein, das war nicht sein Körper, stellte er fest, als sein flacher Körper auf den Morast klatschte und erst einmal unbeweglich liegen blieb. Er hatte noch viel zu lernen.

Zum ersten Mal seit dem Erwachen verspürte er so etwas wie Angst. Zumindest gewährten ihm die Augen eine Rundumsicht; soweit er sehen konnte, war er noch immer allein. Wieder stieg Panik in ihm empor, als er versuchte, die Füße zu bewegen, und diesmal gewann sie die Oberhand, bis es ihm endlich gelang, das vordere Beinpaar aufzurichten, dann das mittlere, schließlich das hintere, und dann beide Vorderfüße im Einklang zu bewegen.

Dann die mittleren. Dann die hinteren.

Er hatte auch diese Kontrolle über seinen Körper gewonnen. Langsam, schwankend, arbeitete er sich drei, vier Schritte vor. Oder 18, 24.

Doch wohin sollte er sich wenden? Er sah, er roch, er spürte den Morast an seinem Körper, nahm einen Aufprall auf dem Boden wahr ... doch wenn er mit diesem Körper tatsächlich einen Bau in den weichen Lehmboden gegraben hatte, würde er ihn nicht finden. Er wusste nicht, wo er sich befand. Er konnte sich nicht erinnern. *An gar nichts.*

Er fixierte die sich noch immer unablässig drehenden Augen auf das Flammenrad, das einzige Licht in seiner Welt, abgesehen von der Sonne, die noch immer an derselben Stelle stand, weder weiter auf- noch untergegangen war.

Die Sonne ... Er versuchte, die Augen zusammenzukneifen, um besser sehen zu können, doch es gelang ihm nicht. Er schloss sie, öffnete sie wieder, und noch einmal, und noch einmal.

Täuschte er sich, oder ... riss der Himmel um die fahlgelbe Sonne auf? Zwängten sich gezackte Kratzer in den Horizont, Lücken in der Welt, durch die *etwas anderes* sickerte? Auf den ersten Blick ließ sich kaum ein Unterschied ausmachen, wirkte der Himmel genauso fremd auf ihn wie zuvor, doch dort schien etwas zu flackern, ein irrlichternes Leuchten, das an dem zerrte, was er als Normalität ansah.

Ein natürliches Phänomen dieses Planeten? Oder etwas ganz anderes?

Er schloss erneut die Augen, und als er sie wieder öffnete, vermochte er nichts Ungewöhnliches mehr auszumachen. Entweder, die Erscheinung war verschwunden, hatte sich aufgelöst, oder seine Sinne nahmen sie nun als ganz normal wahr.

Er richtete die Aufmerksamkeit wieder auf das Rad aus Feuer.

Wieso war es ihm so vertraut vorgekommen? Hatte dieses Rad etwas mit seiner Vergangenheit zu tun?

Nein, wohl kaum. Er wusste nicht, was diese Überlegungen ausgelöst hatte. Das Feuerrad war ihm genauso fremd wie seine Umgebung.

Wo war er? Und wie war er hierher gekommen?

Zumindest das Atmen fiel ihm nun nicht mehr schwer. Die Luft, die er atmete, mochte noch immer irgendwie anders sein als die, die er gewohnt war, doch es war die richtige für diesen Körper. Die andere, an die er sich vage erinnert hatte, war die einer anderen Welt. Vielleicht derjenigen, von der er stammte?

Das Feuerrad, mahnte er sich.

Am Anfang war das Feuer. Etwas anderes fiel ihm nicht dazu ein. Aber nicht auf dieser Welt, nicht mit diesem Körper, den er nun bewohnte. Dieses Wesen hatte noch nicht gelernt, das Feuer zu beherrschen.

Das Rad war seine einzige Erinnerung, auch wenn er sie

nicht genau einzuschätzen vermochte. Er betrachtete es genauer, bewegte sich langsam darauf zu. Langsam, weil er nicht schneller konnte, ohne dass seine Beine ihm wieder den Dienst versagten und er in den Morast stürzte.

Ein Rad aus Feuer, so groß, dass er durch die Lücken zwischen den lodernden Speichen schreiten konnte. Diese Vorstellung kam ihm ganz natürlich vor: durch das Feuer gehen, als neues Wesen und geläutert daraus hervorgehen. Er hatte keine Angst vor dem Feuer; es hatte nie eine Bedrohung für ihn dargestellt. Man musste nur damit umzugehen wissen, seine Kraft achten und seine Freundlichkeit schätzen, die Hitze respektieren und die Wärme hegen.

Er genoss einen Augenblick lang den Anblick des Feuerrads, der ihm noch immer seltsam vertraut vorkam, ohne dass er eine Erklärung dafür fand. Mit beträchtlicher Geschwindigkeit rotierte es vor dem Halbdunkel und füllte nun sein gesamtes Sichtfeld aus; seine Augen schienen sich völlig darauf konzentriert zu haben. Ansonsten herrschte das diffuse Halblicht vor; die grelle Helligkeit, die das Feuerrad spendete, schien schon nach wenigen Metern einfach in ihr zu versickern, als stammte sie aus einer anderen Welt.

Laut quiekte er auf, als er den Schrei hörte. Er empfand das Geräusch unwillkürlich als bedrohlich. Ein Feind, der sich ihm näherte, höher angesiedelt in der Skala des Fressens und Gefressenwerdens? Der, den er mit seinen Krallen abwehren musste?

Seine Augen rotierten rasend schnell, nahmen jedoch nichts Außergewöhnliches wahr. Keine Veränderung zu dem, was sie dem Gehirn bislang vermittelt hatten.

Augenblick ... diese Risse am Horizont, das Flackern bei der Sonne, das Fremde, das dort eindrang ... es nahm Gestalt an! Dort schimmerte es nicht mehr fahlgelb, sondern ... braun? Grün? Horizont und Himmel brachen auf, die fahlgelbe Sonne verblich vollends und verwandelte sich in ... in einen *Baum*?

Woher weißt du, was ein Baum *ist?*, dachte er. *Hier auf dieser Welt hast du noch keine Bäume gesehen, nur Wasser, Schlamm, Schilf und niedrige Büsche!*

Es war ein Baum. Er war vielleicht zwei Meter groß, und er hatte keine Krone. Seine Wurzeln zuckten und bewegten sich rhythmisch, als würde er sich auf ihnen fortbewegen, und die Äste zuckten, als wolle er mit ihnen nach ihm greifen, aber es war ein Baum.

Der Himmel riss auf, und die Sonne erlosch, doch ihr Licht blieb bestehen, wurde sogar noch heller als zuvor. Aber dann zersplitterte es, und die Myriaden von Fragmenten sammelten sich zu einzelnen Strömen, die sich deutlich vom Halbdunkel seiner Welt abhoben. Die fließenden Fäden vereinigten sich und peitschten vorwärts, auf das Flammenrad zu.

Nun gewannen die Panik und das Entsetzen in ihm Überhand. »Wer bist du?«, flüsterte er. »Was bist du?«

»Ajak Feuertrinker«, dröhnte es durch seine elende Morastwelt. »Dein Herr und Meister!«

Vhatom Q'arabindon erbebte vor der Macht, der Gewalt dieser Stimme. Falls er im Sterben lag, würde er jetzt seinen letzten Atemzug tun. Falls er schon tot war, hatten die Götter in diesem Augenblick entschieden, dass er in seinem Leben mehr Böses als Gutes getan hatte. Er wollte schreien, doch mehr als ein hohes, hilfloses Quieken drang nicht aus seinem schaufelförmigen Maul.

Dann erreichten die feurigen Lichtfäden das Flammentor, und es trank von ihnen, und trank und trank. Vhatom sah, dass es mehr aufnahm, als es verkraften konnte, und wusste, was geschehen würde, noch bevor die Feuerspeichen dermaßen anschwollen, dass sie die Luft – oder was auch immer sich dort befand – zwischen ihnen versengten und das Rad explodierte.

»O nein!«, drang Ajak Feuertrinkers Stimme in seinen Verstand, diesmal aber nicht zornig, sondern wehleidig, fast verzweifelt. »Nicht schon wieder! Was ist nur los mit dieser Plasma-Psyche? Wie konntest du nur, Herr? Ich weiß nicht mehr, was ich mit diesem Ding noch anstellen soll! Wieso hast du dir dieses Objekt nur andrehen lassen, Herr? Wie konntest du mir das nur antun?«

Das Feuerrad explodierte, doch Vhatom ging durch das Feuer, ohne dass es ihn verbrannte, weil er seine Kraft achtete und seine Freundlichkeit schätzte, die Hitze respektierte und die Wärme hegte.

Das Feuer hatte nie eine Bedrohung für ihn dargestellt.

Er ging durch das Feuer, und seine Welt erlosch.

Und er mit ihr.

Sieben

Verduto-Cruz: Orombo,
29. Mai 1343 NGZ (4930 nach Christus)

Bei der Achtzigsonnenwelt, von der aus er an Bord eines zu einem Konvoi aus zehn Schiffen gehörenden Fragmentraumern aufgebrochen war, handelte es sich um einen Sauerstoffplaneten, der Heimat seiner Vorfahren nicht unähnlich, mit Ausnahme eines einzigen Kontinents eine blühende Welt mit ausgedehnten Meeren, Wäldern, Ebenen und Gebirgen.

Orombo hingegen war ein Industrie- und Kriegsplanet und – zumindest für ihn – ein bedrückender Albtraum. Natürlich kannte er den sechsten Planeten des gelben Sterns; er hatte diese Welt, deren Schwerkraft um ein Drittel höher war als die seiner Heimat und des Planeten seiner Ahnen, vor 36 Jahren schon einmal angeflogen, und auch auf dieser Mission hatte die BOX-1122-UM zuerst diesen gewaltigen, planetenumspannenden Werft- und Industriebetrieb ansteuern müssen.

Ein stählerner Planet, gerodet, eingeebnet, zugebaut. Eine Wüste aus Stahl und Plastbeton, auf der wohl keine Spur von Leben mehr existierte. Die Atmosphäre war eine trübe Mischung aus Edelgasen und Stickoxiden. Ihr Sauerstoffanteil war einmal weit höher gewesen, doch die umfassende Bebauung hatte ihn beträchtlich reduziert.

Posbis brauchen keine Luft zum Atmen, dachte er.

Eine eigenartige grau-silberne Albedo umgab den Planeten. Transportscheiben verdunkelten den Himmel, und im Orbit hingen Stahlkolosse, die wie überdimensionale Kraken Fragmentraumer umschlangen. Ströme von Kleinfahrzeugen für Materialtransporte und Versorgungsflüge pendelten zwischen diesen Stationen und der Stahlwüste des Planeten. Direkt über ihm zog langsam eine Fabrik ihre Bahn über den Planeten. Hier gab es keine Berge und Täler, kein Land und keine Meere. Sogar die Leben spendenden Ozeane waren in die Bebauung integriert worden. Wo Wasser sichtbar wurde, ergoss es sich durch künstliche Kanäle und verschwand tosend in Fabrikanlagen, ohne jedoch an anderer Stelle wieder zum Vorschein zu kommen.

Verduto-Cruz fühlte sich unwohl unter der Verdichtermaske mit ihren zahlreichen Filtern. Sie saß nicht genau, drückte seine vier Nasenöffnungen leicht zusammen und rieb sich an seinen vollen Lippen. Es bereitete ihm nicht gerade Schmerzen, war aber unangenehm. Er wünschte sich, die Posbis hätten ihm seine Ausrüstung gelassen.

Und er musste sich eingestehen, er vermisste Kohurion. Er fragte sich, was aus dem Roboter geworden war. Wahrscheinlich würde er ihn nie wiedersehen.

Aber allein daran lag es nicht. Diese Welt machte ihn depressiv. Sie glich den Fragmentraumschiffen der Posbis, deren Anblick ihm unwillkürlich einen Schauder über den Rücken laufen ließ. Die Oberfläche war ein Konglomerat schluchtenartiger Strukturen, zwischen denen gigantische Bauten wie überdimensionierte Städte aufragten. Höhenunterschiede bis zu vier Kilometern prägten das Bild.

Wahres Leben!, dachte Verduto-Cruz. Natürlich waren die Laren *Wahres Leben*. Natürlich waren sie jeder anderen Spezies in Ambriador weit überlegen. Aber das hier ...

Wenn er Kat-Greer jetzt berichten konnte, was er in diesem Augenblick sah ...

Allmählich wurde Verduto-Cruz bewusst, welches unglaubliche Glück die Laren des Kleinen Wirbelsturms gehabt hatten. Langsam wurde ihm klar, dass er durch sein Versagen bei der ersten Manipulation des Zentralgehirns beinahe nicht nur das Imperium Altera, nicht nur den Trovent der Laren, sondern sämtliches organische Leben in Forn-Karyan ausgelöscht hatte.

Wenn Perry Rhodan, der angebliche Erste Hetran der Galaxis Milchstraße, nicht ausgerechnet jetzt im Kleinen Wirbelsturm aufgetaucht wäre, wenn er nicht ausgerechnet ihn, Verduto-Cruz, angefordert hätte, um die Achtzigsonnenwelt anzufliegen und die Hass-Schaltung zu eliminieren ... dann wäre das Imperium Altera wahrscheinlich schon gefallen, und der Trovent der Laren stünde nun kurz vor der Auslöschung durch die Posbis, deren Hass-Schaltung nach 11.000 Jahren wieder aktiviert worden war.

Von ihm.

Um ein Haar wäre er der Schlächter jeglichen Lebens in Forn-Karyan geworden.

Doch nach dem derzeitigen Stand der Dinge würde er lediglich das Imperium Altera dem Untergang überantworten, während der Trovent der Laren verschont blieb. Aber das war wirklich nur zu einem kleinen Teil sein Verdienst ...

In der trüben Atmosphäre näherte sich mit hoher Geschwindigkeit eine klobige, massige Gestalt. Erst als sie vor ihm aufsetzte, erkannte er sie eindeutig. »Kohurion!«, sagte er überrascht.

»Ich stehe von nun an wieder uneingeschränkt zu deiner Verfügung«, sagte der Kampfroboter. »Als direkte Verbindung zu der jeweils höchsten Instanz der Posbis in deiner direkten Umgebung.«

Sie haben ihn neu programmiert, wurde Verduto-Cruz klar. *Sie haben meine Manipulationen an ihm rückgängig gemacht, vielleicht sogar das Plasma ausgetauscht und ihn wieder auf ihre Linie gebracht.*

Er nickte. »Ich habe verstanden«, sagte er, halbwegs davon überzeugt, dass seine Worte bereits zu einer Überwachungseinheit oder sogar dem Standortkommandanten von Orombo persönlich übertragen wurden.

Ja, er hatte verstanden. Sie hatten ihm einen Aufpasser an die Seite gestellt, der ihn jetzt keinen Moment mehr aus den Sehzellen lassen würde.

Er schaute zum Horizont. Dort schien sich, von der untergehenden Sonne nur teilweise angestrahlt, ein Gebirge zu erheben. Ein eigentümlich geformtes Gebirge, eine künstliche Formation. Dicht gedrängt standen dort Würfel mit zwei Kilometern Kantenlänge, Fragmentraumschiffe der Posbis, in ihrer Grundform identisch, aber mit völlig unterschiedlichen zusätzlichen Aufbauten und Waffenkonfigurationen.

So weit das Auge reichte, dehnten sie sich auf den Landefeldern aus, Hunderte, Tausende.

Genau 8000 startbereite und schlagkräftige Fragmentraumer. Gegen diese Flotte hatte das Imperium Altera nichts aufzubieten. *Zuerst Altera, dann Caligo, dann ganz Forn-Karyan,* dachte Verduto-Cruz. Dass es dazu nicht gekommen war, dass der Trovent der Laren verschont werden würde, war wirklich nur einem eigentlich unglaublichen Zufall zu verdanken.

Im Licht der untergehenden Sonne blutig schimmernd, schienen die Schiffe nur auf ihren Startbefehl zu warten. Wenn die Posbis diese gewaltige Flotte in Richtung Altera ins Feld führten, gab es für das Imperium der Menschen keine Rettung mehr, das war Verduto-Cruz klar.

»Ich möchte den Standortkommandanten von Orombo sprechen«, sagte der Lare zu Kohurion.

»Er hört dich und wird dir antworten«, gab der ehemalige Kampfroboter bekannt.

»Der eigentliche Vernichtungsangriff des Wahren Lebens soll erst dann stattfinden, wenn mehr als zehntausend Kampfeinheiten fertig montiert sind«, sagte Verduto-Cruz. »Diese Zahl wurde jedoch berechnet, als die Posbis noch planten, Altera ...« Er stockte. Altera und die Laren auf einen Schlag auszulöschen, hatte er sagen wollen. Diese Formulierung war ihm zu brisant, zu ... unhöflich. Er musste eine andere finden. »Altera und das gesamte Falsche Leben im Kleinen Wirbelsturm auszulöschen«, fuhr er fort. »Aber davon kann jetzt keine Rede mehr sein. Die Laren haben sich als das Wahre Leben erwiesen, das sie schon immer waren, und für die Alteraner reichen nach Lage der Dinge auch achttausend Fragmentraumer völlig aus.«

»Was schlägt das Wahre Leben Verduto-Cruz vor?«

»Wir sollten nicht abwarten, bis tatsächlich zehntausend Einheiten montiert sind«, forderte der Wissenschaftler, »sondern schon jetzt die gesamte Streitmacht Richtung Altera in Marsch setzen.«

»Der Standortkommandant von Orombo nimmt diesen Hinweis wohlwollend als stichhaltig zur Kenntnis«, antwortete Kohurion – oder war es doch der Kommandant selbst, der von sich in der dritten Person sprach? »Auch die Hyperinpotronik hat dies schon so beschlossen. Dennoch wird sich der Aufbruch noch eine Weile verzögern.«

»Warum?«

»Die Umstellung der Kommando-Kodes der Flotte erfordert eine gewisse Zeit. So lange werden zum Selbstschutz sämtliche Kampfhandlungen eingestellt. Aber das ist die letzte Atempause, die das Falsche Leben Ambriador bekommen wird.«

Verduto-Cruz runzelte die Stirn. Diese Nachricht behagte ihm gar nicht. Die Alteraner hatten sich schon zu oft in letzter Sekunde herausgewunden. Nach seinem Geschmack müsste das alles schneller gehen. »Wann ist die Umstellung der Kodes abgeschlossen?«, fragte er.

»Der genaue Zeitpunkt kann noch nicht berechnet werden.«

»Und ein ungefährer?«

Kohurion – beziehungsweise der Standortkommandant von Orombo – antwortete nicht.

Verduto-Cruz war klar, dass er nicht mehr erfahren würde. Es war sinnlos, weitere Fragen zu stellen.

Doch zumindest hatten die Posbis dieselben Schlüsse gezogen wie er.

Und es war zumindest eine kleine Befriedigung, dass die Posbis nicht unnötig abwarten, sondern so schnell wie möglich zuschlagen würde.

Die Uhr tickte.

Die Tage des Imperiums Altera waren gezählt.

Acht

Vhatom Q'arabindon: Vergangenheit

Die Plasma-Psyche

Vhatom Q'arabindon erwachte und sah das Rad aus Feuer.

Es loderte ganz in der Nähe, zwischen den Dünen einer gelben, schier endlosen Wüste, über deren Sand die Luft unter den Strahlen einer kleinen, hoch am Himmel stehenden, grellen Sonne flimmerte.

Ging sie auf oder unter? Er wusste es nicht; das Gestirn war ihm fremd, wie auch diese Welt, und er kannte seinen Lauf über den Himmel nicht.

Wo bin ich?, dachte er. *Wie bin ich hierher gekommen?*

Er versuchte, sich auf den oberen Tentakeln aufzurichten, doch er hatte kein Gefühl in ihnen. Schwer atmend blieb er liegen, sah wieder zu dem Feuerrad. Es kam ihm vertraut vor, doch die Erinnerung blieb undeutlich.

War es nicht immer so?

Die heiße Luft brannte in seinen Lungen. Nun gelang es ihm, zumindest den Kopf zu heben, und er erhaschte einen Blick auf seinen lang ausgestreckten Körper.

Panik durchfuhr ihn. Er sah keine Tentakel, nur jeweils ein Paar obere und untere Pseudopodien an einem schmalen, flachen Leib. Er war von einer dunklen Haut bedeckt, die ihm schrecklich dünn, verletzlich und unzulänglich vorkam.

War das sein Körper? So unwahrscheinlich es ihm vorkam, er konnte es nicht mit Sicherheit sagen. Ihm wurde zögernd bewusst, dass er nicht die geringste Erinnerung an sein bisheriges Leben hatte.

Er kämpfte gegen die aufsteigende Verwirrung an, und tatsächlich gelang es ihm, die oberen und dann die unteren Gliedmaße zu bewegen. *Arme und Beine,* dachte er. *Der Körper eines* Humanoiden.

Er stutzte. Woher kannte er diese Begriffe, wenn das nicht sein Körper, wenn er kein Humanoider war?

Aber ... die dunkle Haut bot einen gewissen Schutz vor der starken Sonneneinstrahlung, und nun sah er, dass seine Füße unnatürlich groß und flach waren – wie geschaffen dafür, über lockeren Sand zu gleiten, ohne zwischen den Körnern zu versinken. Nein, diese äußerliche Gestalt gehörte schon hierher, war an das Leben in einer Wüste angepasst.

Aber war es auch die seine?

Wieso konnte er sich nicht erinnern? An rein gar nichts?

Mit Mühe richtete er sich auf die Gelenke seiner oberen Gliedmaße auf. Nun hatte er eine bessere Sicht. Er drehte den Kopf, doch wohin er auch schaute, er sah nur Sand und flache Dünen.

Er hob den Kopf, starrte in den Himmel und schloss instinktiv die Augen. Er befürchtete, dass er erblinden würde, wenn er zu lange ungeschützt in diese gleißende Helligkeit sah. So gut war er dieser Umgebung nun doch wieder nicht angepasst. Sein Körper schien gewisse Unzulänglichkeiten zu haben ... wie die aller Lebewesen.

Er stutzte erneut. Ihm war etwas aufgefallen.

Irgendetwas stimmte mir dieser Sonne nicht.

Er versuchte, die Augen zusammenzukneifen, um besser sehen zu können, doch es gelang ihm nicht. Er schloss sie, öffnete sie wieder, und noch einmal, und noch einmal.

Dann wusste er mit einem Mal, wie er es bewerkstelligen konnte.

Dennoch musste er den Blick nach wenigen Atemzügen wieder abwenden, zu stark war der brennende Schmerz, den die Helligkeit verursachte. Aber nun war er sich seiner Sache sicher.

Er hatte sich nicht getäuscht. Die Sonne schickte nicht nur grelles Licht aus, sondern auch ... schwarze, gezackte Risse im Himmel. *Lücken in der Welt,* dachte er entsetzt, *durch die* etwas anderes *sickert!* Ein irrlichternes Leuchten, das an der Wirklichkeit zerrte.

An *seiner* Wirklichkeit. Doch was konnte in dieser Situation noch real sein?

Das Rad aus Feuer ... wieso kam es ihm so vertraut vor? Kannte er es aus seiner Vergangenheit?

Nein; er hatte nicht die geringste Erinnerung daran. Es war ihm genauso fremd wie seine Umgebung.

Als er es wagte, wieder zur Sonne zu schauen, sah er, dass die Risse im Himmel sich ausgeweitet hatten, länger geworden waren. Sie schienen nun bis in die Atmosphäre des Planeten selbst zu reichen. Die Luft, die er atmete, brannte plötzlich in seinen Lungen.

Und das Feuerrad ... es schien die Aufrisse geradezu anzuziehen. Schwarze Substanz floss aus der Sonne in die Speichen des Rads, ließ es nur noch schneller rotieren. Doch die unheimliche Materie verdunkelte die lodernden Speichen nicht, sondern ließ sie nur noch heller brennen, heller, immer heller ...

Wimmernd kroch er über den heißen Sand zurück, nur weg von dem Rad, das nun noch heller leuchtete, sich noch schneller drehte. Es war nur noch eine Frage der Zeit, bis es explodieren würde.

Er versuchte sich aufzurichten, doch die Beine versagten

ihm den Dienst, und er stürzte zurück in den Sand. Wie Feuer brannten die winzigen Körner auf seiner Haut.

Wie Feuer ...

Das Feuer ist nicht dein Feind, dachte er. Hab keine Angst vor ihm, es stellt keine Bedrohung dar, wenn du richtig damit umzugehen weißt. Achte seine Kraft, schätze seine Freundlichkeit, respektiere die Hitze und hege die Wärme, und es wird stets gütig zu dir sein.

War das nicht der eigentliche Sinn? Durch das Feuer zu gehen und als neues Wesen und geläutert daraus hervorzutreten?

Aber nicht durch dieses Feuer! Er wusste nicht, wieso, doch die schwarze Materie pervertierte es, nahm ihm seine Reinheit, verwandelte es in etwas ... Unnatürliches. Gefährliches.

Die Luft um das Feuerrad schien zu brodeln. Dunkelheit aus dem Himmel vereinigte sich mit der Hitze der Flammen zu etwas Fremden, das nicht in diese Welt gehörte. Rasend schnell rotierte das Rad vor dem diffusen Halbdunkel, in dem die grelle Helligkeit, die das Feuerrad spendete, einfach zu versickern schien, und füllte nun Vhatoms gesamtes Sichtfeld aus.

Zu seiner Überraschung gelang es ihm, seiner Kehle ein Geräusch zu entlocken. »Nein!«, schrie er in nackter Panik, aber er wusste schon längst, es war zu spät. Er konnte es nicht verhindern. Niemand konnte das.

Dann geschah, womit er rechnete und was er fürchtete. Die dunkel flammende Helligkeit der Speichen dehnte sich aus und bildete Protuberanzen, die nach ihm zu greifen schienen.

Das Feuerrad explodierte.

Aber es verbrannte ihn nicht.

Der Raum um das Rad aus Feuer entfaltete sich. Immer mehr brodelndes Chaos sickerte in seine Welt – oder das, was er dafür hielt – und nahm dann langsam Gestalt an. Grelle Flammen und schwarzes Wabern verdichteten sich zu einer ... Gestalt?

Es war eine Pflanze, ein Baum, vielleicht zwei Meter groß und ohne Krone. Ein Stumpf, dessen Wurzeln zuckten und sich rhythmisch bewegten, als würde er sich auf ihnen fortbewegen. Äste peitschten und schienen nach ihm zu greifen.

Der Himmel zersplitterte endgültig, und das Feuer des Rades erlosch, doch sein Licht blieb bestehen, leuchtete heller als zuvor. Dann zersplitterte es, und Myriaden von Fragmenten vereinigten sich zu gewaltigen Strömen, die das diffuse Halbdunkel zusätzlich erhellten.

»Endlich!«, quakte eine Stimme aus dem Chaos. »Wurde langsam auch Zeit! Wie oft soll ich das denn noch versuchen? Ich hab auch noch was anderes zu tun.«

Vhatom Q'arabindon zweifelte an seinem Verstand. Er befürchtete, auch noch den letzten Halt in dieser Welt zu verlieren, die nicht die seine war. Er träumte; es konnte nicht anders sein. Er fand sich in einem ihm fremden Körper auf einer ihm fremden Welt wieder, ohne Erinnerung an seine Vergangenheit, und aus einem Feuerrad, das ihm vage vertraut vorkam, erschien ein *Baum* und gab mit wehleidiger Stimme dummes Zeug von sich ...

Er träumte, oder er war gestorben, und das war das Jenseits all jener, denen die Kollektion versagt blieb, und er musste nun auf ewig für diese schreckliche Unterlassung büßen.

Hilflos sah er mit an, wie seine Welt zusammenbrach und sich neu aufbaute. Der Baum huschte auf seinen Wurzeln behände aus dem nur noch durchscheinend schimmernden Feuerrad, das immer mehr an Substanz verlor. Hinter ihm entstand etwas Neues, Anderes, Unbegreifliches. Der Himmel löste sich auf, die Welt löste sich auf, das Feuerrad löste sich auf, und aus dem für ihn völlig unverständlichen brodelnden Chaos bildete sich ...

Nicht die Unterwelt. Nicht das Jenseits, auch wenn er bislang, bevor es ihn hierher verschlagen hatte, nie an dessen Existenz geglaubt hatte.

Es bildete sich ein profaner Raum, eine Halle, die in ihrer Normalität, ihrer Alltäglichkeit, alledem, was er gerade zu erleben geglaubt hatte, nackten Hohn sprach. Doppelt übermannshohe Wände, grob verputzt, daran Regale, billige, primitive Metallgestelle, vollgestopft mit Kästen, Kisten, Geräten, deren Sinn und Zweck er nicht einmal erahnen konnte. In der Mitte seine Blickfelds flimmerte ein gewaltiges Holo, das die filigranen Türme einer Stadt zeigte, und daneben ... und daneben schritt ein Baum auf ihn zu, blieb dann stehen und sah ihm genau in die Augen.

Glaubte er zumindest.

»Na also«, quakte der Baum. »Noch zwei, drei vergebliche Versuche, und ich hätte es aufgegeben. Dich abgeschrieben. Ein Totalverlust. Eine *Plasma-Psyche*! Was soll man sich nur darunter vorstellen! Wie kann man auch nur eine Krediteinheit für solch einen Unsinn ausgeben! Wie konnte ... wie kann man sich nur solch ein Objekt andrehen lassen? Wie konnte ich mir das nur antun?«

»Bin ... bin ich tot?«, fragte Vhatom Q'arabindon. »Ist das die endlose Qual der Unterwelt?«

»Papperlapapp«, sagte der Baum. »Ich weiß nicht, ob du überhaupt sterben kannst oder jemals gelebt hast. Aber eins ist sicher. Du funktionierst nicht richtig. Du bist die größte Fehlinvestition, die der ... die ich jemals getätigt habe.«

Vhatom Q'arabindon erwartete halbwegs, dass der *Baum* sich genauso auflösen würde, wie das Flammenrad es getan hatte, und er sich im nächsten Kreis der Unterwelt wiederfinden würde. Was hatte er in seinem Leben nur getan, dass er im Jenseits solch ein Schicksal erdulden musste?

Aber die seltsame Entität hatte Bestand, und auch der Lagerraum veränderte sich nicht. Er wirkte höchstens noch größer, noch unübersichtlicher als zuvor.

»Hast ... du mich ins Leben zurückgeholt?«, fragte er.

»Was?«, sagte der Baum und huschte auf seinen Wurzeln um ihn herum. Vhatom wunderte, dass er ihn nicht aus den Augen verlor, ganz gleich, wie schnell und unregelmäßig er sich auch bewegte.

Aus den Augen, oder aus dem Sinn? Aus der Wahrnehmung.

Endlich blieb der Baum stehen. »Hörst du mir nicht zu? Wenn du nicht einmal ein Lebewesen bist, gibt es für dich auch keine mythologische Unterwelt. Keinen Himmel und keine Hölle, nur die auf Erden. Und nach allem, was ich weiß, kannst du nicht sterben, hast du vielleicht nie gelebt.«

»Ich ... bin ein Lebewesen«, sagte Vhatom. Er sah sich hektisch um, versuchte, so viele Informationen wie nur möglich über seine neue Umgebung zu gewinnen. Vielleicht waren solche Details lebenswichtig ...

Falls er denn *lebte*. Warum konnte er sich an nichts erinnern? Er war sich seiner eigenen Entstehung nicht bewusst, irgendwann hatte es einfach begonnen. Vor wenigen Augenblicken, als er das Rad aus Feuer gesehen hatte.

Oder ... war da nicht der Hauch einer Erinnerung, dass er dieses Feuerrad schon einmal gesehen hatte ... bevor er gerade erwacht war? »Ich heiße Vhatom Q'arabindon«, sagte er trotzig, »und bin mir meiner Existenz durchaus bewusst.«

»Und das definiert Leben?«, sagte der Baum und stieß ein kreischendes, in den Ohren schmerzendes Geräusch aus. »Du bist eine Plasma-Psyche, und ich muss sehen, wie ich dich an den Mann bringe.«

»Eine Plasma-Psyche?«

Der Baum gab etwas von sich, das Vhatom an ein Seufzen erinnerte. »Angeblich ein Bewusstsein in einer halb faustgroßen Kapsel, das zur Kombination mit Hochleistungsrechnern verwendet wird. Der ... wir haben viele Krediteinheiten für dich ausgegeben, und das war ein Fehler. Wie soll ich dich weiterverkaufen, wenn es mir nicht einmal gelingt, dich zu aktivieren?« Vhatom bemerkte nun, dass er die Stimme des seltsamen Wesens direkt in seinem Kopf wahrnahm. Er konnte an dem Baum auch keinerlei Sprechwerkzeuge ausmachen.

»Zu aktivieren? Ich bin nicht einfach so ... erwacht?«

Das Wesen kreischte wieder laut auf. »O nein. Nicht einfach so. Dutzende von Malen musste ich es versuchen, bevor es mir endlich gelang!«

Vhatom erhaschte wieder eine flüchtige Erinnerung, die in ihm emporstieg und verblich, bevor er sie richtig zu fassen bekam. »Du bist ... Feuertrinker, nicht wahr?«

Das Wesen verharrte einen Moment lang in seinen Bewegungen. »Ich bin ... *ein* Feuertrinker«, sagte es dann. »Ajak Feuertrinker. Woher weißt du das? Ich habe dir noch keine Datenbänke geöffnet!«

Vhatom Q'arabindon schwieg verwirrt. »Da ... war eine Erinnerung«, sagte er schließlich. »Mir war so, als hätte ich dich schon einmal gesehen. Als hättest du dich mir schon einmal vorgestellt.« *Als mein Herr und Meister,* fügte er in Gedanken hinzu, sprach es aber nicht aus.

Ajak Feuertrinker setzte sich wieder in Bewegung, hantierte mit den Greifästen an Skalen und Schaltern einiger Geräte, die auf den Regalen des großen Raums standen. *Die Gehäuse von Positroniken?,* fragte sich Vhatom.

Die Konturen der Geräte und des Mobiliars in dem Raum wurden noch eine Spur schärfer. Verbesserte Ajak Feuertrinker etwa ... seine Wahrnehmungsfähigkeit?

»Was machst du mit mir?«, fragte er. »Und wo bin ich überhaupt?«

»Ich justiere die Einstellungen der Standleitung mit dem Rechner, an den du angeschlossen bist«, erwiderte der Feuertrinker, während er nun wesentlich behutsamer und vorsichtiger mit seinen Astarmen hantierte. »Eine komplizierte Sache. Denn ich muss verhindern, dass du Zugriff auf die Positronik bekommst und sie übernimmst. Denn das ist ja deine eigentliche Aufgabe.«

»Was?«

»Natürlich. Du bist angeblich imstande, Rechner einer extremen Güteklasse zu beseelen. Das macht dich so wertvoll.«

Vhatom dachte nach. Auch daran hatte er keine Erinnerung. Warum verriet Ajak Feuertrinker ihm diese potenziell gefährliche Information? Entweder, sein *Herr und Meister* war völlig sicher, dass sein ... Eigentum sie nicht nutzen und ihm gefährlich werden konnte, oder aber ... er war nicht besonders helle.

Und noch etwas ... ein Feuerrad und ein Feuertrinker. Bestand da ein Zusammenhang? »Feuertrinker ist dein Name?«

»Die Bezeichnung meiner Spezies. Wir sind nicht besonders viele und wurden in ganz Erranternohre versprengt. Auf diese Art und Weise erhalten wir unsere kulturelle Identität.«

»Erranternohre?«

»Die ...« Ajak zögerte. »Ich darf dir nicht zu viel verraten. Warte, bis mein ... Kollege kommt. Vielleicht beantwortet er deine Fragen.«

»Dann soll ich dich nicht Feuertrinker, sondern Ajak nennen?«

Das baumartige Lebewesen antwortete nicht. Stumm arbeitete es vor sich hin, und Vhatom stellte fest, dass seine Wahrnehmungsfähigkeit tatsächlich immer besser wurde.

»Woher komme ich? Warum habe ich keine Erinnerung an meine Vergangenheit? Wie kommunizieren wir miteinander?« Tausend Fragen brannten ihm auf der Zunge, und einige davon stellte er, doch Ajak Feuertrinker ließ sich nicht beirren und ignorierte ihn auch weiterhin.

Vhatom stellte fest, dass er nur über ein eingeschränktes Zeitgefühl verfügte. Lediglich anhand von Ajaks Handlungen konnte er schätzen, wie viel Zeit verstrich. Allerdings wusste er nicht, ob das baumähnliche Wesen zügig und zielstrebig arbeitete oder vor sich hintrödelte.

So konnte er nicht sagen, ob nur Sekunden oder gar Stunden verstrichen waren, als die Tür des Raums geöffnet wurde und ein weiteres Wesen hereinschwebte.

Es war doppelt, wenn nicht sogar dreimal so groß wie das baumartige Geschöpf, entstammte aber einer ganz anderen Spezies. Es erinnerte Vhatom an einen riesigen, blassblau schimmernden Schirm, der aufgespannt nur ein wenig höher als breiter war. Drei Extremitäten, die wie Lampenständer aussahen, entsprossen der unteren Öffnung des fast bis auf den Boden reichenden Körpers, doch das Wesen schien sich nicht auf ihnen fortzubewegen, sondern sie als Greifarme zu benutzen. Sinnesorgane konnte Vhatom auf dem kuppelförmigen Leib nicht ausmachen.

»Spute dich!«, ertönte die Stimme des Neuankömmlings in seinem Kopf. »Der Kouvo'Goy'Teran kommt! Und er ist nicht besonders gut gelaunt. Er will endlich Ergebnisse sehen!«

Neun

**Kat-Greer: Trovent-Planet Caligo,
30. Mai 1343 NGZ (4930 nach Christus)**

Kat-Greer atmete tief durch alle vier Nasenöffnungen ein, ließ den Blick über das Zentrum von Taphior schweifen und gönnte sich einen seltenen Augenblick der Entspannung. Die Vorbereitungen liefen auf Hochtouren, aus dem gesamten Trovent wurden Troventaare zusammengezogen, die Aufmarschpläne bekamen den letzten Schliff verpasst. Für ihn jagte eine Besprechung die andere, und mehr als eine kurze Pause zum Durchschnaufen blieb ihm nicht.

Noch immer beeindruckte ihn die Hauptstadt Caligos und damit auch die des Trovent selbst, auch wenn er wusste, wie es hinter der Fassade aussah. Aber die war atemberaubend.

Praktisch alle Gebäude schienen von vollendeter Beherrschung von Formenergie zu künden. Zahlreiche bauliche Elemente spotteten den Gesetzen der Schwerkraft. Brücken ohne jegliche Pfeiler oder Tragseile spannten sich in schwindelerregenden Höhen zwischen umgekehrten Pyramiden, die auf der Spitze balancierten. Gläserne Kugeln schwebten, kolossalen Seifenblasen gleich, über Zeltkonstruktionen, die nur aus kaum sichtbaren Spinnweben bestanden und doch ganze Sport- und Opferarenen enthielten. Und hier und da veränderten sich die Fassaden ganzer Gebäudekomplexe. Einige wechselten lediglich die Farbe, andere auch die Beleuchtung, die meisten jedoch die gesamte Gestalt. Aus Türmen würden Rundbögen, aus Pyramiden Kugeln.

Diese schwerelose Architektur, diese unaufhörliche Metamorphose war nur eine Vorspiegelung falscher Tatsachen. Aber sie wirkte erhaben. Und sie war nicht nur eine Erinnerung an die alte Technik der Laren, sondern eine stete Mahnung, in der Zielstrebigkeit nicht nachzulassen und unentwegt daran zu arbeiten, den alten Status quo irgendwann zumindest wieder zu erreichen, wenn nicht gar zu übertreffen.

Eine Stadt aus Formenergie ... Die Laren waren einst Meister in der Beherrschung dieser Energieform gewesen. Nicht nur ihre Städte, auch ihre Raumschiffe hatten sie daraus konstruiert, die legendären SVE-Raumer, die Strukturvariablen Energiezellen-Raumer, die ihre Hülle aus gebündelter und formgerichteter Energie je nach Erfordernis ausdehnen und wieder zur ursprünglichen Größe zusammenschrumpfen lassen konnten. Ein Konvoi aus insgesamt 22 SVE-Raumern war vor 3900 Jahren während des Flugs zu einer der Hetos-Galaxien in den Kleinen Wirbelsturm verschlagen worden, und aus ihnen war schließlich der gesamte Trovent entstanden.

Doch hier in Forn-Karyan herrschten ganz andere Bedingungen als in den Hetos-Galaxien, und seit der Erhöhung der Hyperimpedanz hatten sich die Erzeugung und stabile Projektion überdies deutlich erschwert und waren noch energieaufwändiger als vorher. Formenergie wurde daher im Allgemeinen fast gar nicht mehr verwendet.

Und so war das Bild, das Taphior bot, lediglich ... *Mummenschanz,* dachte Kat-Greer. Augenwischerei. Statt richtiger Formenergie kamen hier lediglich hochkomplexe Prallfelder und -schirme zum Einsatz, Traktorstrahlnetze,

Antigrav-Schichtfelder und wirkungsvolle holografische Effekte, die in ihrer geschickten – teilweise auch hyperenergetischen – Kombination den Eindruck erweckten, als seien die Gebäude aus Formenergie geschaffen. Musste jedoch etwa wegen eines Hypersturms die Energieversorgung heruntergefahren werden, oder fiel sie gar aus, verschwanden die funkelnden Fassaden und eleganten architektonischen Konstruktionen, als hätte es sie nie gegeben. An ihrer Stelle duckten sich dann schmutzig graue, klotzige, erschreckend niedrige Bunkerbauten zwischen die kahlen Hügel.

Nun ja, dachte Kat-Greer. *Wir arbeiten daran. Und sobald das Imperium Altera aus dem Weg geräumt ist und wir unsere Kräfte auf neue Ziele richten können, werden wir auch Fortschritte beim Einsatz von Formenergie erzielen.*

Hinter ihm räusperte sich jemand. Der Erste Hetran drehte sich um und machte einen schlanken, klein gewachsenen Laren aus, dessen Uniform ihn als Mitglied des Lichtnetzes auswies, des Geheimen Flottenauges.

Das Geheime Flottenauge schläft nie und sieht alles, dachte der Erste Hetran. Er hatte dem Geheimdienst viel zu verdanken; das Lichtnetz hatte zu den wichtigsten Stützpfeilern in seinen Umsturzplänen gezählt. Doch wenn sich ein Abteilungsleiter höchstpersönlich bei ihm einfand, konnte das nichts Gutes bedeuten. Das Geheime Flottenauges stattete keine Höflichkeitsbesuche ab.

Kat-Greer nickte dem Mann knapp zu und führte ihn dann aus der Einsatzzentrale in den Pyramiden von Taphior in sein nur wenige Schritte entferntes Privatbüro, das in unregelmäßigen Abständen, aber mindestens einmal stündlich auf Abhörsicherheit überprüft wurde. Der Erste Hetran hatte aus den Fehlern seines Vorgängers Lehren gezogen.

»Dog-Culivo«, stellte der Agent sich vor, »Beauftragter des ...«

Kat-Greer winkte ab. »Meine Zeit ist begrenzt. Kommen Sie direkt zur Sache.«

»Selbstverständlich, Hetran. Die Spionage-Schiffe des Lichtnetzes haben uns zugetragen, dass die Angriffe der Posbis gegen die Alteraner ins Stocken geraten sind.«

»Wieso?«, fragte Kat-Greer. »Wieso kämpfen die Posbis nicht weiter?«

»Das wissen wir nicht, Hetran.«

»Es ist Ihre Aufgabe, so etwas in Erfahrung zu bringen.« Kat-Greer drehte sich um und schaute aus dem Fenster auf den eilends wieder neu errichteten Stern der Laren. Der zentrale, weitläufige Platz wurde von einem mit 1100 Metern Höhe bis in die Wolken aufragenden Turm mit siebenzackigem Grundriss dominiert, dem höchsten Gebäude der Hauptstadt, einem historisches Monument und Museum in einem. Eine weitere Vorspiegelung falscher Tatsachen. Nur deshalb hatte man ihn so schnell wieder aufbauen können.

»Das sind schlechte Neuigkeiten«, sagte Kat-Greer nachdenklich.

»In der Tat, Hetran.«

»Nicht nur das Verhalten der Posbis; auch, dass die Agenten des Lichtnetzes den Grund dafür nicht kennen.«

»Allerdings, Hetran.«

Kat-Greer sagte es nicht nur so daher; dieser Umstand brachte ihn wirklich ins Grübeln. Das Imperium von Altera lag am Boden, daran gab es keinen Zweifel. Im Altera-System waren nur noch halbwracke und beschädigte Einheiten stationiert. Ein halb toter Körper, der nur noch auf den Gnadenschuss wartete.

Konnte es sein, dass die Alteraner irgendeine Möglichkeit gefunden hatten, die Posbis aufzuhalten?

Und wenn ... was für eine Möglichkeit war das?

Kat-Greer legte einen Finger auf sein rechtes Ohr und zog dessen Linie über den Unterkiefer bis zum Halsansatz nach. »Wir müssen den Alteranern alles zutrauen«, sagte er.

Dog-Culivo sah ihn fragend an.

Alles schien so einfach und folgerichtig, dachte der Erste Hetran. *Doch je länger die Kämpfe dauern, desto eher finden die Alteraner Gelegenheit, ihre angeschlagene Verteidigung wieder aufzurichten.* Dieser Gedanke versetzte Kat-Greer in heftige Unruhe.

Soweit durfte es nicht kommen. Das durfte auf keinen Fall geschehen. Diese Gelegenheit durfte der verhasste Feind keinesfalls erhalten.

»Ich muss unbedingt den Grund dafür wissen«, sagte er.

»Wir arbeiten daran, Hetran.«

Genau. Wie die Laren insgesamt daran arbeiteten, die Formenergie wieder nutzbar zu machen und irgendwann wieder nach Larhatoon zurückzukehren.

»Und zwar bald. So schnell wie möglich.«

»Natürlich, Hetran.«

Er bedeutete dem Agenten, ihm zu folgen, und kehrte in die Einsatzzentrale zurück. Bei jedem Schritt drehten seine Gedanken sich im Kreis.

Das darf nicht sein. Das darf nicht sein.

Er betrachtete die scheinbare Hektik, die in dem großen Raum herrschte. In Wirklichkeit wussten die hier tätigen Laren, allesamt die besten Spezialisten und Militärs des Trovent, ganz genau, was sie taten. Jeder hatte seinen Aufgabenbereich, und das Ganze, das aus den jeweiligen Tätigkeiten erwuchs, war größer als die Summe der einzelnen Teile.

Als er hinter sein Pult trat, hatte er einen Entschluss gefasst. Er drückte auf einen Knopf, eine Sirene ertönte, und sämtliche Aktivitäten in der Zentrale erstarben.

»Wie groß ist die Stärke der Truppen, die wir mittlerweile zusammengezogen haben?«

»Fünftausend Troventaare«, meldete der dafür zuständige Spezialist. »Jeweils zweitausend leichte und schwere und eintausend Schlacht-Troventaare.«

Kat-Greer nickte zufrieden. Diese Zahl kam ihm ausreichend vor. »Ich habe beschlossen, unser Vorgehen zu beschleunigen«, erklärte er. »Wir werden kurzfristig selbst aktiv in den Krieg eingreifen.«

Niemand sagte etwas.

»Wir werden dem Imperium Altera in die Flanke fallen. Ich werde mit meiner Trovent-Flotte dem Imperium persönlich den Todesstoß versetzen.« *Bevor sich die Alteraner noch einmal aus der Schlinge winden können,* fügte er in Gedanken hinzu.

Er dachte kurz nach, überschlug Zahlen, Truppenstärken, Entfernungen. »In zwei Wochen wird alles vorbei sein«, sagte er dann. »Sobald die Zentralwelt Altera vernichtet ist, werden wir die Reste in Form von Kolonialwelten einsammeln und uns nach traditioneller Weise untertan machen. Diese Welten werden dann Bestandteile des Trovents.« *Sofern die Posbis nicht doch alles vernichten.* Auch das war denkbar. Zwar nicht wünschenswert, aber allemal besser als der Fortbestand des Imperiums.

»Erstes Ziel wird das Frontier-System von Fort Blossom sein.« Diese Verteidigungsanlage war schon ewig ein Stachel im Fleisch der Laren.

»Hiermit erteile ich der Flotte Startbefehl. Ich werde den Feldzug an Bord der ILLINDOR führen. Wir werden noch heute aufbrechen. Das wäre alles.«

Schweigen schlug ihm entgegen. Nun, nachdem es endlich wirklich ernst wurde, war Applaus und Gejohle unangebracht.

Er wühlte in seinem Gedächtnis. Die Distanz zwischen Caligo und Fort Blossom betrug 4581 Lichtjahre. Das entsprach einer Flugzeit von etwa drei Tagen.

Er lächelte schwach. In drei Tagen würde er den Anfang vom Ende des Imperiums Altera einläuten.

ZEHN

VHATOM Q'ARABINDON: VERGANGENHEIT
DER KYBERNETISCHE HÄNDLER

Der Kouvo'Goy'Teran – er musste es sein, das stand für Vhatom Q'arabindon außer Frage – war ein Humanoider und etwa so groß wie Ajak Feuertrinker. Auf einem Paar kräftiger Säulenbeine stapfte er in den Raum, und allein seine Körpersprache machte deutlich, dass er tatsächlich der *Herr* war. Wenn Vhatom jemals die Verkörperung von Ungeduld gesehen hatte, dann in diesem Wesen.

Das fallschirmartige Geschöpf stieß ein erschrockenes Jaulen aus, als es bemerkte, dass es dem Neuankömmling im Weg stand, zog den Körper blitzartig auf die Hälfte der bisherigen Größe zusammen und huschte zurück.

»Was hast du hier zu suchen, Pilot? Hast du nichts im Raumschiff zu tun?«, fragte der Kouvo'Goy'Teran barsch, und die Farbe des kuppelförmigen Leibs des Wesens wandelte sich in ein blasses Rosa. Der Neuankömmling achtete nicht weiter darauf, sondern baute sich vor Ajak Feuertrinker auf. »Wie kommst du voran? Meine Geduld hat langsam ein Ende.«

»Es ist mir gelungen, die Plasma-Sphäre zu aktivieren, Herr. Sie kann dich hören und sehen.«

»Bei den Ahnen, verdammt seien sie in alle Ewigkeit!« Ungläubig verzog der Humanoide die Gesichtsmuskulatur. Er wirkte auf Vhatom zutiefst hässlich. Der halbkugelförmige Kopf saß halslos auf übermäßig breiten Schultern und war genauso unförmig und abstoßend wie der gesamte Körper. Haupt und Gesicht waren von einer dicken, lederartigen Haut überzogen, der Rest des Wesens steckte – bis auf die Hände – in einer schwarzen, offensichtlich nahtlosen, lackartig schimmernden Montur.

Vhatom fielen mehrere kleine Schalttafeln auf, die auf eben jenem Anzug oder direkt der Haut des Wesens angebracht waren, über seinem Auge auf der Stirn und auf den Handrücken. Kybernetische Aufrüstungen?

»Hast du die Rechner gesichert, du unfähiger Tagedieb?«

»Ja, Herr. Es ist völlig ausgeschlossen, dass die Psyche auf sie zugreift.«

Skeptisch musterte der Zyklop das baumähnliche Wesen. Es war offensichtlich, dass er keine allzu hohe Meinung von ihm hatte. »Und sie kann mich hören?«

»Ja, Herr.«

»Gut. Dann wollen wir mal sehen, ob sie hält, was dieser Halsabschneider von Samurnd uns versprochen hat. Schalte ... ein Bild der Galaxis.«

Ajak Feuertrinker hantierte an seinem Terminal, und in der Mitte des großen Raums bildete sich ein Hologramm. Es zeigte eine kugelförmige Zusammenballung von Sternen, eine Vielzahl rot, blau und gelb schimmernder Juwelen vor dem tiefen Schwarz des interstellaren Leerraums.

Der Kouvo'Goy'Teran schien Vhatom genau ins Gesicht zu sehen. Offenbar hatte er mittlerweile herausgefunden, wo sich das Aufnahmegerät befand – oder eins der Geräte –, das seiner *Neuerwerbung* einen Eindruck von der Umgebung verschaffte.

»Was ist das, Psyche?«, fragte er dann in die Kamera hinein.

Vhatom zögerte, aber nur kurz. »Mein Name ist Vhatom

Q'arabindon«, sagte er dann. »Ich bin ein bewusst denkendes, intelligentes Wesen. Unglücklicherweise habe ich mein Gedächtnis verloren, und ...«

»Und ich bin To'Grur'Prigt, Kybernetischer Händler der Kouvo'Goy'Teran ... und dein Herr und Meister. Ausschalten!«

Abrupt wurde es dunkel um Vhatom.

Und blieb auch eine ganze Weile so.

Zuerst machte die Dunkelheit ihm keine Angst.

Doch das sollte sich schnell ändern.

Schon bald verlor er jegliches Zeitgefühl. Er litt unter einem kompletten Entzug sämtlicher Sinneseindrücke, wie beschränkt sie zuvor auch gewesen sein mochten. War allein mit seinen Gedanken. Nur sie definierten seine Existenz.

Und er stellte fest, dass sie sich schon bald zu wiederholen begannen. Hatte er nicht gerade eben schon einmal gedacht, dass der Kybernetischen Händler ihn nicht auf ewig abgeschaltet lassen würde? Er versprach sich einiges von dem Erwerb; er hatte für ihn bezahlt und wollte ihn weiterverkaufen. Früher oder später würde der Händler ihn wieder aktivieren müssen.

Aber wenn Vhatom bis dahin den Verstand verloren hatte?

Nein. Das kann nicht in To'Grur'Prigts Sinn sein. Er will Geschäfte machen, Gewinn machen. Eine jämmerlich vor sich hin lallende Plasma-Psyche wird er nicht an den Mann bringen können.

Und doch, und doch ...

Was, wenn der unbeherrschte Kybernetische Händler es in seinem Zorn übertrieb? Er war nicht vertraut mit seiner Neuerwerbung, kannte sie nicht. Woher wollte er wissen, wie viel Vhatom auszuhalten vermochte?

Nein, er wird es nicht bis zum Äußersten treiben, dachte er inbrünstig, mit aller Kraft, die er aufbringen konnte.

Aber trotzdem war seine Situation nicht gerade aussichtsreich. To'Grur'Prigt wollte seinen Willen brechen, ihn zu einem willfährigen, vorzeig- und veräußerbaren Werkzeug formen.

Konnte er sich dem widersetzen?

Nein. Er war ein Bewusstsein in einer Kapsel, ohne Körper, ohne Erinnerungen ...

Vielleicht gab es doch noch eine Möglichkeit. Er war eine Plasma-Psyche, die ... wie hatte Ajak gleich noch gesagt? ... *zur Kombination mit Hochleistungsrechnern* verwendet wurde. Er war jetzt schon mit einer Positronik verbunden, und früher oder später würde er den erweiterten Zugriff auf diesen oder andere Rechner bekommen. Vielleicht konnte er das nutzen. Vielleicht ...

Täuschte er sich, oder wurde es in dieser zeit- und raumlosen Dunkelheit, in der seine Gedanken kreisten und kreisten und kreisten und kein Ende und keinen Anfang fanden, etwa *wärmer*?

Er täuschte sich. Er musste sich täuschen.

Er musste seine Taktik also ändern. Er musste versuchen, To'Grur'Prigts Vertrauen zu erschleichen, abwarten, Informationen sammeln, alles über diese Rechner und sich selbst in Erfahrung bringen, was es in Erfahrung zu bringen gab, und wieder abwarten, Geduld wahren, abwarten und im richtigen Augenblick zuschlagen. Er musste ...

Es *wurde* wärmer.

Zeichnete To'Grur'Prigt dafür verantwortlich? Konnte er ihn auf diese Art und Weise manipulieren? Oder lag ein Schaden an dem Rechner vor, an den er – wie auch immer – angeschlossen war? Ein Schaden, den der Kybernetische Händler und seine Helfer vielleicht noch gar nicht erkannt hatten?

Ein Anflug von Panik überkam ihn. War der Rechner beschädigt? Stand er etwa kurz vor der Vernichtung? Und Vhatom mit ihm?

Die Panik wurde größer, genau, wie es wärmer wurde.

Nein, *heißer.*

Die allumfassende Dunkelheit schien plötzlich zu brennen. Es war kein körperlicher Schmerz, dazu war er viel zu umfassend, viel zu gewaltig. Er durchdrang nicht jede Faser seiner Nerven, sondern jedes Molekül seines Ichs.

Er war allgegenwärtig.

Das Feuer war kein Feind. Es stellte keine Bedrohung für ihn dar. Er musste nur damit umzugehen wissen – seine Kraft achten und seine Freundlichkeit schätzen, die Hitze respektieren und die Wärme hegen.

Er sehnte sich nach dem Trost des Feuerrads, doch sie kam nicht. Da war nur die heiße Dunkelheit.

Und es kam auch kein Vergessen, kein Abgleiten in eine kühlere, sanftere Dunkelheit.

Es blieben nur seine Gedanken und der Schmerz.

Aber sie blieben für eine Ewigkeit.

Irgendwann ließ die versengende Hitze nach, und seine Gedanken, die sich schon längst nicht mehr im Kreis drehten, sondern nur noch ein Ziel kannten – *Wann hören diese unerträglichen Qualen auf?* – beruhigten sich etwas.

Die Dunkelheit wurde heller, und die Welt kehrte zurück. Vielleicht nur eine virtuelle, aber es war die einzige, die er hatte.

Er wollte sich ausruhen, erholen, wieder zu sich selbst finden, doch To'Grur'Prigt ließ ihm keine Zeit dafür. »Da bist du ja wieder«, sagte er, während er mit seinem riesigen Glotzauge in das Aufnahmegerät starrte. »Möchtest du weiterhin diskutieren oder meine Anweisungen befolgen?

Aber vergiss nicht, Psyche, das war nur ein Vorgeschmack. Ein Tausendstel von dem, was dich erwartet, wenn du weiterhin so widerborstig bist.«

Widerborstig, dachte Vhatom. *Was für eine seltsame Wortwahl!*

Aber der Schmerz war aktuell und real. Und er wollte ihn nicht noch einmal erleben. »Ich wollte dir mit meiner Bemerkung nur verdeutlichen, dass ich meine Erinnerungen verloren und keinerlei Kenntnisse über meine Vergangenheit habe. Ich ... möchte dich nicht enttäuschen ... Herr.«

Der hässliche Zyklop schwieg einen Moment lang. »So habe ich deine Antwort nicht aufgefasst«, sagte er schließlich. Er klang verwirrt, aber schon schien wieder Zorn in ihm emporzuwallen.

So hatte ich sie auch nicht gemeint, du Einfaltspinsel, dachte Vhatom. »Bitte sieh mir meine Verwirrung nach. Ich bin gerade erst erwacht und noch nicht vollständig Herr über meinen Verstand. Hab etwas Geduld mit mir, und ich werde es dir lohnen.«

»Zeit ist Geld«, sagte der Kybernetische Händler. »Totes Kapital fängt schnell zu stinken an. Ich muss mir einen Überblick verschaffen. Also ... ich stelle ein paar Fragen, und du antwortest.«

»Natürlich ... Herr.«

»Gut. Feuerzwerg, Holo aufrufen.«

Während der Raum, in den Vhatom nun sah, allmählich wieder an Schärfe und Konturen gewann, bildete sich in dessen Mitte das Holo, das er kurz vor seiner ... Bewusstlosigkeit schon einmal gesehen hatte. Das mit der kugelförmigen Galaxis.

»Was ist das, Psyche?«, fragte der Händler.

Vhatom brauchte einen Moment, bis er seltsame Zeichen unterhalb des Holos als Daten erkannte. Nachdem er dessen gewahr geworden war, überraschte es ihn, dass er sich nicht einmal konzentrieren musste, um sie lesen zu können.

Und es überraschte ihn auch, wie leicht ihm die Antwort fiel. »Eine kugelförmige Galaxis mit einem Durchmesser von etwa 180.000 Lichtjahren.« Ihm fiel etwas auf. »Aus dem Zentrum ...«

»Ja?«, sagte To'Grur'Prigt.

»Ich habe eine Absonderlichkeit bemerkt. Im Zentrum dieser Galaxis finden die immer dichter stehenden Sonnen eine grellblaue Auflösung. Aus dieser etwa dreißig Lichtjahre durchmessenden Zone heraus reicht ein fast weißer energetischer Jetstrahl rund zwanzigtausend Lichtjahre in den intergalaktischen Leerraum. Zur Peripherie hin stehen die Sterne weniger dicht, in den Außenbezirken nur noch vereinzelt. Der Beginn des Jetstrahls ist dabei der Norden einer gedachten Achse durch die Galaxis, sein Ende tief im Weltraum der Süden. Der Strahl scheint ...«

»Was?«

Vhatom zögerte. Er hatte den Eindruck, noch mehr über diesen Jetstrahl zu wissen, doch diese Informationen wollten sich einfach nicht einstellen.

Nicht so wie die anderen. Er hatte gar nicht gewusst, dass er über solche Kenntnisse verfügte. Er hatte nur daran gedacht, und sie hatten sich eingestellt. »Einfach lichtschnell zu sein«, vollendete er den Satz schließlich.

»Akzeptabel«, sagte der Händler. »Du kennst tatsächlich die rudimentären Begriffe, weißt nicht nur, was eine Galaxie, sondern auch, was ein Jetstrahl ist. Immerhin ein Anfang.«

Was hat es mit diesem Jetstrahl *auf sich?*, fragte sich Vhatom.

»Ist dir sonst noch etwas über Erranternohre bekannt?«

Erranternohre? Möglicherweise ein erster Hinweis. War das vielleicht seine Heimat? »Nein ... Herr. So heißt diese Galaxis?«

»Also keine Kenntnisse über die Hohen Mächte. Du hast noch nie von kosmischen Burgen gehört?«

»Nein ... Herr.«

»Oder von Materiequellen und Materiesenken?«

Er lauschte in sich hinein, aber darüber schien er tatsächlich nichts zu wissen.

»Nein, Herr.«

Vhatom hatte halbwegs erwartet, dass das Eingeständnis seiner Unkenntnis den Kybernetischen Händler wieder erzürnen würde, doch zu seiner Überraschung war dem nicht so. Ganz im Gegenteil, To'Grur'Prigt schien darüber sogar erleichtert zu sein. Falls Vhatom den Zyklopen überhaupt einigermaßen richtig einzuschätzen wusste ...

Ein zweites Holo erschien. Es zeigte ein Wellenspektrum, dessen Länge sich vergrößerte und sich zum Rand hin verschob. Obwohl es mehrere Interpretationsmöglichkeiten gab, glaubte Vhatom sofort zu wissen, worum es sich handelte, zumal Daten in der Schrift, deren Zeichen ihm nicht geläufig waren und die er trotzdem beherrschte, ihm verrieten, dass es sich um ein elektromagnetisches Spektrum handelte.

»Und?«, fragte der Kybernetische Händler.

»Eine Rotverschiebung. Die Verlängerung der gemessenen Wellenlänge gegenüber der ursprünglich emittierten Strahlung. Wahrscheinlich handelt es sich um das Spektrum des Lichts einer weit entfernten Galaxis, das zum Roten verschoben erscheint.«

»Welche Ursachen einer Rotverschiebung gibt es?«

»Eine Relativbewegung von Quelle und Beobachter, den Dopplereffekt. Ein unterschiedliches Gravitationspotenzial von Quelle und Beobachter. Das expandierende Universum zwischen Quelle und Beobachter ...«

»Hyperimpedanz«, sagte To'Grur'Prigt.

»Kurzform für ›hyperphysikalische Impedanz‹, also Hyperwiderstand. Dabei handelt es sich nicht um eine Konstante, sondern um einen von vielen hyperphysikalischen Randbedingungen abhängigen Wert. Lokal erhöhte oder stark schwankende Werte finden sich in Gebieten hoher Sterndichte, verbunden mit für diese Bereiche wie das Galaktische Zentrum typischen Hyperstürmen.«

»Linearraum.«

»Der sogenannte Zwischenraum, ein dimensional übergeordnetes Kontinuum, das in seinen energetischen Dimensionen über dem normalen Universum angesiedelt ist. Innerhalb des Linearraums ist die Lichtgeschwindigkeit unendlich. Wer also durch den Linearraum fliegt, fliegt relativ zum normalen Universum mit mehrfacher Lichtgeschwindigkeit.«

»Hyperraum.«

»Fünfdimensionales Kontinuum, dem Normalraum und auch dem Linearraum übergelagert und normalerweise ohne Verbindung zu diesem.«

»Metagrav ...«

Eine Frage nach der anderen schoss der Kybernetische Händler nun auf ihn ab, und die meisten konnte Vhatom Q'arabindon beantworten, einige wenige nicht. To'Grur'Prigt schien nicht unzufrieden mit ihm zu sein; er trieb ihn bei einigen Antworten zwar zur Eile an und sparte auch nicht mit mehr oder weniger abfälligen Bemerkungen, doch er verzichtete zumindest auf weitere Bestrafungen.

Schließlich war die Prüfung beendet; Vhatom war überzeugt, dass es keineswegs die letzte gewesen sein würde.

»Bei den Ahnen, verdammt seien sie in alle Ewigkeit!«,

sagte der Kybernetische Händler zum wiederholten Male. »Der gierige Krämer von Samurnd hat mich zumindest nicht schamlos belogen. Du bist immerhin nicht völlig wertlos, Psyche. Trotzdem habe ich viel zu viel für dich bezahlt. Wie konnte ich mich nur so übers Ohr hauen lassen? All diese Krediteinheiten für ein blödes Gehirn in einer Kapsel!«

Ja, dachte Vhatom Q'arabindon. *Das bin ich jetzt. Ein blödes Gehirn in einer Kapsel.*

Der ersten Prüfung schlossen sich weitere an. Einmal, als Vhatom Q'arabindon den Eindruck hatte, besonders gut abgeschnitten zu haben, wagte er es, dem Kybernetischen Händler die Frage zu stellen, die ihm auf der Seele brannte, seit er erwacht war und das Flammenrad gesehen hatte.

»Herr«, sagte er, »hast du irgendwelche Informationen darüber, wer ich bin und woher ich komme?«

Der Zyklop sah misstrauisch in das Aufnahmegerät. »Warum willst du das wissen? Und ausgerechnet jetzt?«

»Nun ja.« Vhatom hatte sich die Antwort darauf Dutzende, Hunderte Male überlegt, immer wenn der Kybernetische Händler ihn in den Passiven Wachmodus schaltete. Darin blieb er sich seiner bewusst, war aber nicht zur Untätigkeit verdammt. Er konnte virtuelle Welten schaffen und durchstreifen und hatte Zugriff auf gewisse Datenbanken, die To'Grur'Prigt ihm freischaltete. Zuerst durchsuchte er sie nach Hinweisen auf seine Herkunft; das gab er eigentlich nie auf, auch wenn er niemals etwas fand, das ihm weiterhalf. Dann ging er dazu über, das restliche Wissen in sich einzusaugen, das die Datenbänke ihm bieten konnten. Viel war es nicht; entweder, er verfügte tatsächlich über eine beeindruckende Vorbildung, oder aber, der Kybernetische Händler hatte ihm nur solche Daten zugänglich gemacht, von denen er annehmen konnte, dass sie ihm größtenteils bereits geläufig waren.

»Nun ja«, sagte er also. »Vielleicht kann ich dir noch besser dienen, wenn ich weiß, wie lange ich schon existiere und wer die Plasma-Psychen damals erschaffen hat. Daran erinnere ich mich nicht. Ich glaube, dass die Erinnerung in mir gelöscht wurde. Aber warum?«

Der Zyklop kniff das Auge zusammen. »Darüber kann ich dir nichts sagen.«

»Aber du musst doch irgendetwas wissen? Du hast einen Händler aus Samurnd erwähnt. Was ist das für ein Ort? Wo befindet er sich? Was war das für ein Händler? Ein ehrenwerter, oder einer ...« *Einer wie du,* hatte er sagen wollen, doch es gelang ihm gerade noch rechtzeitig, seine Gedanken im Zaum zu halten.

»Das Thema ist beendet«, sagte To'Grur'Prigt barsch. »Konzentriere dich lieber darauf, wie du dich gut darstellen kannst. Du hast mich genug Energie gekostet. Wenn ich dich nicht bald verkaufen kann, frisst dein Unterhalt jeden Gewinn auf.«

»Aber Herr, ich ...«

»Nein. Hast du mich nicht verstanden? Dann gebe ich dir Zeit, um in Ruhe darüber nachzudenken.« To'Grur'Prigt berührte mit den klobigen Fingern der rechten Hand die Schaltfläche auf seinem linken Handrücken, und Vhatoms Welt hörte zu existieren auf. Tiefe, unergründliche Dunkelheit umgab ihn; er war allein mit seinen Gedanken.

Sie begannen zu kreisen, wie bei jeder derartigen Bestrafung.

Warum verrät der Kybernetische Händler mir nichts über meine Herkunft? Hat man meine Erinnerungen vielleicht gelöscht, um Grausamkeit zu vermeiden? War ich einst körperlich*?*

Vielleicht war ich das Opfer eines Verbrechens? Vielleicht bin ich ein verurteilter Straftäter?

Seine Gedanken gingen noch immer im Kreis, als die Hitze kam. Und diesmal würde sie schlimmer denn je zuvor werden.

Wie es bei all seinen Bestrafungen der Fall gewesen war.

Elf

Admiral Wokong: Fort Kanton, 1. Juni 1343 NGZ (4930 nach Christus)

Sie warteten. Warteten auf das, was unweigerlich früher oder später kommen würde.

Eine unnatürliche Stille lag über der Zentrale der WURIU SENGU, Admiral Wokongs Flaggschiff. Nein, eigentlich keine Stille; eher eine atemlose Spannung. Sämtliche Geräusche – und davon gab es zahlreiche – schienen nur gedämpft zu ihm zu dringen, wie durch einen Filter.

Den Filter der Furcht?

Der Erwartung?

Admiral Wokong glaubte nicht, dass er so etwas wie Furcht noch kannte. Nicht nach dem, was er in den letzten drei Monaten erlebt hatte.

Er warf einen Blick auf die Bildschirme der Ortung. Dort draußen war alles ruhig, genau wie in der Zentrale selbst. Natürlich waren alle Stationen bemannt, die meisten sogar doppelt; natürlich wurde an allen Konsolen gearbeitet, an den meisten sogar mehrfach. Schäden wurden ausgebessert, Justierungen der Instrumente vorgenommen, neue Teile eingebaut. Seit wann war sein derzeitiges Flaggschiff jetzt praktisch ununterbrochen im Einsatz? Seit einem halben Jahr?

Der Admiral kniff die Augen zusammen, bevor er zu einem anderen Schirm sah. Eine reine Gewohnheit; auch die optischen Schutzfilter waren nicht vor Ausfällen gewappnet, und er wollte keine unliebsamen Überraschungen erleben.

Knapp zwei Milliarden Kilometer entfernt loderte Kanton, ein roter M0-Riese, viermal so schwer und 36-mal so groß wie Alter, die Sonne ihrer neuen Wahlheimat. Elf Planeten bedachte er mit seinem Licht. Der erste war ein Gasriese, dann folgten fünf heiße Gesteinsbrocken. Fort Kanton war der siebente, gefolgt von jeweils zwei weiteren Gasriesen und Gesteinsbrocken. Und dahinter war irgendwo ein weitläufiger Asteroidengürtel, der zu klein und zu weit entfernt war, um großartige strategische Berücksichtigung zu finden.

»Sir!« Vor ihm salutierte ein Kadett und reichte ihm eine Wartungsliste. Er überflog sie kurz und zeichnete sie dann ab.

»Danke, Sir!« Der Kadett drehte sich um und entfernte sich im übertriebenen Stechschritt.

Admiral Wokong sah wieder auf die Ortungsschirme.

Und wartete weiter.

Auf die Posbis.

Fort Kanton, dachte der Admiral, während er weiterhin auf die Ortungsanzeigen starrte, als könne sein beschwörender Blick sie dazu zwingen, nicht auszuschlagen.

Ein wunderschöner Sauerstoffplanet, fast genau mit Erdschwerkraft, aber einem um ein Viertel geringeren Luftdruck. 2,2 Milliarden Alteraner hatten hier auf sieben Kontinenten gelebt. Fort Kanton war definitiv neben Altera selbst der wichtigste Planet des Imperiums gewesen. Zwei Vorzüge bot diese Welt: Da die rote Riesensonne scheinbar durch ihr natürliches Strahlenspektrum die Störungen des übergeordneten Kontinuums, die in weitem Umkreis herrschten, neutralisierte oder abschirmte, war auf Fort Kanton eine relativ ungestörte Wartung und Betankung jeglicher Schiffsklassen möglich. In Jahrhunderte währender Arbeit hatten die Alteraner die technischen Möglichkeiten dafür geschaffen.

Und die Hyperkristallvorkommen Fort Kantons deckten fast 60 Prozent des Bedarfs im Imperium Altera. Der Hyperimpedanz-Schock, der die Lebensdauer und Wirkungsgrade von Hyperkristallen extrem eingegrenzt hatte, hatte die Bedeutung des Kanton-Systems nochmals vervielfacht.

Die Menschen, die auf Fort Kanton lebten, waren reich gewesen, hatten es weit gebracht.

Vorzüge, die allerdings auch die Begehrlichkeit der Posbis geweckt hatten. Zumal das System genau an der Grenze zwischen dem Imperium Altera und der Einfluss-Sphäre der Posbis lag. So war das Kanton-System schnell zum wichtigsten Außenposten des Alteranischen Imperiums geworden.

Seit 36 Jahren lebten die Menschen auf Fort Kanton mit dem Krieg. Die Gesellschaft des Planeten hatte sich in dieser Zeit verändert, war durch und durch militarisiert worden. Wer damit nicht einverstanden war oder ganz einfach die Gefahr scheute und den Planeten verlassen wollte, hatte dies mit seiner Familie schon längst getan und war mit einem der Ausrüstungs-Konvois, die Fort Kanton in permanenter Folge von allen Welten des Imperiums erreichten, ausgesiedelt.

Jahrzehntelang hatten Kämpfe um Fort Kanton getobt. Die Posbis hatten eine große Offensive nach der anderen gestartet – und waren ein ums andere Mal zurückgeschlagen worden. Die Strategen hatten keinen Zweifel an der Absicht der Maschinenteufel gelassen: Sollte Fort Kanton mit seiner Bevölkerung fallen, würden die Posbis das Kanton-

System als Sprungbrett in Richtung Altera benutzen. Hier würde sich der Krieg entscheiden, hatte auch Admiral Wokong damals angenommen. Während das Imperium Altera den Vorposten mit allen Mitteln und sämtlichen verfügbaren Ressourcen verteidigte, versuchten die Posbis ihrerseits, über die Einnahme von Fort Kanton mit allen Mitteln den Krieg zu gewinnen.

2,2 Milliarden Alteraner, dachte der Admiral.

Mit extremer Verbissenheit hatte das Imperium den Vorposten gehalten, auch als die Lage immer aussichtsloser wurde. Bis zum April dieses Jahres, kurz, bevor der angebliche Großadministrator Perry Rhodan in Ambriador aufgetaucht war. Eine Angriffswelle nach der anderen hatten die Posbis gegen die Systemverteidigung geworfen. Ein Abwehrbollwerk aus 102 Schlachtschiffen, 212 Schweren Kreuzern und fast 900 Leichten Kreuzern hatte sich, unterstützt durch einen Ring aus 103 TRIANGOLO-Raumforts, gegen den Gegner gestemmt und das System und vor allem den Planeten geschützt. Das Imperium hatte die Posbis zwar abermals zurückwerfen können, doch nach dieser Schlacht waren nur noch 52 Schlachtschiffe, 100 Schwere Kreuzer und 250 Leichte Kreuzer übrig geblieben, und gerade noch 33 TRIANGOLO-Raumforts. Den höchsten Preis hatten die Leichten Kreuzer gezahlt, die über die schwächsten HU-Schirme verfügten.

In Wahrheit sah die Lage noch viel düsterer aus. Zahlreiche Einheiten im Raum waren beschädigt, selbst die Reparaturtrupps hatten kaum noch Personal, die Besatzungen hatten teils schwere Verluste hinnehmen müssen. Die Hälfte der verfügbaren Einheiten meldet sich nur noch bedingt gefechtsfähig.

Spätestens da war Admiral Wokong klar gewesen, dass Fort Kanton nicht mehr zu halten war. Aber Staatsmarschall Laertes Michou hatte angeordnet, den Vorposten bis zum letzten Mann zu verteidigen.

Genau wie jetzt.

Am 7. April 4930 waren die Posbis dann zurückgekehrt. Und das Imperium Altera hatte lernen müssen, dass auch Großadministrator Perry Rhodan keine Wunder bewirken konnte.

2,2 Milliarden Alteraner.

Rhodan hatte den Angriff miterlebt und sich von der Grausamkeit, der Gnadenlosigkeit der Maschinenteufel überzeugen können. Er hatte Glück gehabt; er zählte zu den Überlebenden.

Am Ende dieses schrecklichen Tages war einem kümmerlichen Rest von 77 Schiffen die Flucht aus dem Kanton-System gelungen. Während des Fluges nach Altera wurde der Verband durch Ausfälle auf 69 Einheiten reduziert.

69 von über 1300 Schiffen, die Fort Kanton wenige Tage zuvor noch geschützt hatten.

Admiral Wokong sah wieder auf die Ortungsinstrumente.

Nichts.

Noch nicht.

An diesem 7. April war Fort Kanton den Posbis in die Hände gefallen. Administrator Anton Ismael war in der Schlacht schwer verwundet worden, und das Sprungbrett nach Altera gehörte ab sofort den Maschinenteufeln.

Staatsmarschall Michou hatte die Amtsgeschäfte des Administrators übernommen und angeordnet, Fort Kanton so schnell wie möglich zurückzuerobern. Zuerst hatte Wokong diese Absichtserklärung für reines Säbelrasseln gehalten, für den nicht sehr vielversprechenden Versuch, der Bevölkerung des Imperiums Mut zu machen, auch oder gerade weil alles verloren schien. Aber dann hatte sich eine geradezu unglaubliche Wende abgezeichnet.

Perry Rhodan hatte aus der Milchstraße alte Kommando-Kodes mitgebracht, mit denen die Flotten der Maschinenteufel handlungsunfähig gemacht werden konnten.

Michou hatte die Gunst der Stunde erkannt und Worten Tagen folgen lassen. Der Staatsmarschall hatte ihn, Admiral Wokong, damit beauftragt, das Kanton-System dem Feind wieder zu entwinden. Und mithilfe der Kommando-Kodes war es ihnen tatsächlich gelungen.

2,2 Milliarden ...

Am 26. April war es seiner Flotte unter verhältnismäßig geringen Verlusten tatsächlich gelungen, Fort Kanton zurückzuerobern und sämtliche Posbis, die sie auf dem Planeten und im System antraf, zu eliminieren.

Aber was war dieser Sieg wert?

Admiral Wokong lauschte auf ein Ortungsping, aber es blieb aus. Noch.

Er hatte Fort Kanton als Welt fast ohne Leben vorgefunden. Die meisten Alteraner waren, wie sie mittlerweile festgestellt hatten, vom rücksichtslosen Landemanöver der Posbis getötet wurden. Lediglich in den Bergen hatten sie versprengte Überlebende gefunden.

Wokongs schlimmster Albtraum war Realität geworden.
2,2 Milliarden Alteraner ...

Aber er war Soldat, und er hatte seine Befehle. Er wusste nicht, wie es ihm gelungen war, aber er hatte den Gedanken an *2,2 Milliarden gefallene Alteraner* restlos verdrängt und sich daran gemacht, die Anweisungen auszuführen.

Es waren im Prinzip nur zwei.

Die erste, vom Staatsmarschall ihm persönlich erteilt, lautete, Fort Kanton auch diesmal bis zur letzten Einheit gegen weitere Angriffe der Posbis zu verteidigen.

Und die zweite, das Kanton-System, Außenposten zum Einflussgebiet der Posbis, zu diesem Zweck so schnell wie möglich wieder in ein Bollwerk zu verwandeln.

Wie das gelingen sollte, hatte Staatsmarschall Michou anfangs praktisch allein ihm überlassen.

Die Aufgabe, Fort Kanton in Windeseile zu einer neuen, provisorischen Bastion gegen die Posbis auszubauen, kam ihm illusorisch vor, wie die Ausgeburt eines kranken Hirns, das jeden Bezug zur Wirklichkeit verloren hatte, doch er hatte es versucht. Erschwert wurde sie durch den Umstand, dass der von ihm errichtete Abwehrschild, wenn man die Ansammlung größtenteils nur noch eingeschränkt einsatzfähiger Schlachtschiffe und Kreuzer überhaupt so nennen konnte, über kein einziges TRIANGOLO-Fort verfügte, denn die mussten auf Planeten produziert werden und waren nicht fernflugtauglich. Und auf Fort Kanton würde auf lange Zeit *nichts mehr* produziert werden können.

Zumindest waren von Altera endlich die dringend benötigten Einheiten mit Röhrenfokuskanonen eingetroffen, die helfen sollten, künftige Schlachten gegen die Posbi-Teufel zu gewinnen. Doch Admiral Wokong machte sich keine falschen Hoffnungen. Spätestens, wenn die Maschinenteufel auf die Idee kommen würden, Funkimpulse abzublocken oder die Kommando-Kodes auszutauschen, war Fort Kanton nicht mehr zu halten. Und das war nur eine Frage der Zeit.

Unwillkürlich sah er wieder zu den Ortungsanzeigen.

Noch nichts.

Anfangs war die Taktik aufgegangen. Insgesamt drei Angriffswellen hatten die Posbis gegen Fort Kanton geschickt, und jedes Mal war es seinen Leuten und ihm gelungen, mithilfe der RF-Geschütze und der Kommando-Kodes, die sie von Altera erhalten hatten, die Roboter unter minimalen Verlusten zurückzuschlagen.

Ping ...

Admiral Wokong atmete tief ein.

Im nächsten Augenblick erklang in der Zentrale des Schlachtschiffs das grelle, laute Jaulen von Sirenen.

Die Meldungen überschlugen sich.

»Fragmentraumer stürzen in den Normalraum! Entfernung dreizehn Milliarden Kilometer ...«

Also knapp hinter der Umlaufbahn von Kanton Elf, dachte Admiral Wokong.

»Fünfhundert Ortungsimpulse ... achthundert ... zwölfhundert ... zweitausend ...«

So viele wie noch nie. Ohne die Kommando-Kodes haben wir nicht die geringste Chance gegen zweitausend Feindschiffe ...

»Eine zweite Angriffswelle in vier Milliarden Kilometern Entfernung ...«

In Höhe des neunten Planeten. Was haben die Maschinenteufel vor? Wieso materialisiert die zweite Angriffswelle neun Milliarden Kilometer vor *der zweiten?*

»Vierhundert Schiffe ... sechshundert ... eintausend ...«

Einen Moment lang wurde Admiral Wokong schwarz vor Augen. Dreitausend Fragmentraumer ... diesmal wollten die Maschinenteufel es wissen. In seiner Magengrube breitete sich ein ungutes Gefühl aus. Eine dermaßen massive Flottenstärke ergab nur Sinn, wenn die Posbis überzeugt waren, diesmal nicht von Kommando-Kodes zurückgeworfen zu werden.

»Die Angreifer fliegen halbe Lichtgeschwindigkeit, kein Anzeichen von Bremsmanövern!«

»Gefechtsbereitschaft für die gesamte Flotte«, befahl Wokong. Und dann, wie einen lapidaren, unbedeutenden Nachsatz: »Gefechtsformation beibehalten, aber synchrone Beschleunigung sämtlicher Schiffe auf vierzig Prozent Licht.«

»Sir?«

»Sie haben mich verstanden. Ausführen.« Admiral Wokong überlegte kurz, überschlug im Kopf Zahlen. Wie viel Zeit war seit dem Auftauchen der Posbis vergangen? Wann würden sie in Funk-, wann in Waffenreichweite sein?

Sekunden verstrichen, wurden zu Minuten. Die Zeit schien im einen Augenblick quälend langsam und im nächsten dann rasend schnell zu verstreichen, je nachdem, ob er an den Anflug der Angreifer oder ihre Verteidigungsmöglichkeiten dachte.

Er rief die Daten auf seinem Terminal ab. »Funkspruch mit Kommando-Kodes vorbereiten. Endlosschleife, alle Frequenzen. Sofort senden!«

Aber wenn die Maschinenteufel endlich auf die Idee gekommen waren, sich taub zu stellen ... Er war in dieser Hinsicht kein Experte, aber wenn sie sämtliche Funkgeräte ausgeschaltet hatten und den Angriff nach einem programmierten Muster flogen ... dann konnten sie untereinander zwar nicht mehr kommunizieren, waren aber auch nicht mehr den alten Kommando-Kodes unterworfen. Was sprach gegen solch ein Vorgehen?

»Sir, Funkspruch gesendet, Sir!«

Er sah die Daten zwar auf dem Bildschirm seines Terminals, wollte sich aber rückversichern. »Wann sind die ersten Fragmentraumer in Funkreichweite?«

»Zwanzig Sekunden, Sir!«

Zwanzig Sekunden bis zur Ewigkeit ...

Ein pathetischer Gedanke. Aber bei einer solchen feindlichen Übermacht musste ein wenig Pathos schon erlaubt sein.

»Zehn Sekunden, Sir!«

»Korrektur«, sagte er impulsiv. »Synchrone Beschleunigung sämtlicher Schiffe unserer Flotte auf fünfzig Prozent Licht.«

»Sir?«

»Fünfzig Prozent. Funkreichweite in ...«

»... vier Sekunden, Sir!«

Drei ...

Jetzt würde sich erweisen ...

Zwei ...

... ob seine Ahnung ...

Eins ...

... ihn getrogen hatte.

»Sir! Fragmentraumer der Angreifer reagieren nicht auf die bekannten Kodes, Sir!«

Er zögerte.

2,2 Milliarden gefallene Alteraner ...

»Versuchen Sie es weiterhin?«

»Endlosschleife, Sir!«

»Noch immer keine Reaktion?«

»Nein, Sir!«

»Rückzug!«, sagte Admiral Wokong. »Rückzug der gesamten Verteidigungsflotte! Überlichtflug bei fünfzig Prozent Licht!«

Die Konsequenzen dieses Befehls waren ihm völlig klar.

Fort Kanton gehörte nun wieder den Robotern. Damit auch das Sprungbrett nach Altera und der Zugriff auf die möglicherweise kriegsentscheidenden Hyperkristalle.

Er konnte nichts daran ändern.

Niemand könnte etwas daran ändern.

Ihm war durchaus bewusst, dass er hiermit Staatsmarschall Michous Befehle nicht nur ignorierte, sondern gegen sie verstieß.

Aber er würde seine Leute nicht bis zur letzten Einheit

kämpfen lassen. Er würde sie nicht sehenden Auges in einen sinnlosen Tod schicken.

Sein Befehl war der einzig vernünftige. Die Einheiten waren angesichts der Knappheit von Material und Besatzungen nicht ersetzbar. Wenn die Posbis ohnehin durchbrechen würden, was sich nicht verhindern ließ, benötigte man sie dringender für die Verteidigung von Altera, ganz besonders die Träger-Einheiten von RF-Geschützen.

Ihm war ebenfalls bewusst, dass diese Entscheidung Konsequenzen für seine Laufbahn haben würde. Aber er würde sie tragen.

Angesichts des Geschehens war seine Karriere völlig unwichtig. Admiral Wokong fragte sich lediglich, was nun aus dem Imperium Altera werden würde.

Zwölf

Vhatom Q'arabindon: Vergangenheit
Der Bronzene

Schwarzer Samt.

Als er in die Welt zurückkehrte, bestand sie nicht mehr aus einem großen Lagerraum, sondern aus einer samten schimmernden schwarzen Fläche. Zuerst hatte er den Eindruck, sich wieder in einer Flugsimulation zu befinden, in den undurchdringlichen Leerraum zwischen den Sternen zu starren, doch dann weitete sich sein Blickfeld und fokussierte sich auch allmählich, und er machte einen hohen, blauen Himmel aus.

Türme ragten in ihn empor, nein, so hoch waren sie nicht, und auch nicht von dafür ausreichendem Durchmesser. Stangen waren es, schlanke, schmale Stangen aus einem bläulich schimmernden Metall, und an ihnen waren in unterschiedlicher Höhe pastellfarbene Tücher befestigt, riesige, dünne, teilweise transparente Tücher, die in einer lauen Brise flatterten und ein unentwegtes, allgegenwärtiges Flüstern erzeugten.

Vhatom stellte fest, dass dieses Wispern eine eigentümliche Wirkung auf ihn hatte. Es erzeugte ein unterschwelliges Wohlbefinden, eine leichte Euphorie, die Bereitschaft, einmal auch etwas Unüberlegtes zu tun, aus sich herauszugehen.

Die Tücher bildeten, wie er nun sah, eine Art Baldachin,

ein weit gespanntes Zeltdach, und unter ihnen waren Verkaufsstände aufgebaut, Reihen um Reihen schlichter Stände, manche aus Metall, manche aus organischen Baustoffen, Holz vielleicht. Sie bildeten ein kleines Labyrinth aus Gassen, in denen dichtes Drängen herrschte, buntes Treiben zahlreicher unterschiedlicher und ihm allesamt unbekannter Spezies.

Er stellte fest, dass er seinen Blickwinkel verändern konnte. Offenbar war er an ein Überwachungsgerät der vor Leben und Aktivität brodelnden Örtlichkeit angeschlossen. Er wählte eine Vogelperspektive, schien im nächsten Augenblick mühelos an einer der Stangen emporzugleiten.

Sein erster Eindruck hatte ihn nicht getäuscht. Die Verkaufsstände waren tatsächlich so zusammengestellt, dass sie Gassen bildeten, manche breiter, manche schmaler. In einer standen Pflanzen zum Verkauf ... *nein, Gemüse, Lebensmittel,* dachte er, die unterschiedlichsten Sorten, in unüberschaubarer Hülle und Fülle. In einer anderen Schmuckstücke, aus wahrscheinlich edlen Metallen, die ihm jedoch gänzlich unbekannt waren. Er machte sogar kleine Schmiedeöfen aus, in denen die unterschiedlichsten Wesen Schmuckstücke nach den Angaben anderer Wesen anfertigten.

In wieder einer anderen Gasse wurden Phiolen mit Flüssigkeiten, die unterschiedlichsten Körner in großen Schüsseln oder Pulver in luftdichten Behältern feilgeboten, in der nächsten Wandbehänge, in der nächsten Zierrat, Tand, in der nächsten ...

Ein Markt, dachte er. *Das ist ein Marktplatz!*

Er wollte seinen Blickwinkel wieder auf die Ausgangsposition fokussieren, als ihm ein Gedanke kam. Wenn er fast uneingeschränkte Sicht auf das hektisch anmutende Treiben hatte – mittlerweile hatte er es allerdings als eher gemächlich erkannt, jeder Besucher schien genau zu wissen, was er tat, alle schienen einem ganz eigenen Rhythmus zu folgen –, war es ihm vielleicht auch möglich, mit irgendeinem dieser Wesen Kontakt aufzunehmen, es auf seine Situation aufmerksam zu machen.

Und dann?, fragte er sich. *Rettet mich, ich bin ein reines Bewusstsein ohne Erinnerung, gefangen in einer Kapsel? Leider kann ich noch nicht einmal genau beschreiben, wie dieser Behälter aussieht ...?*

Lächerlich.

So elektrisierend ihm die Idee gerade noch vorgekommen war, so undurchführbar war sie. Er hatte freie Sicht auf den Markt, er hörte, was dessen Besucher sagten, verstand sogar den Sinn ihrer Worte – wahrscheinlich war eine Translatorfunktion zwischengeschaltet –, aber er konnte keinen Kontakt mit ihnen aufnehmen. Er war körperlos, ein Geist, ein Schemen, der nur beobachten, aber nicht agieren konnte.

Oder ... war auch das wieder nur eine virtuelle Welt, die der Kybernetische Händler ihm vorgaukelte? Wie die Flugsimulationen, bei denen er üben sollte, ein Raumschiff zu steuern?

Ein dumpfes Lachen übertönte den Geräuschpegel der Marktbesucher. Er erkannte die Stimme sofort. To'Grur'Prigt.

»Das ist der Markt von Ouzah ... genauer gesagt, der Kybernetische Markt von Ouzah. Es gibt hier den Markt der mechanischen Dämonen, den Traumgewürzmarkt, den Markt der Heilteppiche und der Organschrittmacher ... und Dutzende anderer.«

Die Gassen, dachte Vhatom. *Jede Gasse ist ein Markt für sich.*

Dann durchfuhr ihn kaltes Entsetzen.

Der Kybernetische Händler hatte auf einen seiner Gedanken geantwortet! War ... war er etwa imstande, in sein Innerstes zu blicken, seine Gedanken zu lesen? Dann ... dann war ... das Feuer der Bestrafung, mit dem der Zyklop ihn quälte, ein harmloses Kitzeln im Vergleich zu dem, was er ihm sonst noch angetan hatte ... und antun konnte. Wenn To'Grur'Prigt seine ureigenen Gedanken kannte, war Vhatom schutzlos ausgeliefert, war sein Ich rettungslos einem Monstrum ...

Er hielt inne, versuchte, gar nicht mehr zu denken.

Es gelang ihm nicht.

Dann war er verloren. Dann war jeder noch so abwegige Fluchtgedanke Makulatur, dann war jede Hoffnung vergebens, etwas an seinem Schicksal ändern und etwas über sich selbst in Erfahrung bringen zu können.

Vhatom Q'arabindon schrie auf, und der Zyklop lachte lauter. »Das ist der Kybernetische Markt von Ouzah, und hier werde ich dich verkaufen. Die Spielregeln sind ganz einfach. Du wirst dein Bestes geben, um potenzielle Kunden von deiner Qualität zu überzeugen. Wenn du irgendetwas tust oder sagst, was mein Missfallen erregt, wirst du auf der Stelle brennen. Du wirst ein zweites Mal brennen, und auch ein drittes Mal. Danach werde ich dich abschreiben. Ich werde den Verlust verkraften, aber du wirst für alle Ewigkeit im Feuer schmoren. Hast du mich verstanden?«

Ich bin tot, dachte Vhatom. *Das ist das Jenseits. Ich habe in meinem Leben Böses getan, und die Götter lassen mich nun grausam dafür büßen.*

»Ja, Herr«, sagte er. »Ich habe verstanden, Herr.«

Vhatom versuchte, die Eindrücke des Marktes in sich aufzunehmen, um nicht mehr über das nachdenken zu müssen, was ihn wirklich beschäftigte, aber es gelang ihm nur teilweise. Er konzentrierte sich auf das laute Feilschen der

Kunden und Händler um die Preise, auf die exotischen sinnverwirrenden Düfte der Gewürze, die unterschiedlichen Stimmen und Wesen, die den Markt zu solch einem Erlebnis machten, aber all diese Eindrücke blieben verschwommen, als wären sie nur ein Abziehbild der Wirklichkeit.

Mit der Zeit lernte er, einzelne Spezies zu unterscheiden. Die Feuertrinker kannte er schon; Ajak war ja das erste Geschöpf gewesen, mit dem er nach seinem Erwachen Kontakt gehabt hatte. Sie waren ein Volk der Galaxis Erranternohre, tatsächlich pflanzlichen Ursprungs und schon vor langer Zeit eine Symbiose mit den Blautreibern eingegangen, den fallschirmartigen Wesen, von denen er auch schon einen Vertreter kennengelernt hatte.

Blautreiber stammten von einer Welt mit intensiver Hyperstrahlung und konnten Hyperenergien nutzbar machen. Daher waren sie begehrte Piloten, die überdies die Leistung von Raumschifftriebwerken zu verstärken vermochten. Sie vermochten nicht nur, die Feuertrinker bei ihren Flügen mitzunehmen, sondern waren auch in der Lage, alle Umweltbedingungen zu erzeugen, die für die baumartigen Geschöpfe zum Überleben im Weltraum erforderlich waren. Die Feuertrinker konnten sich mithilfe der Blautreiber auch im Vakuum fortbewegen und waren daher als Mechaniker genauso begehrt wie ihre Partner.

Der erste potenzielle Interessent war jedoch weder ein Blautreiber noch ein Feuertrinker, sondern ein ganz anderes Wesen. Vhatom hatte die Hoffnung, dass zumindest ein Besitzerwechsel sein Dasein etwas erträglicher machte, fast schon aufgegeben. Seit Tagen wartete er vergeblich darauf, dass sich jemand in das positronische Leistungsprofil vertiefte, das To'Grur'Prigt über ihm erstellt hatte; allerdings vergeblich, niemand verweilte länger als ein paar Minuten dabei, die Daten abzufragen.

Die Zeit maß Vhatom an den Tag- und Nachtperioden dieser Welt; der Markt war zwar rund um die Uhr geöffnet, doch irgendwann verdunkelte sich der Himmel, und eine sanfte Beleuchtung wehrte das Einsickern der Finsternis ab.

Als der Interessent sich To'Grur'Prigts Stand näherte, wurde die künstliche Illumination gerade langsam zurückgefahren, der Himmel verlor ganz allmählich seine tiefe Schwärze, wurde anthrazitfarben, dann dunkel schiefergrau. Das Licht der Sterne wurde fahl. Die Luft war angenehm frisch, und es herrschte noch kein so großes Gedränge in den Gassen, in denen es bald vor Kunden wimmeln würde. Doch auch in diesen toten Stunden des Tages waren mögliche Kunden unterwegs.

Vhatom wusste mittlerweile, welcher Spezies das Wesen angehörte, das unerwartet vor dem Stand des Kybernetischen Händlers stehen blieb. Es war ein Dallaze, ein aufrecht gehendes, bärenähnliches Geschöpf, etwas kleiner als To'Grur'Prigt. Es wäre fast an dem Stand des Kybernetischen Händlers vorbeigeschlendert, blieb dann aber stehen und griff nach dem positronischen Profil.

Der Dallaze las und las und schüttelte sich dann, dass der dichte, langhaarige Pelz von schwarzer Färbung, der das gesamte Wesen mit Ausnahme des Gesichts bedeckte, winzige Tröpfchen absonderte, die meterweit durch die Luft spritzten. To'Grur'Prigt schien im ersten Augenblick aufbrausen zu wollen, besann sich dann aber eines Besseren. »Ein beeindruckendes Angebot, nicht wahr?«, sagte er zu dem möglichen Kunden.

Der entblößte ein gewaltiges Fleischfressergebiss unter einer breiten, plumpen Nase und zog die unteren Lider, die seine großen Rundaugen bedeckten, nach unten und die oberen nach oben. Seine lederartige Gesichtshaut schimmerte fettig.

»Beeindruckend nicht. Befremdlich. Was die Plasma-Psyche *kann*?«

»Alles«, sagte der Kybernetische Händler. »Ein Raumschiff fliegen, den Kurs berechnen, die Lebensbedingungen an Bord stabil halten, die Ortungsgeräte überwachen, die Schutzschirme staffeln, gleichzeitig ...«

»Die Teppon-Kluft gesegnet sei. Ihr mich wollt verarschen, ehrbarer Händler der Kouvo'Goy'Teran, dessen Licht das des Marktes von Ouzah überstrahlt wie eine Supernova einen Leuchtwurm? Das alles meine Positronik auch kann.«

»... gleichzeitig eine leckere Mahlzeit für Euch zubereiten und die Toilettenspülung steuern«, vollendete To'Grur'Prigt den Satz, doch Vhatom ahnte, dass das Verkaufsgespräch damit bereits abgeschlossen war.

»Deine Ahnen in alle Ewigkeit verdammt seien«, grüßte der Dallaze höflich, legte das Positronische Profil zurück und stapfte davon.

Vhatom rechnete halbwegs damit, wieder ins Feuer gestoßen zu werden, doch der Kybernetische Händler verzichtete darauf.

Mit Waren vollbeladene Gleiter und Schwebekarren lieferten sich Wettrennen zum Rand des Marktes, Händler mit prall gefüllten Körben auf den Köpfen, Schultern, Tentakeln und Schwänzen eilten durch die Gassen und brachten den Nachschub zu ihren Ständen. Irgendwann, die Sonne war längst aufgegangen, kam auch Ajak Feuertrinker zum Stand seines Herren. Er trug nur einen kleinen Behälter.

Das war per se nicht ungewöhnlich. Die Kybernetischen Händler verkauften kein Gemüse, boten keine Haarschnitte oder Rasuren an, sondern höherwertige Waren feil, und mit den vier, fünf Abschlüssen, die To'Grur'Prigt getätigt hatte, seit Vhatoms Bewusstsein auf dem Markt weilte, konnte er nicht nur die Standgebühren für Jahre entrichten, sondern ebenso lang seinen Lebensunterhalt und den seiner beiden Helfer bestreiten.

Ein Technischer Nomade war der nächste Interessent. Vhatom war bereits auf ihn aufmerksam geworden, als er in der Schmuckgasse laut mit einem Goldschmied der Hartuschen gefeilscht hatte, einem feingliedrigen, aber überaus hektischen humanoiden Wesen, das mit seinem ebenmäßigen, feingeschnittenen, zarten Gesicht immer wieder auch nicht-humanoide Besucher des Marktes in Entzücken versetzte.

Vhatom hatte das sich über Stunden hinziehende Verkaufsgespräch mehrmals beobachtet. Zuerst hatte er sich gelangweilt anderen Transaktionen zugewandt, doch dann war er immer länger bei diesem Spektakel verblieben. Er bewunderte, wie geschickt der Hartusche mit dem Nomaden verhandelte, fast, als könne er Gedanken lesen oder verfüge zumindest über empathische Fähigkeiten.

Er hegte keine großen Hoffnungen, doch das nichthumanoide Geschöpf mit dem dreigliedrigen Körper blieb tatsächlich an To'Grur'Prigts Stand stehen, griff nach dem Positronischen Profil und studierte es. Eingehend, wenn auch nicht genauso lang, wie es mit dem Hartuschen gefeilscht hatte.

Der Kybernetische Händler widmete sich derweil anderen Dingen, kontrollierte die Buchführung, die Ajak Feuertrinker erstellt hatte. Er blickte erst von dem Holo auf, als der Nomade das Wort an ihn richtete.

»Verdammt in alle Ewigkeit seien deine Ahnen«, sagte er, »die sich eines schweren Versäumnisses, wenn nicht sogar eines willentlich verübten Verbrechens schuldig gemacht haben.«

»Ich danke dir für dein Mitgefühl«, erwiderte To'Grur' Prigt. »Wie ich sehe, hat die Plasma-Psyche dein Interesse gefunden.«

»Ein hübsches Spielzeug, ehrbarer Händler der Kouvo'Goy'Teran, dessen Attraktivität dir sicher schon einen Harem und Dutzende von Nachfolgern und Millionen von Krediteinheiten an Mitgift eingebracht hat. Ich habe gelesen, was es kann. Leider finde ich in deinem Angebot keine Preisvorstellung.« Der Nomade ließ den annähernd kugelförmigen Wahrnehmungswulst mit dem Hauptorgan, einem einzelnen Riesenauge, das sämtliche Sinneseindrücke aufnahm, einmal um 360 Grad kreisen. Das Gehirn des Wesens befand sich, wie Vhatom wusste, nicht in diesem kopfähnlichen Gebilde, sondern in dem tonnenförmig nach oben gewölbter Brustkorb über dem schmalen Unterleib.

»Kein Spielzeug, erhabener Nomade, dessen Haut so tiefschwarz ist, so gummiartig dick und speckig, wie ich es noch bei keinem anderen Vertreter deines Volkes gesehen habe. Wenn die Vertreter deiner Spezies nicht nur technische Datenblätter verfassen würden, sondern auch Poesie, wärest du wegen ihrer einzigartig tief eingekerbten Längs- und Querfalten längst literarisch unsterblich. Doch es betrübt mich, dir mitteilen zu müssen, dass diese Plasma-Psyche kein Spielzeug ist, sondern ein High-Tech-Gerät, wie du es noch nie zuvor gesehen hast.«

»Ach.« Der Nomade spreizte das obere Schulterarmpaar und senkte gleichzeitig die Hände des unteren, an den Hüften sitzende, auf den Boden, ein sicheres Zeichen dafür, dass er sich auf eine schnelle Fortbewegung vorbereitete. Er hob die drei Finger der rechten Hand und wackelte mit den beiden Daumen. »Dreißig«, sagte er.

»Dreißigtausend?«, erwiderte To'Grur'Prigt. »Ich hatte eher an dreihunderttausend gedacht.«

Der Technische Nomade gluckste leise. »Verzeih mir, Nachkomme der Schande Erranternohres, aber weitere Verhandlungen sind überflüssig. Ich meinte nicht dreißigtausend, sondern dreißig. Eine Null. Keine vier. Aber die Unzulänglichkeit liegt auf meiner Seite. Ich kann es mir nur einmal leisten, mich auf dem Markt von Ouzah ausnehmen zu lassen, und das hat dieser Hartusche bereits getan. Mögest du weiterhin gut mit dem Ruf deiner Ahnen leben.«

30 gebotene Krediteinheiten gegenüber geforderten 300.000! Vhatom Q'arabindon erwartete, dass sein Herr völlig die Beherrschung verlieren und ihn aus schierem Zorn ins Feuer werfen würde, doch wahrscheinlich war der Kybernetische Händler zu verblüfft oder zu entgeistert dafür.

Vhatom blieb erneut verschont.

Tag für Tag kauften Frauen der Gerberonen Lebensmittel für ihre Familien ein, trugen lebende Federechsen in Säcken oder auch Taschen ihrer Gewänder davon und schienen To'Grur'Prigts Stand geflissentlich zu meiden. Volcane, große, aber plump gebaute Humanoide mit gelblicher Gesichtsfärbung erstanden billige Gebrauchsgegenstände bei dem Kybernetischen Händler, Spielekonsolen oder virtuelle Orgienwelten. Vhatom mochte sie nicht. Ihre Gesichtsorgane lagen unter beutelartigen Erhebungen, trotzdem wirkten ihre Gesichter flach und dümmlich. Allerdings bildeten ihre klug leuchtenden Augen einen starken Gegensatz zu ihren geistlosen Antlitzen.

Wahrscheinlich wissen sie einfach, was Spaß macht, dachte Vhatom.

Andere Händler verkauften motorisierte Schuhe und gefaltete Kochnischen, frisch gezapfte Sekrete und lebende Gabalya. An Vhatom Q'arabindon hatte niemand Interesse.

Der vorletzte Kunde, der das positronische Profil der Plasma-Psyche aufrief, war ein Vargarte. Das Molluskenwesen von ungefährer Eiform ergriff mit einem seiner acht Auswüchse, die es als Arme, Tentakel und Gehwerkzeuge verwendete, das Schalttafel und studierte sie ausgiebig. Die transparenten, wie glasiert wirkenden Organe des Wesens, die unregelmäßig in Verdickungen unter seiner blaugrauen Haut saßen, pulsierten dabei unablässig.

Hatte Vhatom angenommen, bislang äußerst blumige Verkaufsgespräche belauscht zu haben, erlebte er nun eine nicht für möglich gehaltene Steigerung. To'Grur'Prigt schwärmte volle zehn Minuten vom Heimatsystem der Vargarten, das er durchgehend als *Glitzerndes Auge mit den drei Tränen* bezeichnete, und pries noch länger die Schönheit der zweiten Träne, des Heimatplaneten des Wesens, dem *Ursprung der Vollkommenheit.* Er erkundigte sich ausschweifend nach dem Stand des komplizierten Systems der Zellteilung, mit dem das Wesen sich vermehrte, und wünschte Glück, Erfüllung und Reichtum beim Fang der Energiewale, die einmal pro Umlauf vom ersten Planeten Heimstatt der Wärme ausgestoßen wurden – eine Bemerkung, die Vhatom nicht verstand. Auch die ihm zur Verfügung stehenden Datenbanken enthielten keine Informationen darüber.

Vhatom hatte den Eindruck, dass es einen halben Tag dauerte, bis der Vargarte sich dafür entschuldigt hatte, die Plasma-Psyche nicht erstehen zu wollen – weil er zu unwürdig war, zu beschränkt, und weil die primitiven Raumschiffe seines Volkes mit solch einem hochstehenden Gerät nicht ausgerüstet werden konnten. »Wie soll ein Wrack, ein Ausbund der Einfachheit, eine strahlende Nova bändigen können? Wie soll die Erhabenheit dieser glorreichen Psyche Erfüllung finden in der Beschränktheit unserer Technik?«

Nicht einmal der Verweis, dass die zweite Träne des *Glitzernden Auges mit den drei Tränen* doch der *Ursprung der Vollkommenheit* und die Plasma-Psyche ausgerechnet auf den Fang von Energiewalen spezialisiert sei, vermochte den Vargarten umzustimmen. Als die Sonne sich senkte, sah To'Grur'Prigt die Sinnlosigkeit seines Unterfangens ein. Er reagierte allerdings nicht souverän und verfluchte das Molluskenwesen unflätig. »Mögen die Geister meiner Ahnen dich auf ewig heimsuchen«, beschimpfte er den verlorenen Kunden. »Möge ihr Fluch auf eure Spezies übergehen.«

Ein Ladenhüter, dachte Vhatom, und seine Verzweiflung wuchs. *To'Grur'Prigt macht zwar gute Geschäfte, aber mich wird er nicht los. Irgendwann wird er mich abschalten. Vielleicht sogar heute noch ...*

Aber drei Tage später kam der Bronzene.

Vhatom sah ihn schon lange, bevor To'Grur'Prigt ihn bemerkte, schon in dem Augenblick, in dem er den Markt von Ouzah betrat. Er war auch schwerlich zu übersehen.

Er war ... anders, unfassbar. Im ersten Moment konnte Vhatom nicht sagen, ob es sich bei dem Bronzenen um ein Lebewesen oder einen Roboter handelte. Er war etwa so groß wie der Kybernetische Händler und von humanoider Gestalt. Aber damit hatten sich die leicht zu erkennenden Details bereits erschöpft.

Ging er nackt, oder trug er eine bronzene Montur? Vhatom fokussierte den Blick auf den Fremden. Nein, es war eine Hülle ... eine Hülle aus einem bronzefarbenen Metall.

Aber so etwas hatte Vhatom noch nie gesehen. Das Material war flexibel wie Haut. Würdevoll, mit imperialer Haltung, schritt der Bronzene aus, so geschmeidig wie ein Lebewesen.

Falls das wirklich ein Roboter war, dann einer, wie Vhatom ihn noch nie gesehen hatte.

Stolz präsentierten halbwüchsige Gerberonen dem Neuankömmling ihre Ware, Tiere. Aber der Bronzene zeigte nicht das geringste Interesse, weder an den Gabalya noch an den jungen Händlern. Er beachtete sie gar nicht. Bei jedem anderen hätte diese Reaktion hochmütig gewirkt, übermüßig blasiert und arrogant, aber nicht bei diesem Geschöpf. Vhatom wurde klar, dass der Bronzene die Gerberonen und ihre Handelsware durchaus wahrnahm, er sie aber für völlig unbedeutend hielt, was ihn betraf, und deshalb keine Zeit mit ihnen verschwendete. Und das war nicht hochmütig, sondern lediglich höchst zweckbestimmt.

Auf dem Markt herrschte zu dieser Zeit richtiges Gedränge. Frauen, aber auch Männer zahlreicher Spezies kauften die Lebensmittel für die nächsten Tage, Männer, aber auch Frauen sahen sich an Ständen um, an denen die unterschiedlichsten Werkzeuge angeboten wurden. Der Bronzene hatte für die bunte Szenerie keinen einzigen Blick übrig. Zielstrebig schritt er weiter aus, ohne seine Geschwindigkeit verringern zu müssen. Die Kunden, die befürchten mussten, in seinen Weg zu geraten, stoben auseinander, drückten sich gegen Stände oder kletterten sogar über die Verkaufsflächen hinweg.

Was sollte Vhatom davon halten? War der Bronzene hier auf dem Markt von Ouzah bekannt? Und nicht nur das, sondern auch gefürchtet? Oder nahmen die Schaulustigen und Käufer ebenfalls diese majestätische Aura wahr, die er ausstrahlte, und erwiesen ihm Respekt, der aus Ehrfurcht erwuchs?

Fasziniert verfolgte Vhatom, wie der Bronzene einen Weg

durch das Labyrinth der Gassen nahm, der ihn direkt zum Kybernetischen Markt führte. Mehr noch ... direkt zu To'Grur'Prigts Stand.

Der Zyklop betrachtete wie vom Schlag getroffen, scheinbar unfähig, sich zu bewegen, wie der Bronzene näher kam. Als er dann direkt vor dem Stand stehen blieb, riss To'Grur'Prigt das Auge weit auf. So hatte Vhatom seinen Herren noch nie gesehen; es bereitete ihm Mühe, sich von seinem massiven Sitzmöbel zu erheben. Er musste sich buchstäblich an dem mit schwarzem Samt bezogenen Präsentiertisch hochziehen. »Bist du ... bist du der, von dem die Legenden berichten, Herr?«, flüsterte er. »Der unsere Ahnen ...«

»Die Plasma-Psyche«, unterbrach der Bronzene den Kybernetischen Händler. »Nenne deinen Preis.«

Die Plasma-Psyche?, dachte Vhatom. *Dieses Wesen ist wegen* mir *hier?*

Nun blitzte es im Auge des Zyklopen auf. Vhatom hatte das schon öfter beobachten können, immer dann, wenn sein Herr ein gutes Geschäft witterte. »Nur ein paar Informationen, Herr. Du erhältst die Psyche kostenlos und frohen Herzens, wenn du endlich Licht in das Geheimnis meiner Ahnen bringst. Verrate mir nur, ob ...«

»Nein.« Das Wort ließ den Kybernetische Händler sofort verstummen. »Nenne deinen Preis, oder ...«

Oder ich werde sie mir einfach nehmen?, vollendete Vhatom den Satz des Bronzenen in Gedanken. Er musterte das Geschöpf angestrengt. Das Spiel der Muskeln unter der Haut ... der Hülle? ... zeugte von einem durchtrainierten, nahezu perfekten Körper. Der Fremde schien tatsächlich nackt, aber geschlechtslos zu sein. Er strahlte eine ungeheure Selbstsicherheit aus, der To'Grur'Prigt sich nicht entziehen konnte, wie auch kein anderer Besucher des Markts.

Irgendwelche Waffen konnte Vhatom bei dem Bronzenen nicht ausmachen, doch das Geschöpf schien nicht die geringste Spur von Unsicherheit oder gar Furcht zu empfinden. Offensichtlich bezweifelte es nicht, dass es seine unausgesprochene Drohung wahr machen konnte.

Doch war es zu solch einer Tat auch imstande? Nicht körperlich, sondern vom Einsatz von Machtmitteln her; daran zweifelte auch Vhatom nicht im Geringsten. Sondern aus ethischen Gründen. Das Wesen strahlte solch eine erhabene Aura aus, dass Vhatom sich einfach nicht vorstellen konnte, dass es fähig war, irgendein Unrecht zu begehen.

Auch To'Grur'Prigt zog die Drohung nicht in Zweifel. »Dreihunderttausend«, flüsterte er.

Aufgrund der Reaktionen der bisherigen Interessenten auf diese Summe befürchtete Vhatom, dass die Preisvorstellung des Zyklopen in keiner Weise gerechtfertigt und lächerlich überzogen war. Aber er verspürte keine Beunruhigung, dass die Transaktion doch noch scheitern könnte. Der Fremde würde eine Summe nennen, die ihm angemessen schien, 300.000 oder auch nur 30 Krediteinheiten, und To'Grur'Prigt würde darauf eingehen.

Zu seiner Überraschung streckte der Bronzene sofort die Hand aus. »Deinen Kreditstab.«

Der Zyklop schaltete das Gerät frei und reichte es dem neuen Besitzer der Plasma-Psyche. Der Bronzene tippte einen langen Kode ein und gab das Gerät zurück. »Dein Bankhaus hat den Eingang der Summe bestätigt.«

Der Kybernetische Händler wagte es nicht, die Bestätigung abzurufen. Vhatom sah ihm an, dass er sich mit Gewalt davon abhalten musste, noch einmal seine Ahnen anzusprechen, doch dafür war der Respekt vor dem Fremden zu groß.

To'Grur'Prigt atmete tief ein. »Ein fairer Preis, Herr«, sagte er. »Hoffentlich bist du auch dieser Ansicht.«

»Ein *lächerlicher* Preis«, erwiderte der Bronzene. »Vhatom Q'arabindon ist die letzte Plasma-Psyche, die noch existiert, und du bist dir über die Verwendungsmöglichkeiten einer Plasma-Psyche nicht ansatzweise im Klaren.«

Er kennt meinen Namen, dachte Vhatom. *Er ist tatsächlich eigens wegen mir hierher gekommen!*

Aus seiner Vogelperspektive beobachtet er, wie der Bronzene die Kapsel – *ihn!* – in ein Stück schwarzen Samt hüllte, das der Kybernetische Händler ihm reichte, und dann an sich nahm. Einen Moment lang überkam ihn grenzenlose Erleichterung. Er war endlich aus der Gewalt des brutalen Zyklopen vom Volk der Kouvo'Goy'Teran entkommen, und er konnte sich nicht vorstellen, dass ein Geschöpf mit einer erhabenen Aura wie die des Bronzenen ihm jemals Gewalt antun oder Schaden zufügen würde. »Ich danke dir, Herr«, sagte er. »Ich weiß nicht, ob du mich hören kannst, aber sei dir meiner Dankbarkeit ver...«

»Ich kann dich hören«, vernahm er die Stimme des Bronzenen in meinem Kopf. »Aber jetzt schweig. Ich werde dich beizeiten unterweisen. Und nenne mich nicht Herr«, fügte der Bronzene wie als Nachgedanke hinzu. »Mein Name ist Cairol.«

Dreizehn

**Maria Lung: Fort Blossom,
3. Juni 1343 NGZ (4930 nach Christus)**

Obwohl das Jaulen der Sirenen in Maria Lungs Ohren schmerzte, vermochte sie es schon nach wenigen Sekunden zu ignorieren. Sie war das Geräusch gewöhnt; auf Fort Blossom hörte man öfter einen Alarm, vor allem, wenn man Administrator Goberto Hos persönliche Assistentin war und im Brennpunkt des Geschehens weilte.

»Schaltet die verdammte Sirene aus!«, brüllte der Administrator. »Ich habe sie zur Kenntnis genommen, genügt euch das?«

Das grelle Jaulen erlosch. Maria sah von Ho wieder zu den Ortungsschirmen, vor denen sich der Administrator nun aufbaute, als wolle er sich jeden Augenblick auf sie stürzen.

So dumm wird er nicht sein, hoffte Maria. *Er schreit herum und scheißt seine Leute zusammen, gibt sich grantig und ist mit Haut und Haaren Militarist. Aber* ein *Dummkopf hätte es niemals zum Administrator gebracht.*

»Fünftausend«, murmelte Ho. »Ich habe es schon immer gewusst. Ich habe schon immer davor gewarnt, den Laren auch nur so weit zu trauen, wie man sie sieht. Und das ohne eine Kriegserklärung. Das sind schlicht und einfach Verbrecher, ohne jede Ehre.«

»Der Meinung bin ich auch, Sir«, sagte sie. Nicht um

dem alten Kommisskopf zu schmeicheln; das hatte sie nie getan, und wahrscheinlich hatte er sie nur deshalb in seinen Stab berufen. Aber wenn sie in einem Punkt einer Meinung mit Goberto Ho war, dann in dem Hass auf die Laren.

Ihr Ehemann und ihre beiden Söhne waren in einem Konvoi nach Fort Kanton geflogen, um die Bevölkerung dort im Kampf gegen die Maschinenteufel zu unterstützen. Die zehn Schiffe hatten ihr Ziel niemals erreicht. Bei ihrer letzten bekannten Position hatten die Aufklärungseinheiten keine Fragmentraumer, sondern Walzen der Laren aufgespürt.

Nicht die Maschinenteufel, die Haarnester hatten den Konvoi aufgebracht. Und bis heute wusste sie nicht, ob ihre Familie, drei Alteraner, die sie fast mehr liebte als sich selbst, von den Laren umgebracht oder versklavt worden war.

Sie verstand Administrator Hos Empörung also sehr gut. Aber mit Empörung konnte man sich nicht vor Angriffen feindlicher Schiffe schützen. Manchmal musste man Tatsachen akzeptieren. Und bislang hatte das Ho immer verstanden.

Im Blossom-System waren soeben 5000 Troventaare materialisiert, zwischen den Umlaufbahnen des sechsten und des siebenten Planeten, zwei Gasriesen.

Laren, dachte Maria wieder voller Abscheu. Kleinwüchsige, breite und untersetzte Männer mit dicken, kupferroten bis goldgelben und in sich gewundenen Haaren, einer breiten Nase, gelben Lippen und tiefschwarzer Haut. Hässlich wie die Nacht. *Laren.*

So sehr sie die Maschinenteufel fürchtete, so sehr hasste sie die Haarnester.

»Bestätigung«, meldete eine tonlose, knarrende Stimme.

»Fünftausend Troventaare. Jeweils zweitausend leichte und schwere und eintausend Schlacht-Troventaare.«

Eine Schlachtflotte von 5000 Troventaaren, dachte Maria. Sie musste keinen Blick auf die Ortungsdaten werfen, um die Kampfstärke der Verteidiger in Erfahrung zu bringen; sie kannte sie auch so, aus Dutzenden strategischer Meetings, denen sie in den letzten Tagen an Goberto Hos Seite beigewohnt hatte.

Um Fort Blossom waren gerade noch 80 kleinere Einheiten der Alteranischen Flotte stationiert, fast alles Leichte Kreuzer. Schwerer wogen wahrscheinlich die 110 TRIANGOLO-Raumforts, die den Planeten permanent schützten. Doch im Vergleich zu 5000 war das eine fast lächerlich schwache Streitmacht.

»Ein Funkspruch für Sie, Sir!«, meldete der Orterchef. »Der ... Erste Hetran Kat-Greer.«

Der Administrator schob die Kappe mit dem breiten Schirm zurück, die er niemals abzusetzen schien – angeblich, um sich gegen das Sonnenlicht des Roten Riesen Blossom zu schützen – und fuhr sich mit der Hand durch das struppige kurze Haar. Dann atmete er tief durch und nickte.

Es dauerte eine Weile, bis sich das Hologramm in der Zentrale bildete. So fortschrittlich die diesbezügliche Technik der Laren war, so rückständig mutete die der Alteraner manchmal an, und die Kompatibilitätsprobleme waren beträchtlich, zumal es nur höchst selten zur Kommunikation zwischen Laren und Alteranern kam.

Es war tatsächlich Kat-Greer, der Erste Hetran des Trovent. Der oberste Machthaber befehligte diese Flotte persönlich. Er stand reglos und hoch aufgerichtet da, die Beine gespreizt und durchgedrückt, eine imposante Erscheinung für ein Haarnest, das musste selbst Maria eingestehen.

Und er hatte ein gewisses Charisma – zumindest für einen Laren –, das vielleicht auch der Gewissheit einer absoluten Überlegenheit entsprang.

»Administrator Goberto Ho?«, ergriff der Lare sofort das Wort, als das Holo sich stabilisiert hatte.

»Der bin ich. Und Sie sind Kat-Greer?«

Maria Lung kannte den Administrator mittlerweile gut genug, um ihn auf Anhieb zu durchschauen. Er verzichtete auf eine respektvolle Anrede, verstieß gegen die rudimentären Formen der Höflichkeit, um den Ersten Hetran zu reizen, zu unüberlegten Taten hinzureißen.

Sie fragte sich, ob das eine gute Taktik war. Die Laren waren sowieso schon grausam und unberechenbar, und das galt für gereizte, unüberlegt vorgehende Laren wahrscheinlich erst recht.

»Wie schön, dass meine zukünftigen Untertanen mich schon jetzt kennen«, sagte Kat-Greer süffisant. »Administrator, ich fordere Sie hiermit zur Übergabe Fort Blossoms an den Trovent auf. Sollten Sie sich weigern, wird die Trovent-Flotte angreifen.«

»Bedenkzeit?«, fragte Goberto Ho.

»Keine«, sagte Kat-Greer.

»Sie befinden sich unrechtmäßig auf dem Gebiet des Imperiums Altera. Das Imperium hat keine Kriegserklärung des Trovent erhalten. Ich fordere Sie hiermit auf, sich unverzüglich zurückzuziehen und das Staatsgebiet des Imperiums Altera zu verlassen.«

»Und wenn nicht?«

Goberto Ho schwieg.

»Ihre Entscheidung?«, fragte der Erste Hetran.

»Wissen Sie, was der Teufel ist?«

»Nein, aber Sie werden es mir jetzt sicher gleich erklären.«

»Das werde ich nicht. Fahren Sie zu ihm und finden Sie es heraus, Sie verdammter Mörder!«

»Ich bin nicht auf Studienreise, Administrator Ho!«

Der Administrator unterbrach die Verbindung.

Maria Lung stöhnte leise auf.

Zuerst Fort Kanton, dachte Maria. *2,2 Milliarden Alteraner, alle tot, ermordet von den verdammten Maschinenteufeln. Und jetzt Fort Blossom. Der Grüne Planet des Imperiums, bevölkert von 2,9 Milliarden Alteranern.*

Sie fragte sich, welches Schicksal wohl schlimmer war, während sie, genau wie der Administrator, den ungleichen Kampf in der Ortung verfolgte. Ein schneller Tod wie auf Fort Kanton – oder die Sklaverei. Ein schneller Tod wie durch das Landemanöver der Posbis, das die Atmosphäre Fort Kantons entflammt hatte.

Falls die Laren es dabei bewenden lassen würden. Aber das entsprach ihrem Profil: Sie waren mordlüsterne Monstren und kompromiss- und gnadenlos in der Durchsetzung ihrer Ziele, und ihre Bestrebungen gingen hauptsächlich dahin, neue teuflische Erfindungen zu machen, die ihnen die Unterdrückung anderer Völker erleichterten. All ihre weniger teuflischen Erfindungen hingegen waren Nebenprodukte der Kriegsforschung.

Die Laren waren machtgierig, wollten den Trovent ausdehnen, bis er irgendwann ganz Ambriador beherrschte. Maria hoffte weiterhin, dass ein Großteil der Bevölkerung Fort Blossoms diesen Tag überleben würde.

Was allerdings auf keinen Fall für die Besatzungen der TRIANGOLO-Forts galt. Es war ein Gemetzel. Knapp 50 Troventaare für jedes Fort. Die Walzen der Laren konnten aus der Distanz Raumtorpedos einsetzen, die Forts waren praktisch nicht bewegungsfähig. Die legendären RF-Geschütze, die angeblich Wunder wirken konnten, waren noch nicht bis Fort Blossom vorgedrungen.

Und die 80 Leichten Kreuzer waren nicht der Rede wert. Kat-Greers Flotte beachtete sie gar nicht, wehrte sie nur ab, wenn sie mit ihren sinnlosen Angriffen zu lästig wurden, wie ein Alteraner mit einer nachlässigen Handbewegung ein aufdringliches Insekt verscheuchte.

Irgendwann hatte Goberto Ho ein Einsehen und erteilte den Leichten Kreuzern den Befehl, Fort Blossom preiszugeben, sich abzusetzen und sich nach Altera zurückzuziehen.

Bei den Forts blieb er standhaft. Maria hasste ihn dafür.

Nach einer Stunde war alles vorbei. Die Forts waren vernichtet, und Administrator Goberto Ho erklärte die Kapitulation von Fort Blossom.

Immerhin ließ Kat-Greer daraufhin unverzüglich den Beschuss einstellen.

In dem See, der die Zierde des kleinen umliegenden Parks darstellte, spiegelte sich ein Teil des bronzefarbenen, schillernden Hochhauses des Administrators. Maria starrte geradezu auf das Bild. Es wirkte an den Kanten ein wenig verschwommen, aber sonst hätte sie tatsächlich glauben können, das Gebäude zu sehen, aus dessen Fenster sie schaute.

Es war unwirklich. So unwirklich wie die Erfahrung, dass das Hauptquartier der Administration von Laren besetzt war.

Fort Blossom war mehr als einmal von den Laren überfallen worden, und wenn die *Schwarzen* die Chance gehabt hätten, hätten sie längst die Flotte Blossoms ausgelöscht und die Alteraner im System zu ihren Sklaven gemacht.

Nun war es ihnen gelungen. Die Laren waren überall im

Regierungsviertel; schwer bewaffnete Soldaten, die auch jeden Ansatz von Widerstand, jede noch so kleine Verzögerung bei der Ausführung ihrer Befehle mit brutaler Gewalt ahndeten.

Maria fragte sich lediglich, warum die von den Laren niedergeschlagenen Alteraner umgehend aus der Zentrale der Administration getragen wurden. Und wieso die Laren drei Trivideo-Kamerateams in die große Halle eskortiert hatten.

Sie ahnte den Grund, hoffte aber inbrünstig, dass sie sich irrte, zumal die Kamerateams so positioniert waren, dass sie kaum einen der waffenstarrenden Besatzer im Bild hatten.

»Aufnahme!«, bellte der befehlshabende larische Offizier.

Die Trivideo-Teams schalteten ihre Kameras ein, und im nächsten Augenblick betrat Kat-Greer den Raum. Er hielt sich in seiner schmucken Paradeuniform aufrecht wie immer und wurde lediglich von drei Leibwächtern flankiert, die entsicherte Kombiwaffen trugen.

Die Kamerateams fingen nicht ein, dass Administrator Goberto Ho von den larischen Soldaten, die ihn in ihre Mitte genommen hatten, mehr oder weniger unsanft nach vorn gestoßen wurde, in den Aufnahmebereich der Kameras, bis er zwei Meter vor Kat-Greer stand.

Bitte nicht, dachte Maria. *Bitte nicht.* Aber sie wagte sich nicht zu rühren. Im tiefsten Grund ihres Hasenherzens war sie froh, dass Goberto Ho und nicht sie dort stand.

Was sich aber noch ändern konnte.

Der Erste Hetran sah Goberto Ho an und lächelte.

Er lächelt, dachte Maria.

»Aus dem Orbit gesehen wirkt Fort Blossom nicht wie ein Blauer, sondern eher wie ein Grüner Planet«, sagte der Lare im Plauderton. »Schuld sind die allgegenwärtigen Algenkonzentrationen, die sich in den ausgedehnten Ozeanen entwickelt haben, nicht wahr? Stellen sie nicht auch die Nahrungsgrundlage der Bevölkerung dar?«

Der Administrator schwieg.

»Daran wird sich auch in Zukunft nichts ändern«, fuhr Kat-Greer fort. »Auch wenn Fort Blossom mit dem heutigen Tag dem Trovent der Laren angegliedert wird und die Alteraner zu Untertanen des Trovents werden, werden sich ihre Lebensumstände kaum ändern. Solange sie die Anweisungen des Trovents befolgen.«

Maria sah, dass Administrator Ho am ganzen Körper zitterte. *Vor Zorn, nicht vor Angst,* dachte sie und befürchtete, er würde sich jeden Augenblick auf den Laren stürzen.

»Der Trovent erwartet allerdings ein vernünftiges und angemessenes Verhalten seiner Untertanen. Ein Verhalten, das Administrator Goberto Ho nicht gezeigt hat. Ich habe ihm die Kapitulation angeboten, doch er hat auf einen sinnlosen Akt des Widerstands bestanden und damit die Vernichtung von einhundertundzehn TRIANGOLO-Raumforts heraufbeschworen, von dem Verlust an ... Alteraner-Leben ganz zu schweigen.«

Maria gestand Kat-Greer immerhin zu, dass er sich bemühte, das Wort »Alteraner« nicht allzu abfällig auszusprechen.

»Der Trovent schützt seine Untertanen und seinen Besitz. Für Goberto Hos Verhalten gibt es nur eine Strafe. Den Tod. Daher verkünde ich hiermit, dass der Administrator standrechtlich exekutiert wird – und zwar *jetzt.*«

Die Trivideo-Kameras surrten, die drei vermeintlichen Leibwächter Kat-Greers hoben ihre Waffen, legten an, zielten und schossen.

Maria schloss die Augen, wagte aber nicht, sich zu rühren. *Sonst bin ich die Nächste,* dachte sie.

Sie hatte zu spät reagiert und noch gesehen, wie Goberto Ho zusammenbrach, getroffen von drei Thermostrahlen; einer in den Kopf, einer in die Brust, einer in den Unterleib. Sie hatte keinen Schrei gehört; offensichtlich war er stumm gestorben, um dem verhassten Feind nicht den geringsten Triumph zu gönnen.

Als sie die Augen wieder öffnete, war Hos Leiche bereits aus dem Raum geschafft worden.

Vor laufenden Trivideo-Kameras, dachte sie. *Sein Tod ist auf ganz Fort Blossom übertragen worden.*

Kat-Greers Botschaft war klar: *Die Laren können gnädige Herren sein, aber wer sie herausfordert, büßt seinen Fehler mit dem Tod.*

»Der Trovent ist großzügig«, sprach Kat-Greer in die Kameras und bestätigte damit Marias Auffassung, »und lässt es bei dieser einen Vollstreckung bewenden. Alle anderen ... Alteraner, die sich unter Administrator Goberto Ho Verbrechen gegen den Trovent schuldig gemacht haben, werden hiermit begnadigt. Mehr noch ...« – der Erste Hetran legte eine Kunstpause ein – »der Trovent wird Fort Blossom von nun an vor den Posbis beschützen. Ein ausreichendes Kontingent Troventaare bleibt über Fort Blossom zurück ...«

Wahrscheinlich vorwiegend Einheiten mit geringen Reichweiten, dachte Maria, nicht ganz unbeschlagen in strategischen Überlegungen ...

»... während der Rest der Flotte in Kürze wieder aufbrechen wird.« Kat-Greer sah wieder in die Kameras und lächelte.

Lächelte.

»Zum Altera-System«, sagte er.

Vierzehn

Vhatom Q'arabindon: Vergangenheit

Woher komme ich, wohin gehe ich?

Beizeiten schien für den Bronzenen – für Cairol – eine ganz andere Bedeutung zu haben als für die Plasma-Psyche. Wochen vergingen, Monate, Jahre, Jahrzehnte, und Vhatom Q'arabindon lagerte irgendwo, ohne Sinneswahrnehmung, in einem Regal in einer ihm nicht namentlich bekannten Raumstation, in die der Roboter ihn gebracht hatte.

Er trieb sich in den virtuellen Welten herum, die von jeher Teil seiner Kapsel zu sein schienen – und entdeckte schließlich, eher durch Zufall, Lernprogramme, die Cairol ihm offensichtlich zurückgelassen hatte. Einführungen in die Kosmonautik einschließlich zahlreicher Spezialgebiete. Im Lauf der Zeit durchstreifte er in virtuellen Schiffen virtuelle Galaxien und lernte vieles, wenn nicht sogar alles, was es über die Gefahren des Alls zu lernen gab. Schwarze Löcher, Neutronensterne, Hyperraumstürme – todesmutig wagte er sich an sie heran und in sie hinein, starb tausend Tode und erlebte tausend Wiedergeburten.

Keines dieser Programme kommunizierte mit ihm über Belange, die über den Lernstoff hinausgingen. Aber jedes schien, wie er nach Jahrzehnten entdeckte, ihn und seine Leistung genau einschätzen zu können. Irgendwann, nach Jahren, war das erste dieser Programme mit seinen Fortschritten anscheinend zufrieden. Es eröffnete ihm neue Bereiche; die Raumschiffe wurden schneller und größer, die Situationen, in die er mit ihnen geriet, gefährlicher.

Kaum hatte Vhatom herausgefunden, dass es diese Erweiterungen gab, widmete er sich mit ganzem Ehrgeiz der Aufgabe, auch bei anderen Programmen zu neuen Levels vorzustoßen. Schritt für Schritt gelang es ihm, kletterte er Stufe für Stufe höher, verbesserte seine Qualifikationen. Immer größer wurden die Raumschiffe, die er immer geschickter und souveräner steuerte, immer schneller und weiter flogen sie, immer komplizierter wurden die Aufgaben, die das Programm ihm stellte. Manövrieren unter dem Ereignishorizont eines Schwarzen Lochs? Irgendwann stellte es kein Problem mehr für ihn dar. Die Energie eines Neutronensterns bändigen und dem Triebwerk seines neuesten Raumschiffmodells zuführen? Ein Kinderspiel, wenn man über die dazu nötige Technik und Fertigkeiten verfügte.

Schließlich erreichte er beim ersten Programm das höchste Level, dann beim zweiten, und nach Jahren auch beim letzten. Doch als er dann befürchtete, ihm würden sich keine neuen Herausforderungen mehr stellen und er müsse das bereits Erlernte nun bis in alle Ewigkeit einüben und perfektionieren, tat sich ihm plötzlich eine neue Welt auf.

Eine neue Datei.

Kosmologie.

Er erfuhr vom Aufbau der Schöpfung und von den Hohen Mächten, den Kosmokraten und Chaotarchen. Beide versuchten, die Entwicklung des Universums nach ihren Vorstellungen zu beeinflussen und voranzubringen, wobei die Kosmokraten allerdings für die Ordnung und damit für das Leben, die Chaotarchen jedoch für das Chaos und den Untergang eintraten. Kurz gesagt, die Kosmokraten waren Götter, die Chaotarchen Dämonen, wenn nicht sogar deren Herren – Teufel!

Die Kosmokraten rangierten nach dem Zwiebelschalenmodell der kosmischen Entwicklung auf der höchsten Stufe. Leben bildete sich, wurde intelligent, entwickelte die Raumfahrt, schuf intergalaktische Reiche, entwickelte sich zu einer Superintelligenz weiter. Superintelligenzen vollzogen dann den nächsten Schritt der kosmischen Evolution und wurden zu Materiequellen oder Materiesenken. Aus denen wiederum entstanden schließlich Kosmokraten und Chaotarchen.

(Viel später fragte Vhatom sich, ob dieser Definition zufolge die Chaotarchen dann nicht ebenfalls auf der höchsten Stufe der Evolution stehen mussten. Dem war wohl so, aber eben am anderen Ende der Skala.)

Hinter den Materiequellen befand sich der Existenzbereich der Kosmokraten, hinter den Materiesenken der der Chaotarchen. Über das Wesen, das Aussehen und die tatsächliche Zustandsform der Kosmokraten oder ihrer Gegenspieler, der Chaotarchen, verrieten die kosmologischen Dateien nichts. Wenn Kosmokraten tatsächlich einmal diesseits der Materiequellen agierten, also im Standarduniversum, bedienten sie sich vierdimensionaler Projektionen anderer Wesen, die keinerlei Rückschlüsse auf ihr wahres Aussehen zuließen, oder aber Ersatzkörper, in die ihr Bewusstsein schlüpfte – oder vielleicht auch nur ein Fragment, ein Splitter, ein Hauch davon.

Über die möglichen Erscheinungsformen von Chaotarchen erfuhr Vhatom noch weniger.

Doch beide Hohen Mächte verfügten über gewaltige Machtmittel. Dazu gehörten bei den Kosmokraten Schwärme und Sporenschiffe, die Leben und Intelligenz im Universum verbreiten sollten, oder Helfer wie Cairol oder die Chronotropische Domäne oder die Ritter der Tiefe, die sich gegebenenfalls zu bedeutenden Organisationen zusammenschlossen. Ihre Technik war allem überlegen, was man diesseits der Materiequellen und -senken entwickeln konnte.

Die Mächte des Chaos, deren einziges Ziel in der Vergrößerung der Unordnung und des Chaos im Universum bestand, schienen per se nur durch ihre Helfer in Erscheinung zu treten. Zu ihnen zählten der Dekalog der Elemente, die Dakkar-Pioniere, aber auch TRAITOR, die *Terminale Kolonne*, eine schier unbegrenzte Raumschiff-Flotte, die in mehreren Universen gleichzeitig tätig war.

Auch bei Superintelligenzen, so erfuhr Vhatom, gab es *positive* und *negative.* Positive wurden schließlich, nach Jahrhunderttausenden oder gar -millionen der Existenz, zu Materiequellen, negative zu Senken. Daher legten sowohl Kosmokraten als auch Chaotarchen großen Wert darauf, Superintelligenzen in ihrem Sinn zu steuern und Einfluss auf ihre Entwicklung zu nehmen.

Kosmokraten wie auch Chaotarchen, so verdeutlichte die Datei, waren den Wesen diesseits der Materiequellen so hoch überlegen, dass diese sie und ihr Handeln ganz einfach nicht verstehen konnten. Daher war den Anweisungen der Kosmokraten, die sie durch Cairol überbrachten, unbedingt und nach Wort und Inhalt Folge zu leisten, sonst könnten die Chaotarchen an einer der zahlreichen Fronten, an denen die beiden Gegenseiten miteinander konkurrierten, eine verheerende Niederlage davontragen. Unter Umständen konnte davon sogar das Schicksal eines ganzen Universums abhängen.

Überdies war Vhatom Q'arabindon, so ließ die Dateien ihn wissen, tatsächlich einmal ein organisches, lebendes Geschöpf gewesen, das seine Entstehung letzten Endes dem

Wirken der Kosmokraten zu verdanken hatte. Daher konnte man von ihm erwarten, dass er mit ganzer Kraft danach streben würde, ihnen zu dienen, zumal Cairol ihn ja aus der Gewalt des Kybernetischen Händlers aus dem Volk der Kouvo'Goy'Teran befreit hatte.

Dies alles und noch viel mehr verriet ihm die kosmologische Datei.

Also doch, dachte Vhatom, nachdem er die Datei wieder und wieder studiert und versucht hatte, ihre Bedeutung richtig einzuschätzen. *Ein organisches, lebendes Wesen!* Sicher würde Cairol ihm nach seiner Rückkehr seine Fragen beantworten und Licht ins Dunkel bringen, damit er dem Geheimnis seiner Herkunft nachgehen konnte.

Falls der Roboter der Kosmokraten jemals zurückkehren sollte und ihn nicht einfach vergessen hatte ...

Aber darauf brauchte er zu seiner Überraschung nicht lange zu warten. Wenige Tage nachdem er Zugriff auf die kosmologische Datei erhalten und sie mehrmals studiert hatte, war Cairol plötzlich wieder da. Die virtuelle Welt, in der Vhatom gerade einen Raumer, der einem Sporenschiff der Kosmokraten kaum nachstand, durch einen schmalen Hyperraumtunnel lenkte, brach von einem Augenblick zum anderen zusammen, und er sah wieder in den Raum, in dem er sich befand.

Cairol schaute zu dem Regal, auf dem er lag.

Das ist kein Zufall, schwante ihm sofort. Wahrscheinlich hatte der Rechner, auf dem er die diversen Programme absolviert hatte, den Bronzenen informiert, dass die Ausbildung der Plasma-Psyche so weit abgeschlossen war.

Der Roboter der Kosmokraten hatte also mit aller Zeit der Welt ausgeharrt, bis Vhatom seinen Erwartungen entsprach, und dann erst reagiert. Und wenn er bedachte, mit welchen Reaktionszeiten die Hohen Mächte normalerweise operierten, konnte von einer Verzögerung kaum die Rede sein.

Im ersten Augenblick wirkte Cairols Gesicht zwar wohlproportioniert und edel, aber irgendwie auch starr, unbeteiligt. Es zeigte den gleichen Eindruck wie damals, als er mit To'Grur'Prigt über seinen Kauf verhandelt hatte.

Im zweiten schien es dann *weicher*, mitfühlender zu werden. Täuschte sich Vhatom, oder *lächelte* das Gesicht des Roboters tatsächlich?

»Ich freue mich, dass es dir gut geht und du die Unterweisungsprogramme erfolgreich absolviert hast. Zusammen mit deinen eigenen Kenntnissen und Programmroutinen, die noch nicht aktiviert wurden, bist du nun imstande, die für dich vorgesehene Aufgabe zu erfüllen. Es freut dich sicherlich, zu hören, dass ich alle nötigen Vorbereitungen bereits getroffen habe.«

»Programmroutinen? Ich dachte, ich sei einmal ein Lebewesen gewesen?«

»Das warst du auch, zumindest den mir vorliegenden Informationen zufolge. Aber nun bist du eine ausgebildete Plasma-Psyche. Und das ist viel, viel mehr als nur ein Lebewesen.«

»Ich ... brenne darauf, meine Tätigkeit anzutreten«, sagte Vhatom so diplomatisch, wie es ihm möglich war. »Aber ich ... hätte vorher noch einige Fragen.«

»Natürlich«, erwiderte Cairol, und sein Lächeln wurde noch intensiver. »Wie könnte es auch anders sein? Stelle sie, ich werde mich bemühen, sie zu beantworten, so es in meiner Macht steht.«

»Ich war früher also ein Lebewesen?«

»Wie ich schon sagte, ja. Den mir vorliegenden Informationen zufolge.«

»Was für ein Wesen? Und wie bin ich zu einer Plasma-Psyche geworden?«

»Und kann man diesen Prozess wieder umkehren, und kannst du zu seinem Volk zurückkehren? Das wären die nächsten Fragen gewesen, nicht wahr?« Cairol griff nach ihm, nach der Kapsel, und einen Moment lang wurde es dunkel um ihm. Als er wieder sehen konnte, nahm er nicht mehr den Raum wahr, in dem er jahrzehntelang gelagert worden war, sondern einen breiten, hohen Gang mit einer Verkleidung aus blauem Kunststoff und einer gleichförmigen Illumination, die zugleich von überall her und nirgends zu kommen schien.

Offensichtlich trug der Roboter ihn durch die Raumstation.

»Ach, all diese Fragen, so typisch für ein Lebewesen, selbst für ein ehemaliges. Wer bin ich? Woher komme ich, wohin gehe ich? Was ist der Sinn meines Lebens? Was war vorher, was kommt danach? *Das* willst du in Wirklichkeit doch wissen, nicht wahr?«

»... ja«, gestand Vhatom ein.

»Nun, dann habe ich erschöpfende Antworten für dich. Vielleicht nicht die, die du erwartet hast, aber Antworten. Wie lautete gleich noch die erste Frage?«

Vhatom stutzte. Hatte der Roboter seine erste Frage wirklich schon vergessen? »Was für ein Wesen ich war, und wie ich zu einer Plasma-Psyche geworden bin ...«

»Darüber liegen mir leider keine Informationen vor. Es gab nur einige wenige Plasma-Psychen, keine zwei Dutzend, und alle außer dir gingen im Verlauf der Jahrtausende verloren oder wurden zerstört. Du bist sozusagen der letzte deiner Art.«

»Warum hat man mir meine Erinnerungen genommen?«

»Das war bei allen bekannten Plasma-Psychen der Fall. Daher kann ich dir dazu nichts sagen.«

»Welcher Spezies entstamme ich?«

»Unbekannt.«

»Könnte man mich in das Lebewesen zurückverwandeln, das ich vorher war?«

»Ja.«

Die kurze, knappe Antwort verblüffte Vhatom dermaßen, dass er eine geraume Weile keine weitere Frage zu stellen wusste. Dann aber kehrte allmählich sein logisches Denkvermögen zurück. »Wie ... und wieso?«

»Du bist eine Plasma-Psyche. Du enthältst Plasma, aus dem deine Gefühle entstehen, deine Empfindungen. Du bist noch immer ein fühlendes, denkendes, empfindendes Wesen, auch wenn du deinen Körper verloren hast. Mit langwierigen genetischen Analysen und Rückzüchtungen wäre es möglich, einen Körper zu erschaffen, der dem, den du früher gehabt hast, zumindest sehr ähnlich wäre.«

»Was heißt ... langwierig?«

»Jahrzehnte? Jahrhunderte? Jahrtausende?«

»Und das mit der Technik, die dir zur Verfügung steht? Mit *Kosmokratentechnik*?«

Cairol lachte leise auf. »Kosmokraten sind keine Götter. Und ihre Technik ist nicht darauf ausgerichtet, für sie unwichtige Probleme der Wesen aus den Niederungen zu lösen ... so wichtig diese Probleme für diese Wesen selbst auch sein mögen«, fügte er schnell hinzu. »Ich kann dir leider nichts anderes sagen.«

Die Antwort war zu schnell gekommen, zu glatt erfolgt. Konnte, sollte, *wollte* Vhatom dem Roboter glauben?

»Aber du begehst auch als Plasma-Psyche die Fehler, die die meisten Lebewesen begehen«, fuhr Cairol fort. »Du denkst zurück, nicht voraus. Was wolltest du denn anstellen, würden wir dir deinen Körper zurückgeben? Ohne Erinnerungen und mittellos; nicht mal ein Raumschiff steht dir zur Verfügung. Wie kannst du hoffen, deine Spezies jemals wiederzufinden ... falls sie überhaupt noch existiert? Seit wann bist du eine Plasma-Psyche? Seit Jahrhunderten? Jahrtausenden? Jahrmillionen? Und was würdest du alles aufgeben, um einem sinnlosen Traum hinterherzujagen?«

»Aufgeben ...?«

»Du hättest einen organischen Körper ... einen sterblichen Körper. Lass ihn hundert Jahre existieren, oder auch zweihundert, wenn es ein süßes, ein gutes, ein reiches Leben war. Und dann? Der Tod. Das Nichts. Das Ende. Ohne dass du auch nur eine der Fragen, die dir auf der Seele brennen, beantwortet hättest. Eine vergeudete Existenz, verschwendet auf der Suche nach einem Sinn, den du niemals finden wirst. Wir aber geben dir die Chance, Antworten zu finden ... zumindest die Chance, auch wenn wir einen Erfolg nicht garantieren können.«

»Die Chance? Inwiefern?«

Cairol war vor einem Schott stehen geblieben und streckte eine Hand aus, um es zu öffnen. Dahinter befand sich ein großer Raum, eine Werkstatt, und mitten darin ein seltsames Gebilde.

»Du wirst ewig existieren. Zumindest nach deinen Maßstäben. Eine sehr, sehr lange Zeit. Du wirst das All durchstreifen, Wunder sehen, die du dir nicht erträumen kannst. Du wirst für uns tätig werden, natürlich, aber dir wird auch Zeit genug bleiben, um nach deiner Herkunft zu suchen. Und du wirst deine Erfüllung finden, den Sinn deines Daseins. Du wirst Leben schaffen und fördern und für die Ordnung im Universum tätig werden. Das ist dein künftiger Verwendungszweck. Gibt es ein höheres Ziel?«

Das Gebilde in dem Raum war ein ... Roboter? Nicht so

einer wie Cairol, aber doch von beeindruckender Perfektion, ja sogar Schönheit. Er war groß, etwa so groß wie der Bronzene, hatte eine annähernd humanoide Form und schien aus Dutzenden filigran geformter Einzelelemente von dunkel-kupferroter Farbe zu bestehen, die anscheinend flexibel zusammengefügt werden konnten. Ein Oval schob sich in das andere, und sie alle bildeten zwei Beine, zwei Arme, einen Leib, einen Hals, einen Kopf, Hände, Füße ...

Wenn sie sich erst einmal bewegten ... ein Ineinanderfließen von Ellipsen, dreidimensionaler eiförmiger Kreise, wie widersinnig diese Beschreibung auch sein mochte.

Wieso brachte Cairol ihn zu diesem Gebilde? Was hatte der Roboter der Kosmokraten vor?

Vhatom riss sich zusammen, wandte den Blick von dem Gebilde ab, um sich auf das Gespräch mit Cairol konzentrieren zu können. »Und ... was heißt das genau?«

»Du, Vhatom Q'arabindon, wirst Teil eines robotischen Ensembles sein. Du wirst als Steuermann eines Instruments der Hohen Mächte dienen, das den Namen TRAGTDORON trägt.«

»TRAGTDORON?«

»TRAGTDORON ist bereits Millionen Jahre im Einsatz, doch sein derzeitiger Steuermann hat seine Zeit überschritten und wird bald aufhören zu existieren. Du bist als sein Nachfolger vorgesehen.«

»Dafür also die Jahrzehnte mit den virtuellen Lehrprogrammen ...«

»Ja, dafür. Es wird völlig schmerzlos sein. Die Vereinigung mit TRAGTDORON findet in zwei Phasen statt. Zuerst bekommst du einen neuen, autarken Körper ...«

»Einen eigenen Körper?«

»Du wirst dich wieder bewegen können. Du wirst noch

immer ein Gehirn in einer Kapsel sein, doch diese Kapsel ist auf TRAGTDORON uneingeschränkt bewegungsfähig ... und auch außerhalb, wenn du die Einheit einmal verlassen musst. Ich werde dich hier und jetzt in deinen neuen Körper verpflanzen; und in der zweiten Phase werde ich dich als kooperierenden Partner des Steuergehirns mit TRAGTDORON selbst verbinden. Es dauert für dich nur einen Augenblick. Es wird schwarz um dich werden, und dann wieder hell, und du hast den ersten Schritt auf dem Weg zu deiner wahren Bestimmung getan.«

»Aber ...« *Ein neuer Körper? Etwa ...?* Tausend Fragen wollte Vhatom Q'arabindon noch stellen, doch er kam nicht mehr dazu. Es wurde schwarz um ihn, und dann wieder hell.

Und er spürte einen Körper.

Es war ein einzigartiges Erlebnis, nicht zu vergleichen mit den virtuellen Welten, in denen er sich zuerst die Zeit vertrieben und dann Raumschiffe geflogen hatte. Er wollte bewusst ein Bein bewegen, und es bewegte sich. Er wollte einen Arm heben, und er hob sich. Er wollte den Kopf drehen, und er drehte sich.

Ellipsen flossen ineinander und veränderten sich, und filigran geformte Einzelelemente gehorchten seinem Willen.

Er sah die Umgebung und roch die Luft. Er spürte den Boden unter seinen Füßen und hörte Cairols Stimme.

»Ich werde dich nun nach TRAGTDORON geleiten«, sagte der Roboter der Kosmokraten zum Roboter des Roboters der Kosmokraten.

Vhatom antwortete nicht sofort, war dazu nicht imstande. Er bewegte noch immer seinen Körper, vorsichtig, zaghaft, genoss die neuen, andersartigen Sinneseindrücke, versuchte, zu sich selbst zu finden. Noch waren seine Bewegungen bestimmt ungelenk, doch das würde sich geben. Noch waren seine Sinneseindrücke bestimmt gedämpft, doch das würde sich bessern.

Später konnte er nicht mehr sagen, ob er Stunden oder Tage damit verbracht hatte, sich an seinen neuen Körper zu gewöhnen, doch Cairol war die ganze Zeit bei ihm, gab ihm kluge Ratschläge und unterstützte ihn.

Er hatte wieder einen Körper! Auch wenn es nur der eines Roboters war.

Schließlich, irgendwann, legte sich seine Euphorie, und er drehte den Kopf und legte die Hand auf die Schulter seines Gegenübers und öffnete den Mund und sagte, was er eigentlich vor der Transformation hätte sagen sollen. »Cairol, ich habe nicht mein Einverständnis erklärt, TRAGTDORON zu fliegen.«

»Nein«, erwiderte der Bronzene, »das hast du nicht.«

Fünfzehn

Perry Rhodan, TRAGTDORON:
5. Juni 1343 NGZ (4930 nach Christus)

Plötzlich war es vorbei. Rhodan fühlte, wie das Etwas, das sein Innerstes nach außen gekehrt hatte, ohne allerdings vollständig in den Kern seiner selbst vorgedrungen zu sein, sich wieder zurückzog.

Panisch, wie er unwillkürlich dachte. Aber auch voller Ehrfurcht, Respekt und Hochachtung.

Von einem Augenblick zum anderen war er frei. Er tat einen Schritt. Mit diesem Meter ließ er die schier endlose Siebenunddreißig hinter sich und fand sich in einer völlig veränderten Umgebung wieder.

Graue Decken, Wände und Böden, schmucklos, ohne jeden Zierrat, einfach nur praktisch und zweckmäßig. Als hätten die Erbauer niemals damit gerechnet, dass ein Lebewesen diese Gefilde betrat. Es war bei Weitem nicht so schlimm wie in einem Fragmentraumer der Posbis, doch die Tendenz war da. Der erste Blick, den Rhodan auf TRAGTDORON warf, entfachte nicht gerade Begeisterung in ihm.

Doch er war nicht allein. Vor ihm stand ein ... Roboter? ... der ihm auf Anhieb tragisch vorkam, geschlagen vom Schicksal. Rhodan musste daran denken, wie er zum ersten Mal Laire gesehen hatte, oder auch Cairol. So erhaben, so mächtig die Roboter der Kosmokraten auch gewesen sein mochten, sie waren ihm stets einsam vorgekommen. Verloren in den Jahrzehntausenden oder -millionen, die sie für ihre Herren tätig gewesen waren.

Ja, es war eindeutig ein künstliches Wesen, das ihm den Weg versperrte. Sein etwa drei Meter großer Leib bestand aus filigran geformten, robotischen Elementen von dunkelkupferroter Farbe, die sich permanent in sich selbst zu verschieben schienen.

»Ich bin Vhatom Q'arabindon, Herr von TRAGTDORON.« Die Stimme des Roboters klang ... würdevoll, ein anderer Ausdruck fiel Rhodan nicht ein.

»Herr eines havarierten Instruments der Hohen Mächte«, fuhr das Geschöpf fort, »das schon längst hätte vernichtet werden sollen. Der geehrte Ritter der Tiefe ist sicherlich gekommen, um die endgültige Vernichtung TRAGTDORONS einzufordern, nachdem sein Steuermann so offensichtlich versagt hat.«

Tief betrübt klang das, wie ein Trauergesang. Doch die in der Begrüßung enthaltenen Informationen waren hoch interessant. *Endgültige Vernichtung,* dachte Rhodan. *Versagen.*

Warum hatten die meisten Helfer der Kosmokraten, die er bislang kennengelernt hatte, irgendwann versagt, nachdem sie über Jahrmillionen ihre Aufgaben gewissenhaft ausgeführt hatten, um schließlich irgendwann nachlässig zu werden? Waren die aus den unteren Gefilden rekrutierten Geschöpfe ganz einfach nicht fähig, den Ansprüchen der Kosmokraten gerecht zu werden? War es vielleicht unmöglich, das primitive *Leben an sich* auf Dauer unsterblich zu machen? Würde irgendwann unweigerlich ein geistiger Verfall eintreten?

Habe ich noch siebzehntausend Jahre?, fragte sich Rhodan. *Liegen die zwanzigtausend Jahre, die ES mir verheißen hat, im Bereich des Normalen, oder werde ich vorher wahn-*

sinnig werden wie so viele Helfer der Kosmokraten, die ich kennengelernt habe? Ist mein Körper, ist mein Geist imstande, diese zwanzigtausend Jahre auszuschöpfen, die ES mir gewährt hat?

Auch wenn es sich dabei nur um eine symbolische Zahl handelt. Oder ist mein Geist, mein Verstand, bei solch einem Zeitraum einfach überfordert?

Noch spürte er keine Nebenwirkungen der relativen Unsterblichkeit. Aber er lebte ja auch erst 3000 Jahre.

Er verdrängte die unnützen Gedanken. Ihm war etwas anderes aufgefallen. Er hatte es sofort registriert, in dem Augenblick, in dem der Roboter seinen dritten Satz vollendet hatte.

Der geehrte Ritter der Tiefe ...

Daraus sprach eine bedeutsame Unterordnung, die – wie nannte der Roboter sich gleich noch? – Vhatom Q'arabindon ihm gegenüber an den Tag legte. Das Robotwesen wusste offenbar nicht, dass Rhodan ein Ritter außer Dienst war. Dass er das Ritteramt aufgegeben hatte, die Kosmokraten sich aber geweigert hatten, ihm die Aura eines Ritters der Tiefe zu nehmen.

Hofften die Kosmokraten etwa, dass er weiterhin für sie tätig war? In ihrem Sinne wirkte, ohne es zu wissen?

Wie zielgerichtet arbeiteten die Kosmokraten? Hatten sie etwa schon vor Hunderten von Jahren gewusst, dass er eines Tages TRAGTDORON erreichen und die Aura benötigen würde, um den Attraktor zu betreten und von Vhatom Q'arabindon akzeptiert zu werden?

Sinnlose Gedanken. Und er konnte jetzt keine kosmologischen Erörterungen betreiben. Vielleicht hatten die wenigen Sekunden, die er gezögert hatte, schon irreparable Schäden angerichtet. Offenbar sah der Roboter – falls es wirklich einer war, Rhodan bezweifelte es irgendwie –

einen Ritter der Tiefe als eine Art Vorgesetzten an, und das galt es auszunutzen.

Er durfte nicht länger zögern. Er musste unverzüglich die Rolle des Befehlshabenden an sich reißen.

»Du erkennst mich als weisungsbefugt an?«, fragte er.

Der Roboter zögerte. Lange.

Viel zu lange, dachte Rhodan. *Mein unsicheres, zögerliches Auftreten hat den unerwarteten Vorteil wieder zunichtegemacht.*

Doch schließlich senkte der Roboter zu Rhodans Erleichterung den Kopf. »Jawohl«, sagte er leise. »Natürlich. Wie könnte ich mich einem Ritter der Tiefe verweigern?«

Beruhigt atmete Rhodan auf. *Jetzt nur keinen Fehler begehen ...*

»Ich komme keineswegs, um die endgültige Vernichtung TRAGTDORONS einzufordern«, sagte er. Ein Bluff, basierend auf den ziemlich unzusammenhängenden und für ihn noch unverständlichen Aussagen des Roboters.

Vhatom Q'arabindon legte den Kopf nun schräg. »Nicht?«

»Ganz im Gegenteil. Ich gedenke, TRAGTDORON zuerst einmal zu besichtigen.« Erwartete man von einem Ritter der Tiefe nicht, dass er würdevoll sprach?

Rhodan glaubte, die Erleichterung, die der Roboter empfand, geradezu spüren zu können. *Was ist hier geschehen?,* fragte er sich. Wieso befürchtete der Roboter, Rhodan könnte die Vernichtung TRAGTDORONS anordnen? Er musste die Hintergründe in Erfahrung bringen, dabei aber behutsam vorgehen. Vor allem musste er Vhatom Q'arabindon unbedingt in dem Glauben lassen, dass er tatsächlich ein Ritter der Tiefe und ihm gegenüber damit weisungsbefugt war. Und dann musste er die Machtposition ausnutzen, die ihm so unerwartet praktisch in den Schoß gefallen war.

»Ich habe einige Begleiter mitgebracht. Hole sie ebenfalls an Bord, Steuermann.« Er drehte sich um. Wo war Drover? Der Posbi war unmittelbar hinter ihm gewesen, als er dieses sinnverwirrende Zwischenreich verlassen und TRAGTDORON betreten hatte. Trotzdem hatte der Posbi offensichtlich nicht zu dem Attraktor vordringen können.

»Ich ... gehorche«, sagte Vhatom Q'arabindon.

Rhodan stand reglos da, bis der Posbi einen Arm hob und auf eine Stelle hinter ihm deutete. Langsam drehte er sich um und sah, wie ein Kelosker – Crykom, er erkannte ihn an seinen sechs Höckern – aus einer vier Meter durchmessenden runden Öffnung in dem Gang schritt.

Und nach ihm Mondra Diamond, Startac Schroeder, Tamra Cantu, dann ein Kelosker nach dem anderen.

Rhodans Anspannung ließ etwas nach. Vhatom Q'arabindon hatte ihn endgültig als weisungsberechtigt anerkannt und die Schleusen TRAGTDORONS für die Besucher geöffnet.

Er fragte sich kurz, was nun in Rechenmeister Crykom vorgehen mochte. Wie viele Jahrtausende hatte der Kelosker auf diesen Augenblick gewartet? Auf ihn, Rhodan, den Schlüssel. Deshalb hatte Lotho Kereate ihn wohl persönlich nach Ambriador geschickt.

Und dann, ganz zum Schluss, kamen die beiden Roboter mit ihrem Matten-Willy. Nano Aluminiumgärtner, der Tänzer unter den Posbis, blieb abrupt stehen und starrte Vhatom Q'arabindon an.

»Das ist unmöglich«, hauchte er kaum hörbar. »Diese unglaubliche Ästhetik ... bist du ein Posbi? Wie ich? Wie kann nur solch eine Perfektion existieren?«

»Ich bin der Steuermann. Ein Robot-Ensemble, das TRAGTDORON fliegt«, antwortete Vhatom zurückhaltend, ohne auf Nanos weitere Worte einzugehen.

»Du bist perfekt«, sagte Nano. »Und ich kenne keine andere Aufgabe, als meinem Ideal zu dienen.«

Nur nicht das, dachte Rhodan. Hatte der ewig nach Schönheit suchende Nano Aluminiumgärtner angesichts Vhatom Q'arabindons Ausstrahlung ein neues Opfer gefunden? Hatte er Mondra von einer Sekunde zur anderen vergessen, fallen gelassen und sich Q'arabindon zugewandt? Das barg Zündstoff in sich. Er musste verhindern, dass Nano Aluminiumgärtners exzentrisches Verhalten ihre gesamte Mission gefährdete.

»Sieh nach Mondra.« Er sah den Posbi durchdringend an. »Und kein einziges Wort mehr, bis wir später miteinander gesprochen haben.«

Nano Aluminiumgärtner zögerte kurz, befolgte die Anweisung dann aber.

Rhodan atmete auf und befasste sich wieder mit dem Wesentlichen. *Ich bin an Bord von TRAGTDORON,* dachte er. *Elftausend Jahre lang haben die Kelosker versucht, dieses Ziel zu erreichen. Nur meine Ritter-Aura hat es ihnen – hat es uns schließlich ermöglicht. Ich bin der Schlüssel.*

Aber er wusste noch immer nicht, was TRAGTDORON tatsächlich war, stand noch ganz am Anfang.

Er spürte wieder dieses verheißungsvolle Prickeln. Ein weiteres Stück kosmischer Geschichte wartete darauf, enthüllt zu werden.

Doch vorher gab es Wichtigeres zu tun. Die Zeit drängte. Wollten die Menschen Ambriadors überleben, mussten die Kelosker sich unverzüglich an die Arbeit machen.

Sechzehn

Vhatom Q'arabindon: Vergangenheit

»TRAGTDORON wird untergehen, und alles wird vergebens gewesen sein.«

Vhatom Q'arabindon stellte fest, dass er begrenzten Zugriff auf die Rechner der blauen Walze bekam, mit der Cairol ihn nach TRAGTDORON flog. Einen *höchst* begrenzten Zugriff: Er konnte die Daten der Ortungsinstrumente des Raumschiffs abrufen, mehr aber auch nicht. Er sollte niemals in Erfahrung bringen, wie schnell die blaue Walze flog, woher sie kam oder über welche Möglichkeiten sie verfügte.

Nur das Ziel sah er, und dessen Koordinaten speicherte er sofort auf ewig in seinem Geist. Die erste Begegnung mit TRAGTDORON wollte er niemals vergessen.

Die Daten bezeichneten allerdings nur einen anscheinend willkürlich ausgewählten Punkt irgendwo im Leerraum zwischen der Galaxis Erranternohre und einer anderen Sterneninsel, deren Name ihm zu diesem Zeitpunkt unbekannt war.

Dort befand sich angeblich das Objekt, das sein neuer Wirkungskreis sein würde, wie der Roboter sich ausdrückte. Aber Vhatom konnte es nicht finden. Da war nur leerer, kalter Raum.

Wieso spricht, wieso benimmt sich Cairol nun, während dieses Flugs, wieder ganz anders?, dachte er. Jedes Gefühl, jede Freundlichkeit, die der Bronzene an Bord der namenlosen Raumstation noch an den Tag gelegt hatte, schien nun aus ihm gewichen zu sein. Als hätte er einen Schalter umgelegt, war er nun wieder nüchtern, sachlich, unnahbar, *erhaben.*

»Da ist nichts«, sagte er und bewegte die Arme, ganz einfach nur, weil es ihm Freude bereitete. Er hatte mittlerweile herausgefunden, wie flexibel sein Körper gestaltet war, und dass er die einzelnen Bestandteile willentlich gruppieren konnte. Wenn ihm die – zweifellos äußerst zweckmäßige – humanoide Form nicht mehr gefiel, konnte er eine andere annehmen, eine, die der eines Blautreibers ähnelte, oder der eines Technischen Nomaden. Nur die Anzahl und die Masse seiner Elemente setzten ihm Grenzen. Er konnte keinen Körper bilden, der zehnmal so groß wie der Cairols war, oder zehnmal so schwer. »Die Normalraumortung gibt nichts her, aber ...«

»Müssen wir neue Lernprogramme erstellen?«, unterbrach der Roboter ungeduldig. »Oder kannst du unsere Erwartungen doch nicht erfüllen? Hätten wir dich gar in eine der Kosmitäten schicken sollen, vielleicht zu einem Auffrischungskurs?«

»Was ist eine Kosmität ... Cairol?« Fast hätte er *Herr* gesagt, wie zu dem Kybernetischen Händler der Kouvo'Goy'Teran. *Mögen seine Zyklopenaugen in der Unterwelt von Würmern zerfressen werden.*

»Das spielt keine Rolle. Welche Ortungen stehen dir zur Verfügung?«

»Wie ich gerade sagen wollte, Cairol, ich sollte die Hyperraumortung aktivieren.« *Die Quellenraumortung steht mir ja nicht zur Verfügung,* setzte er in Gedanken hinzu. *Ich weiß nicht einmal, was das ist.*

»Also?«

Vhatom schaltete auf die Hyperraum-Ortung um. Automatisch fuhren die optischen Filter hoch, als grelles weißes Licht durch die Nebenzentrale der blauen Walze strömte.

Weißes Licht im Hyperraum? Weißes Licht statt rotes Wabern?

Er sah weiß leuchtende Spiralen in den Ortungsholos, gleißende Helligkeit, strahlender als alles, was er bislang erblickt hatte. Ein unerklärliches Phänomen: Wie konnte in einer Darstellung des Hyperraums so etwas wie reines, blendendes Licht erscheinen, wenn es sich nicht um eine Falschfarbendarstellung handelte, was hier nicht der Fall war?

Wie konnte sich dort eine Lichtquelle befinden?

Die Ortung enthüllte nun zahlreiche – auf dem Datenholo leuchtete die Zahl 49 auf – organisch geformte, annähernd spiralige Lichtsphären, kilometergroße Gebilde aus reiner Energie.

So etwas hatte er noch nie gesehen. Schwarze Löcher, Neutronensterne, Hyperraumstürme, ja ... aber das? War das ein natürliches Phänomen, oder ...?

Nein. Cairol hatte ihm ein Ziel genannt, und das hatten sie soeben erreicht. Es musste ein Zusammenhang bestehen. Die Sphären waren wahrscheinlich künstlichen Ursprungs ... Produkte der Kosmokratentechnik?

»Dematerialisierte Aggregat-Sphären«, sagte der Roboter, als Vhatom weiterhin schwieg, »zum allergrößten Teil im Hyperraum angesiedelt.«

Aggregat-Sphären? Was hatte er sich darunter vorzustellen? Und dematerialisiert ... das verstand er zumindest.

Immerhin ... der Roboter der Kosmokraten hatte ihm versprochen, dass er die Wunder des Universums sehen würde, und hier sah er eins.

Aber das Leuchten ging nicht nur von den riesigen Sphären aus. Als Vhatom Vergrößerungen aufrief, bemerkte er ein dünnes Netz aus energetischen Spinnfäden, das sie verband.

»Das Makro-Netz«, erklärte Cairol. »Seine Fäden halten die eigentlichen n-dimensional wirkenden Funktionsgruppen von TRAGTDORON zusammen.«

Worum auch immer es sich dabei handeln mochte, es wirkte wie ein kompaktes Skelett. »Ich ... verstehe nicht«, flüsterte Vhatom. »Ich verstehe es wirklich nicht. Nicht einmal ansatzweise ...«

»Was die Lichtsphären bewirken?«, fragte Cairol kalt. »Das kannst du auch nicht verstehen. Das können nur Wesen, deren Denken in fünf- und sechsdimensionale Sphären reicht. Wie diesseits der Materiequellen vielleicht die Kelosker.«

»Kelosker?«

»Ein Volk, das sehr interessante Entwicklungen auf mathematischem Gebiet zeigt und deshalb unser Interesse erregt hat«, antwortete Cairol zu seiner Überraschung. »Aber du wirst ein gewisses Verständnis erlangen, sobald du in TRAGTDORON vollständig aktiviert worden bist.« Der Roboter widmete sich wieder der Steuerung der blauen Walze, obwohl die Schiffsrechner ihm diese Aufgabe eigentlich vollständig abnehmen konnten, und Vhatom sah dies als Aufforderung, sich weiter mit den dematerialisierten Aggregat-Sphären zu beschäftigen.

Er rief weitere Holo-Vergrößerungen auf und nahm Messungen vor. Erst nach einer Weile fiel ihm ein weiteres Netz aus Sphären auf, genau 200 an der Zahl. Sie durchmaßen jeweils 120 Meter und waren ebenfalls in den Hyperraum eingelagert.

Stoff-Sphären, verriet ihm ein dazugehöriges Datenholo. Bei ihnen handelte es sich um Schaltzentralen und Funktionsgruppen, und aus ihnen wurde TRAGTDORONS eigentliche Steuerung vorgenommen.

»Deine neue Heimat«, riss Cairol ihn aus seiner Betrachtung. »Lediglich in den Stoff-Sphären können materielle Wesen wie du existieren. Das Mikro-Netz verbindet die Sphären miteinander. Zu ihm gehören Korridore, Leitungen, Versorgungsstränge und so weiter.«

»Und das alles ist ebenfalls in den Hyperraum eingelagert«, stellte Vhatom fest.

Nein, war er ehrlich zu sich selbst, er plapperte es nur nach. Mikro-Netz und Makro-Netz ... und beide waren auf komplizierte, für ihn unverständliche Weise miteinander verwoben. Wobei ihm nicht einmal klar war, wie man eins dieser Netze in den Hyperraum einlagern, geschweige denn zwei, und diese auch noch miteinander verknüpfen konnte.

Er lehnte sich zurück, wählte eine andere der zahlreichen Holo-Perspektiven, die die Ortung ihm bot, und betrachtete TRAGTDORON in seiner Gesamtheit, versuchte, das fremdartige Bild aufzunehmen.

Netze im Hyperraum, filigrane Fäden und pulsierende Sphären in einem übergeordneten Kontinuum. Dieses seltsame Gebilde, TRAGTDORON, bewegte sich, pulsierte wie ein schlagendes Herz und wirkte auf rätselhafte Weise lebendig. Ein atemberaubender Anblick von einer eigentümlichen Schönheit, der ihn in der Seele rührte. Ein Anblick, der ihn dermaßen gefangen hielt, dass er kaum bemerkte, wie die blaue Walze an einer der Sphären des Mikro-Netzes andockte.

Stoff-Sphären, fragte sich Vhatom Q'arabindon, als er zum ersten Mal TRAGTDORON betrat. *Warum heißen sie Stoff-Sphären? Weil sie stofflich sind, Bestand haben im Hyperraum? Oder steckt noch mehr dahinter?*

Vielleicht würde er es später erfahren. Jetzt vergaß er den

Gedanken, sog begierig die Eindrücke seiner neuen Umgebung ein.

Und versuchte zaghaft, seiner Enttäuschung Herr zu werden. Mit blauem Kunststoff verkleidete lange Gänge, wie in der namenlosen Raumstation, zu der Cairol ihn gebracht hatte, eine Beleuchtung, die aus dem Nichts zu kommen schien. Kleinere Türen und größere Schotten, die zu dahinterliegenden Räumen führte, allesamt verschlossen.

Was hatte er erwartet? Dass der Roboter ihn in die Zentrale der Mikro-Netz-Sphären führte, ihm die Kodes für den uneingeschränkten Zugriff auf die Bordpositronik übergab und alles Gute für die Zukunft wünschte? Wie sollte er TRAGTDORON fliegen, wenn er nicht einmal verstand, nach welchen Prinzipien die Einheit konstruiert war?

Cairol blieb schließlich vor einer Tür stehen, die sich öffnete, als er die Hand hob. Der Raum dahinter erinnerte Vhatom weniger an die Zentrale als an die Krankenstation eines Raumschiffs. Zumindest deuteten einige – unbenutzte – Betten an einer Wand darauf hin. Dahinter und darüber schwebten Instrumente, die er für Diagnosegeräte hielt.

Eine Krankenstation für einen Roboter, dachte er. Oder ... verfügte TRAGTDORON etwa über eine Besatzung? Eine, die aus *organischen* Wesen bestand?

»Die zweite Phase«, sagte der Bronzene und winkte zur Mitte des Raums.

Plötzlich verspürte Vhatom Unbehagen. *In der zweiten Phase werde ich dich als kooperierenden Partner des Steuergehirns mit TRAGTDORON selbst verbinden,* hatte Cairol gesagt.

Was bedeutete das für ihn konkret? Würde er dadurch wieder einen Teil seiner neu gewonnenen Freiheit einbüßen? Hatte dann nicht nur er allein Zugriff auf seinen Körper, sondern auch TRAGTDORON ... oder das Mikro-Netz, oder was auch immer?

Aber er hatte nicht die geringste Wahl. Langsam ging er zu der Stelle, auf die Cairol gedeutet hatte.

Der Roboter der Kosmokraten trat hinter ihn und berührte Vhatoms Körper am Halsansatz, und unvermittelt wurde es wieder schwarz um ihn.

Die Welt kehrte anscheinend sofort wieder zurück, und Zeit verging.

Es war anders als in der Zeitlosigkeit als Plasma-Psyche, als er durch virtuelle Welten streifen und sich ablenken konnte. Er sah die Krankenstation, falls es denn eine war, hatte aber keinerlei Kontrolle über seinen Körper mehr. Bewegungslos stand er da und harrte der Dinge, die nun kommen mochten.

Nichts geschah. Sein Unbehagen wurde größer. Entsprach das der üblichen Prozedur der *zweiten Phase?* Hatte Cairol so etwas überhaupt schon einmal durchgeführt? Hatte er nicht davon gesprochen, dass Vhatom der Letzte seiner Art war? Wie wollte er da gewährleisten können, dass alles seine Richtigkeit hatte?

Dann brach das gedankliche Chaos über ihn herein. Zuerst glaubte er, Stimmen zu hören, seltsam vertraute Stimmen, die in einer Sprache wisperten, die er instinktiv als die seine erkannte.

Eine Erinnerung!, dachte er. *Kehren jetzt meine Erinnerungen wieder zurück?*

Aber die Stimmen verstummten sofort wieder und ließen nur Leere zurück. Auch undeutliche Eindrücke fremdartiger Wesen konnten sie nicht ausfüllen, großer, massiger, aber auf eine gewisse Weise auch anmutiger Oktopoiden, die schwerelos in ein Rad aus Feuer zu gleiten schienen.

Auch sie verloren sich sofort wieder in der dunklen Leere, doch dafür brachen nun tatsächlich Erinnerungen über ihn herein, vielfältige Erinnerungen, mannigfache, so zahlreiche, dass er befürchtete, sie gar nicht alle in sich aufnehmen zu können. Sie versickerten im Plasma-Gehirn seines neuen Körpers wie Wassertropfen in der Wüste, wurden aufgesogen und verteilt und verschwanden für alle Blicke.

Aber irgendwann erreichten sie einen festen Grund und sammelten sich, tief unten, dort, wo er sie nur sehen, aber nicht erreichen konnte. Sie waren noch da, ein kleiner Teich aus Wissenstropfen, die ruhig und verheißungsvoll schimmerten. Würde er sie brauchen, stünden sie ihm zur Verfügung. Die Erinnerungen eines ganzen Volkes, dachte er.

Noch nie seit seinem Erwachen hatte Vhatom Q'arabindon sich vollständiger gefühlt.

Nur, um im nächsten Augenblick zerrissen zu werden.

Körperlich, nicht geistig.

Seine filigrane Robotergestalt schien zersplittert zu werden, zehnfach, zwanzigfach, hundertfach, *zweihundertfach*. Er hatte das Gefühl, dass sein Geist nun 200 Abziehbilder seiner selbst kontrollierte. Er bewegte ein Bein, und zweihundert Beine bewegten sich. Er drehte den Kopf, und zweihundert Köpfe drehten sich.

Doch dann verging der erste Schock, und er stellte fest, dass er seine Körper differenziert bewegen konnte. Wenn er nur diesen einen Kopf drehen wollte, drehte sich nur dieser eine Kopf. Wenn er nur dieses eine Beinpaar bewegen wollte, bewegte sich nur dieses eine Beinpaar.

Er war nicht zerrissen, er war multipliziert worden. Vervielfältigt.

Und auch seine Gedanken hatten sich verändert. Das, was er zuvor mühsam erlernt hatte, Stück für Stück, Bit für Bit, war nun vereint worden, und die Summe des Ganzen war größer als die Summe der einzelnen Teile. Bislang hatte er staunend zur Kenntnis genommen, nun *verstand* er. Nun war ihm auf einer bislang ungekannten Ebene klar, was der *Hyperraum* war, wie er *funktionierte.*

Nein, dieser Ausdruck war falsch. Der Hyperraum hatte keine Funktion, sondern ein Wesen. Und man musste dieses Wesen und seinen Charakter kennen, um ihn begreifen und nutzen zu können.

Plötzlich *wusste* er, wie TRAGTDORON in den Hyperraum eingelagert worden war und wie man das Gebilde darin bewegte. Und er wusste auch, was TRAGTDORON war.

Nichts anderes als ein Instrument der Kosmokraten, mit dem das Leben und die Intelligenz im Kosmos gefördert wurde. Eine Art Kombination aus Schwarm und Sporenschiff im Kleinformat.

TRAGTDORON führte nicht nur in geringem Umfang stark verkleinerte Speicher von Biophoren mit, es befanden sich auch Maschinen an Bord, die in einem Radius von etwa zehn Lichtjahren eine Anhebung der Gravitationskonstanten herbeiführen konnten.

Eine Senkung dieser Konstante führt eine Verdummung aller intelligenten Lebewesen in diesem Bereich herbei, eine Anhebung eine Intelligenzsteigerung. Das Wissen war einfach vorhanden. Er musste es nicht einmal abrufen, es stellte sich automatisch ein, wenn es benötigt wurde.

TRAGTDORON sorgte also punktuell, an ausgewählten Orten des Universums, einige tausend Jahre lang für eine beschleunigte Entwicklung des Lebens und der Intelligenz.

Im Gegensatz zu Sporenschiffen oder Schwärmen ist TRAGTDORON ein rein taktisches Instrument.

»Das alles wirst du erst noch begreifen müssen. Für dich ist all das Neuland«, vernahm Vhatom plötzlich Cairols Stimme. Nicht in seinem Geist, sondern über seine Audiorezeptoren. Gleichzeitig stellte er fest, dass er sich wieder bewegen konnte, die Herrschaft über seinen Körper zurückbekommen hatte.

Über *seine* Körper. »Was hast du mit mir gemacht? Mit meinem Körper?«

»Ich habe den ersten Schritt zu der Erfüllung eingeleitet, die ich dir angekündigt habe. Dein neuer Körper wird sich als echtes ... nun ja ... Erlebnis erweisen. Das Robotische Ensemble, in das du dich nach Bedarf integrieren kannst, ist nicht nur auf die Einheit beschränkt, die du bislang benutzt hast, sondern von nun an über ganz TRAGTDORON verteilt. Du hast also nicht nur einen einzigen unveränderbaren Körper; in allen Sphären TRAGTDORONS befinden sich Applikationen, die je nach Bedarf deinen Körper ergänzen, modifizieren oder in weiten Teilen ersetzen. Bald wirst du nicht nur geistig, mithilfe der Ortungsinstrumente, sondern auch körperlich von einer Sphäre zur anderen wechseln können. In jeder wirst du einen anderen Körper finden, mit dem du dich bei Bedarf vereinigen kannst. Wozu auch immer ... ob feinstes Werkzeug, ein Kraftwerk oder mächtige kinetische Werkzeuge, alle Körper sind wie dieser filigran gearbeitet und von höchster Effizienz.«

Vhatom Q'arabindon versuchte zu verstehen, aber es gelang ihm noch nicht ganz.

»Überdies wirst du alle Körper in allen zweihundert Sphären des Mikro-Netzes autark bedienen können. Es wird eine kleine Weile dauern, sicher, ein paar Jahrhunderte oder Jahrtausende, aber schon bald wirst du geradezu perfekt damit umgehen können. Zumal du nicht allein bist.«

»Nicht allein?«

Cairol berührte wieder Vhatoms Halsansatz, und der Raum wurde transparent und von einem weiteren Netz durchdrungen. Nicht dem Makro- oder Mikro-Netz, sondern einem, das ihn umgab und an das er angeschlossen war. Wie in dem Teil der Stoff-Sphäre, den er bereits gesehen hatte, gab es auch in diesem Netz breite und schmale Wege, mit Türen, die zu anderen Räumen führten, und Knotenpunkten, an denen sie sich trafen. Sie waren in einer gigantischen Kugel rings um ein Zentrum angeordnet, mit dem sie Tausende von Nebenzentren verbanden.

Daten flossen durch dieses Netz, ein unablässiger Strom, der keinen Anfang und kein Ende hatte, nur eine Mitte, eben jenes Zentrum. Und er konnte sich einbringen in diesen Fluss, konnte beliebig einzelne oder gebündelte Daten abfragen.

Wie dieses Netz den Raum durchdrang, in dem er sich befand, durchzog es die gesamte Sphäre. Ein Gedanke genügte, und er konnte mit seiner Hilfe Türen öffnen und schließen, Instrumente aktivieren und ausschalten, Dinge tun und beenden.

Er fasste gerade den Gedanken, als Cairol ihn aussprach: »Nicht allein. Du existierst als Teil einer Verbindung mit dem Rechengehirn der Anlage.«

»Aber ...« Er hielt inne. *Das alles ist zu viel für mich,* dachte er, sprach den Gedanken aber nicht aus. Weil er befürchtete, von Cairol als unwürdig befunden zu werden? Weil er sich selbst als unwürdig empfand?

»Das alles ist zu viel für dich«, sprach der Roboter der Kosmokraten nun genau das aus, was er gerade gedacht hatte. »Das macht allerdings nichts aus, denn du sollst nicht sofort die Führung TRAGTDORONS übernehmen. Ich stelle dir einen Partner an die Seite, der dich in diesen Aufgabenbereich einführen wird. Schritt für Schritt wirst du seine Aufgaben übernehmen, bis du eines Tages als wahrer und einziger Steuermann TRAGTDORONS deine Erfüllung finden wirst. Die Erfüllung, die ich dir verheißen habe.«

»Einen Partner?«, fragte Vhatom.

Wie auf ein Stichwort – der Bronzene war wirklich ein Meister der perfekten Inszenierung – öffnete sich die Tür des Raums, und eins der seltsamsten Lebewesen trat ein, das Vhatom je gesehen hatte.

»Komm näher, Raul Gonduc.« Cairol winkte das Geschöpf heran. »Ich möchte dir Vhatom Q'arabindon vorstellen, den du auf seine neue Aufgabe vorbereiten wirst.«

Raul Gonduc rührte sich nicht von der Stelle. Er sah Vhatom an, und in seinen Augen – wenn es denn überhaupt Augen waren – brannte ein Hass, der Vhatom zutiefst erschreckte und verunsicherte. Was hatte er Raul Gonduc getan, dass er – oder sie? – so ablehnend auf ihn reagierte? Er kannte dieses Wesen überhaupt nicht, war ihm nie begegnet.

Oder doch – und er hatte nur keine Erinnerung daran?

»Und damit nimmt das Schicksal seinen Lauf«, sagte das seltsame Wesen. »TRAGTDORON wird untergehen, und alles wird vergebens gewesen sein.«

Siebzehn

Perry Rhodan, TRAGTDORON:
5. Juni 1343 NGZ (4930 nach Christus)

Mondra schrie leise auf, und Rhodan blieb abrupt stehen.

Wenige Meter vor ihnen wurde der Gang durchscheinend. Wände, Boden und Decke schien sich zu bewegen, in sich zu krümmen, dann wieder auseinanderzufließen. Die rechte Wand zerfiel in ein halbes Dutzend Querstreifen, die sich vorwärtsschlängelten, als wollten sie vor den Neuankömmlingen fliehen, und dehnte sich um das Dreifache aus, während die linke ihre Abmessung behielt. So verwandelte der Gang sich vor seinen Augen in etwas, das sich mit den Begriffen der normaldimensionalen Physik nicht mehr beschreiben ließ.

Der Hyperraum bricht in die Stoff-Sphäre ein, dachte Rhodan, *und droht sie zu zerreißen.* Zögernd nahm er Mondra an der Hand und trat mit ihr einen Schritt zurück. Eine eigentlich sinnlose Geste: Würden die höherdimensionalen Phänomene in ihre Richtung übergreifen, gab es keine Flucht vor ihnen.

Dann waren sie tot. Aber sie hatten auf ihrem Weg durch TRAGTDORON schon mehrmals an den Grenzen solcher Bereiche gestanden, in denen die Natur der Wirklichkeit sich aufzulösen schien, und zum Glück schienen sie eher träge zu reagieren. Oder aber, Crykom verstand sich darauf, wirklich gefährliche Zonen zu erkennen und zu meiden.

Auch der Rechenmeister wich zurück, wenn auch gemessenen Schrittes. »Eine weitere halb entstofflichte Zone«, sagte er sachlich, als lege er eine Bestandsliste an. Was er in gewisser Hinsicht ja auch tat. »Wir müssen umkehren.« Er bewegte sich schwankend in die Richtung, aus der sie gekommen waren.

Rhodan und Mondra beeilten sich, ihm zu folgen.

Der Terraner sah auf die Uhr. *Erst drei Stunden,* dachte er verwundert. Erst seit knapp 200 Minuten streiften sie durch die Stoff-Sphären, durch die Korridore des Mikro-Netzes, doch ihm kam es viel länger vor, fast wie eine Ewigkeit, als würde die Zeit für ihn viel langsamer verstreichen.

Die 69 Kelosker hatten unverzüglich mit der Bestandsaufnahme in TRAGTDORON begonnen und waren jeder für sich losgezogen, um so viele Daten wie möglich zu sammeln. Die Zeit drängte; Rhodan fragte sich immer wieder, was inzwischen an den anderen Brennpunkten in Ambriador geschah. Hatten die Posbis erneut zugeschlagen? Hatten sie schon den nächsten Planeten angegriffen oder gar zerstört, vielleicht sogar Fort Blossom mit weiteren zwei Milliarden Bewohnern? Waren zahllose Alteraner gestorben, während er hier durch ein stark in Mitleidenschaft gezogenes Instrument der Kosmokraten streifte und im Prinzip nur beobachten konnte, ohne wirklich zu verstehen, was er sah? Und die Laren? Welches Spiel trieben sie? Auch sie warteten nur darauf, über die Reste des Imperiums Altera herfallen und sie sich einverleiben zu können. Nachdem der Verräter Verduto-Cruz entkommen war und auf der Achtzigsonnen-Welt ungestört sein undurchsichtiges Spiel fortsetzen konnte, befürchtete Rhodan auch von dieser Seite noch die eine oder andere höchst unangenehme Überraschung.

Er musste einen Krieg beenden, die Auslöschung sämtlicher Menschen in Ambriador verhindern, und streifte stattdessen durch eine Umgebung, die sich seinem Verständnis entzog. Diese Untätigkeit machte ihn fast wahnsinnig. Genau wie die einzigartige Möglichkeit, die sich ihm hier in TRAGTDORON bot und die er doch nicht ergreifen konnte.

Crykom hatte sie von Maschinenraum zu Maschinenraum geführt, und Rhodan hatte *Kosmokratentechnik* – Kosmokratentechnik! – geschaut, jedoch nicht erfassen, einordnen können. Er hatte gewaltige Aggregatklötze gesehen und kleine, winzige Kapseln und wusste nicht, was sie bewirkten, wozu sie dienten, welche wichtig waren und welche nicht. In diesen Maschinenräumen befanden sich Geräte, die die Auswirkungen der erhöhten Hyperimpedanz auf den interstellaren und -galaktischen Schiffsverkehr mit einem Schlag aufheben konnten. Die Kosmokraten waren nicht so dumm, sich ins eigene Fleisch zu schneiden. Ihre Raumschiffe erreichten weiterhin Beschleunigungswerte und Geschwindigkeiten, von denen die Konstrukteure der LFT nicht einmal zu träumen wagten.

Aber welche Aggregate zeichneten dafür verantwortlich? Selbst wenn er es gewusst hätte, was hätte er unternehmen können? In der Silberkugel war kein Platz für solch ein größeres Aggregat, und er bezweifelte sowieso, dass es ihm gelungen wäre, eins auszubauen, ganz abgesehen davon, ob die Techniker und Wissenschaftler in der Milchstraße imstande gewesen wären, seine Funktionsweise zu verstehen und zu reproduzieren.

Falls sie die Silberkugel überhaupt jemals zurückbekommen sollten ...

Mehr noch, er hatte Leitzentralen betreten, in denen wahrscheinlich Technologie verbaut worden war, die die terranischen Positroniken und auch die alten, nicht mehr funktionsfähigen Syntroniken, bei Weitem in den Schatten stellte. Doch die Zentralen selbst waren für ihn völlig unerklärlich strukturiert, und die Geräte und Instrumente in ihnen ebenfalls. Dennoch sah sich Rhodan immer wieder nach einem kleinen Stück Technik um, das er unauffällig einstecken konnte.

Kosmokratentechnik von vielleicht unschätzbarem Wert ...

Euphemistisch ausgedrückt, hatte Technologie- und Wissensimport das Solare Imperium groß gemacht, doch hier in TRAGTDORON sah sich Rhodan vor unüberwindbare Barrieren gestellt.

Im Gang vor ihnen tauchte ein weiterer Kelosker auf, dann ein dritter. Die klobigen Kolosse unterhielten sich kurz miteinander, dann drehte Crykom sich zu Rhodan um. »Ich habe meine Berechnungen abgeschlossen und bin zu einem Ergebnis gekommen«, sagte er.

Neugierig sah Rhodan zu dem Rechenmeister hoch.

Crykom zögerte kurz. Offensichtlich suchte er nach Worten, mit denen er seinem Gegenüber begreiflich machen konnte, was er ihm mitteilen wollte.

»Die dematerialisierten Aggregat-Sphären des Instruments TRAGTDRORON wurden disloziert und müssen zusammengefügt werden, damit sie wieder in Funktion treten können.«

»Disloziert?«, fragte Rhodan. »Dematerialisiert?«

»Was ich damit ausdrücken will ... TRAGTDORONS Aggregate gingen ursprünglich aus materiell-energetischen Maschinen hervor, deren materielle Komponenten im Lauf eines Entwicklungsprozesses entfernt wurden. Übrig blieben energetische Sphären, die seither übergeordnete Zwecke erfüllen. Und diese Sphären sind nun auseinandergedriftet – disloziert – und funktionieren daher nicht mehr. Wollen wir TRAGTDORON wieder manövrierfähig machen, müssen die Sphären wieder zusammengefügt werden.«

Rhodan nickte. Das war immerhin so ausgedrückt, dass er als Terraner und 4-D-Denker es einigermaßen verstand. *Wie* das vor sich gehen sollte ... das war eine ganz andere Frage.

Der Resident argwöhnte sowieso, dass der Rechenmeister ihm diese Erklärungen lediglich bot, weil er, der Ritter der Tiefe, als Einziger von Vhatom Q'arabindon als Autorität anerkannt wurde. Obwohl jemand, der nur in vier Dimensionen zu denken vermochte, davon im Grunde gar nichts begreifen konnte, bemühte sich Crykom, Rhodan zu informieren. Er hielt es wahrscheinlich für lästig, aber unvermeidbar.

»Wir haben die maßgeblichen Schaltelemente ausfindig gemacht und werden TRAGTDORON so schnell wie möglich wieder einsatzfähig machen«, fuhr der Kelosker fort. »Die Zeit drängt. Nicht zuletzt wegen der On- oder Noon-Quanten ...«

Rhodan runzelte die Stirn. »Was ist mit ihnen?«

»Wir haben festgestellt, dass aus TRAGTDORON in geringer Menge On- und Noon-Quanten ausgetreten sind«, erklärte Crykom. »Wenn sich dieser Prozess fortsetzt oder gar steigert, gerät das gesamte Leben im Umkreis von Tausenden von Lichtjahren, wenn nicht sogar in ganz Ambriador, in tödliche Gefahr.«

Die Geschichte wiederholt sich, dachte Rhodan. *Wie damals auf der PAN-THAU-RA ...* Ihm kam etwas anderes in den Sinn. Lebewesen, die ihre Entstehung oder Intelligenzentwicklung dem Kontakt mit On- oder Noon-Quanten verdanken, waren sogenannte Biophore-Wesen. Und wenn

TRAGTDORON sich längere Zeit in der Nähe von Pakuri aufgehalten hatte ... »Dann sind auch die Ueeba von Pakuri also streng genommen Biophore-Wesen ...«

»Das ist richtig«, bestätigte der Rechenmeister.

Die Kelosker haben sich also der Rohmasse bedient, die durch einen Fehler aus dem Instrument der Kosmokraten entwichen ist, dachte Rhodan, *und daraus nach ihren Bedürfnissen Wesen geschaffen, die ihnen helfen sollen, dieses Instrument zu erreichen.* Das hatte schon eine gewisse Ironie.

»Und da ist auch noch der Große Posbi-Krieg«, fuhr Crykom fort. Bedrückt, wie es Rhodan schien.

Nur deshalb war Rhodan hier. Weil er diesen Krieg beenden wollte. Und der Terraner glaubte dem Rechenmeister unbesehen, dass die Tatsache, dass es überhaupt zu diesem Krieges gekommen war, ein Stachel in seinem Fleisch war. Als Crykom ihm vor kurzem erklärt hatte, er habe diese Entwicklung nicht gewollt, hatte er die reine Wahrheit gesagt. Kelosker mochten zwar weltfremd wirken, doch sie waren mitfühlende, sensible Wesen, die sehr darunter litten, dass sie durch ihre Entrücktheit solch eine Mitschuld auf sich geladen hatten.

»Aber wie kann ein repariertes TRAGTDORON bei der Beendigung des Krieges helfen?«, brachte Rhodan die Gedanken zum Ausdruck, die er schon seit Tagen wälzte. Was versprach er sich davon, den Keloskern zu helfen, anstatt noch einmal zu versuchen, gegen die Hass-Schaltung der Posbis vorzugehen?

»Meine Berechnungen sind noch nicht abgeschlossen«, sagte Crykom, »doch ich hege keine Zweifel, dass das Instrument der Kosmokraten dazu beitragen wird.«

Am liebsten hätte Rhodan ihn an den Höckern gepackt und weitere Informationen aus ihm herausgeschüttelt.

Doch er zuckte nur mit den Achseln. Er hatte ohnehin keine andere Wahl, als sich auf das Urteil der kapitalen Kolosse zu verlassen.

»Nano Aluminiumgärtner ruft Perry Rhodan«, erklang die Stimme des Posbis in seinem Helmempfänger. Er wandte sich noch einmal an Crykom. »Ich wünsche euch viel Erfolg bei eurem Plan. Gebt mit Bescheid, wenn ich euch irgendwie dabei helfen kann.«

Der Rechenmeister drehte sich um und stapfte ohne ein weiteres Wort mit den anderen Keloskern davon, und Rhodan schaltete den Funk ein. »Ich höre, Nano.«

»Vhatom Q'arabindon ist spurlos verschwunden, Perry!«

Rhodan fluchte unterdrückt auf. Das verhieß nichts Gutes. »Bist du dir sicher?«

»Absolut.«

»Wo bist du?«

»Dort, wo wir uns von dem Steuermann getrennt haben, um die Erkundung TRAGTDORONS aufzunehmen.«

Dank der Anzugsysteme war es kein Problem, auch ohne Crykom den Rückweg zu finden. »Wir kommen sofort!«

Nano Aluminiumgärtner wirkte untröstlich. Er hielt den Kopf gesenkt, sein Körper war gebeugt, seine Bewegungen waren nicht mehr elegant, sondern langsam und schleppend.

Also doch, dachte Rhodan. *Er hat von Mondra abgelassen, weil er sich in Vhatom Q'arabindon ... verliebt hat.* Oder wie auch immer man das nennen wollte. Und nun hatte er seine neue große Liebe wieder verloren.

»Er ist absichtlich untergetaucht!«, jammerte der Posbi. »Und das, nachdem wir uns gerade erst begegnet sind. Was soll ich davon halten, Perry?«

»Woher weißt du, dass er absichtlich untergetaucht ist?«

»Und wenn Vhatom Q'arabindon nicht will, dass wir ihn finden, werden wir ihn auch nicht finden!«

»Nano, woher weißt du ...«

Der Posbi streckte einen Arm aus und öffnete eine Hand. Darauf lag ein daumennagelgroßer Datenchip. »Weil ich das genau an der Stelle fand, wo ich ihn zum letzten Mal gesehen habe. Ich habe die Erkundung TRAGTDORONS abgebrochen und bin dorthin zurückgekehrt, um ihm zu gestehen, was ich für ihn empfinde, fand dort aber nur das.«

Rhodan verdrehte die Augen. Mit der wichtigsten Information rückte der Posbi zuletzt heraus!

Er nahm den Chip entgegen, und kaum hatte er ihn berührt, bildete sich über seiner Hand ein 30 Zentimeter großes Holo von Vhatom Q'arabindon. »Diese Aufzeichnung ist nur für den Ritter der Tiefe bestimmt und kann nur von ihm aktiviert werden«, sagte der Steuermann in das Aufnahmegerät. »Mein Leben soll nicht unvergessen bleiben. Ich rate dem Ritter, TRAGTDORON sofort zu verlassen. Falls es ihm gelingt, kann er meine Sache bei gegebenem Anlass den Hohen Mächten vortragen. Nicht, um mich posthum zu rehabilitieren, sondern um ihnen aufzuzeigen, was ich alles aufgegeben habe, um ihnen zu dienen, und dass ich ihnen gut gedient habe.

Der Ritter kann die Aufzeichnung mit einem einfachen Gedankenbefehl unterbrechen und wieder abspielen. Nachdem er TRAGTDORON verlassen hat, möge er von allem erfahren, was mein Dasein ausgemacht hat, und dann seine Entscheidung treffen. Und nun höre er von meinem ersten Erwachen, vom Kybernetischen Händler und dem Bronzenen, von TRAGTDORON und dem Krieg der Steuermänner, von der KAISERIN VON THERM und der Dislokation, vom Feuerrad und von Q'iladado ...«

Das Holo brach zusammen. Rhodan war auch gar nicht daran gelegen, es jetzt abzuspielen. Die beiden Hinweise, TRAGTDORON sofort zu verlassen, waren eindeutig.

Er dachte aber auch nicht daran, diesen Ratschlag zu befolgen, zumal die Kelosker sich wohl geradeheraus geweigert hätten. »Wir müssen Vhatom Q'arabindon so schnell wie möglich finden! Weißt du, wo Startac ist, Nano?«

»St-Startac? ... Ja ...«

»Dann bring uns zu ihm! Und zwar *schnell!*«, fügte er hinzu, als der Posbi sich nicht sofort rührte.

»Wir müssen bald eine Entscheidung treffen«, sagte Startac Schroeder. »Falls Perry Erfolg hat und das Imperium Altera die nächsten Tage übersteht, sollten wir wissen, was wir ihm sagen. Wir können nicht erst im letzten Augenblick mit ihm sprechen, ihn quasi vor vollendete Tatsachen stellen. Das wäre ... irgendwie unfair.«

Tamra Cantu nickte und schaute zu Boden. »Ich weiß. Ich habe dir meinen Entschluss mitgeteilt, und daran hat sich nichts geändert. Daran wird sich auch nichts mehr ändern. Es kommt nur darauf an, wie du dich entscheidest.«

»Das habe ich dir doch schon gesagt.« Er drückte Tamra fester an sich. »Aber was du auf dich nehmen willst ...« Einerseits freute ihn ihre Entscheidung, sogar mehr, als er sich eingestehen wollte, andererseits fürchtete er sich ein wenig vor der Verantwortung, die er damit auf sich nahm.

So oder so ... in den nächsten Tagen würde sich sein gesamtes Leben verändern.

Zum Positiven, wie er inbrünstig hoffte. Nein, er hoffte nicht, er war davon überzeugt. Andernfalls hätte er es nie so weit kommen lassen.

Seit wann wusste er es? Seit ihm auf Pakuri klar geworden war, dass in der Silberkugel kein Platz für Tamra war.

»Deine Entscheidung ist doch viel schwerwiegender«, sagte sie. »Du hast etwas zu verlieren, ich nicht. Was bedeutet mir denn schon Altera? Ich kann mich nicht einmal mehr daran erinnern. Meine Heimat war, solange ich zurückdenken kann, Caligo. Taphior, Dekombor. Glaubst du wirklich, ich würde etwas vermissen? Ich habe keine Heimat, die ich aufgeben könnte, so wie du.«

Er löste sich zögernd von Tamra und schaute den Gang entlang, in den sie sich zurückgezogen hatten, um ungestört miteinander sprechen zu können. Eine wohl überflüssige Maßnahme: Die Kelosker nahmen sie sowieso nicht zur Kenntnis, vielleicht gar nicht einmal wahr, und durchstreiften derzeit TRAGTDORON, um sich einen Überblick zu verschaffen, Rhodan war mit Mondra und Rechenmeister Crykom auf derselben Mission unterwegs, und die beiden Posbis und der Matten-Willy ... Startac hatte sie seit mehreren Stunden nicht mehr gesehen, wusste nicht einmal, wo genau sie sich im Augenblick aufhielten.

Ein wenig regte sich sein schlechtes Gewissen, dass er sich nicht an den Unternehmungen beteiligte. Aber er konnte seine einzigartige Stärke sowieso nicht einbringen. Crykom hatte ihm dringend davon abgeraten, hier in dieser Umgebung zu teleportieren. Der Kelosker ging davon aus, dass es jederzeit zu Hyperraum-Übergriffen kommen konnte. Wie er die Äußerung verstanden hatte, löste die Sphäre sich langsam auf, und sukzessive drang der Hyperraum in sie vor.

Startac konnte nicht genau sagen, was geschehen würde, wenn er in oder durch solch eine Zone sprang. Aber er wollte es auch gar nicht herausfinden.

Er griff nach Tamras Hand. »Vielleicht wird ja noch

irgendetwas geschehen, das alles verändert. Vielleicht kommt ja doch noch alles so, wie wir es uns wünschen.«

Aber viel Hoffnung darauf hegte er nicht.

Und früher oder später würde er mit Perry sprechen müssen.

»Startac!«, hörte er in diesem Augenblick Rhodans Stimme. »Wir brauchen dringend deine Hilfe!«

Startac öffnete die Augen wieder und schüttelte den Kopf. Er ignorierte Nano Aluminiumgärtner, der hektisch um ihn herum tänzelte, und sah Rhodan an. »Nichts. Meine Reichweite ist in TRAGTDORON extrem eingeschränkt. Ich kann *gar nichts* wahrnehmen.«

Startac war nicht nur Teleporter, sondern konnte als *Orter* auch andere Wesen aufspüren. Beileibe nicht ihre Gedanken lesen, sie aber wahrnehmen und notfalls ausfindig machen.

»Dann müssen wir jetzt Crykom informieren«, sagte Rhodan, »und ich werde mir dieses Holo ansehen. Vielleicht enthält es ja Hinweise darauf, was der Steuermann angestellt hat.«

»Vhatom Q'arabindon hat sich absichtlich versteckt«, sagte Nano Aluminiumgärtner.

»Diese Vermutung hast du schon einmal geäußert«, sagte Rhodan, »und was immer das bedeuten mag, sie könnte zutreffen. Aber was hilft uns das? Oder kennst du TRAGTDORONS Steuermann schon so gut, dass du weißt, wohin er sich zurückgezogen hat?«

»Ja.« Der Posbi nickte energisch. »Zumindest weiß ich, wo wir suchen müssen.«

Überrascht sah Rhodan den exzentrischen Tänzer an. Doch bevor er die Behauptung hinterfragen konnte, empfing er einen weiteren Funkspruch.

Es war Crykom. »TRAGTDORON hat soeben begonnen, sich zu bewegen«, erklärte der Rechenmeister. »Das Instrument stürzt mit wachsender Geschwindigkeit auf Pakuris Sonne zu, den flammenden blauen Riesenstern Takrone. Auslöser der Bewegung muss in jedem Fall der Roboter Vhatom sein, und wir können die Befehle, die er erteilt, im gegenwärtigen Stadium noch nicht revidieren.«

ACHTZEHN

VHATOM Q'ARABINDON: VERGANGENHEIT
KRIEG DER STEUERMÄNNER

Vhatom Q'arabindon prallte angesichts der Worte des seltsamen Wesens wie vor den Kopf gestoßen zurück. Raul Gonduc sprach mit einer Härte, die der To'Grur'Prigts in nichts nachstand. Was hatte er getan, um sich den Zorn dieses Geschöpfs zuzuziehen?

»Du kennst meine Entscheidung.« Cairol bedachte das seltsame Wesen mit einem warnenden Blick.

Vhatom spürte deutlich die Kälte, die zwischen den beiden so ungleichen Wesen herrschte. Ein kurzer Augenblick des angespannten Schweigens schloss sich an, und er nutzte ihn, um den Neuankömmling zu betrachten.

Es erinnerte ihn auf den ersten Blick an ein ... ja, an ein Kissen. Ein knapp einen Meter hohes und anderthalb Meter durchmessendes dunkelgraues Kissen wie das, auf das der Kybernetische Händler der Kouvo'Goy'Teran sich auf dem Markt von Ouzah niedergelassen hatte, wenn er an seinem Stand, hinter dem kein Platz für irgendwelche Möbelstücke war, die seiner Größe gerecht wurden, auf Interessenten für die Plasma-Psyche wartete, die dann doch nicht kamen.

Ein Sitzkissen mit vier jeweils fast zwei Meter langen Beinen an den Seiten. Über ihnen ragten zwei muskulöse, etwa einen Meter lange Arme aus dem Körper hervor. Sie endeten in scharfen, dreigliedrigen, hellroten Klauen, bei denen es sich wahrscheinlich um durchaus brauchbare Greifwerkzeuge handelte. Die einzige Bekleidung des Wesens bestand aus einem metallisch schimmernden Band, das den Körper in der Mitte umschloss und an dem mehrere Taschen aus einem künstlichen Material hingen.

Auf der Oberseite des Kissens saßen in Vertiefungen sieben farnähnliche Fühler, die ständig in Bewegung waren, daneben befanden sich drei tellerartige, transparente Kreisflächen. Über den Sinn und Zweck dieser Körperteile konnte Vhatom nur Vermutungen anstellen.

Die Geräusche, die Gonduc von sich gab, drangen aus drei nebeneinander senkrecht angeordneten, zehn Zentimeter langen, schmalen Schlitzen auf der Vorderseite des Körpers. Zumindest vermutete Vhatom, dass es sich um diese handelte, da das Wesen sie Cairol zugewandt und sich auch in diese Richtung bewegt hatte.

Das Wesen richtete sich auf den Vorderbeinen kurz zu seiner vollen Größe auf.

Vhatom trat unwillkürlich einen Schritt zurück. Handelte es sich dabei um eine Drohgebärde? Obwohl Gonduc nur gut halb so groß wie Cairol war, brachte er ein beträchtliches Gewicht auf die Waage. Dass er dem Roboter der Kosmokraten in irgendeiner Hinsicht gefährlich werden konnte, bezweifelte der designierte neue Steuermann TRAGTDORONS allerdings.

Cairol ließ sich nichts anmerken und sah Vhatom an. »Raul Gonduc wird dir alles beibringen, was du über TRAGTDORON wissen musst. Ich werde eure Fortschritte regelmäßig beobachten. Enttäuscht mich nicht.« Ohne ein weiteres Wort verließ er den Raum.

Vhatom bezweifelte, dass die Zusammenarbeit mit Gonduc so reibungslos verlaufen würde, wie Cairol es offensichtlich erwartete.

Er sah sich getäuscht. Sie verlief im Prinzip reibungslos, sofern sie überhaupt zustande kam, zumindest während der ersten Zeit.

Raul Gonduc ignorierte Vhatom geflissentlich.

Wenn Vhatom Kontakt zu ihm suchte und um Erklärungen über die Vorgänge an Bord, den Aufbau und die konkreten Aufgaben TRAGTDORONS bat, fielen Gonducs Antworten einsilbig, ausweichend und nichtssagend aus, und oftmals entsprachen sie nur der halben Wahrheit. Er tischte ihm niemals eine direkte Lüge auf, verschwieg ihm jedoch wichtige Einzelheiten und ließ ihn immer wieder ins Leere rennen.

Schließlich gab es Vhatom auf, sich an den alten Steuermann zu wenden, und konzentrierte sich darauf, sich auf eigene Faust mit TRAGTDORON vertraut zu machen. Er ging davon aus, dass ihm genug Zeit dafür bleiben würde, vielleicht Jahrzehnte, wenn nicht sogar Jahrhunderte.

Anfangs wechselte er ständig zwischen seinen Körpern in den einzelnen Stoff-Sphären, doch schon bald stellte er fest, dass alle 200 tatsächlich völlig identisch waren, und er verlor schnell das Interesse daran. Stattdessen erkundete er die Körper an sich. Monatelang gruppierte er denjenigen um, den er gerade übernommen hatte, übte sich darin, Mikroschaltkreise zu reparieren oder eigenhändig den Wohnkabinentrakt einer Sphäre umzubauen, wozu beträchtliche Kräfte notwendig waren. Er spielte mit dem Gedanken, die Kabine, die er für sich ausgewählt hatte, wohnlich einzurichten, gab ihn jedoch schnell wieder auf. Womit sollte er sie auch schmücken? Hier an Bord gab es keine Gegenstände, zu denen er eine persönliche Beziehung hatte. Schließlich ging er noch einen Schritt weiter und suchte seine Kabine gar nicht mehr auf. Wozu benötigte er sie? Sein Körper brauchte keine Ruhe und Erholung, und wenn er das Bedürfnis hatte, einmal geistig abzuschalten, und eine der virtuellen Welten aufsuchte, tat er es an Ort und Stelle, dort, wo er sich gerade aufhielt.

Er erkundete das Mikro-Netz, lernte, von einer Sphäre zur anderen zu wechseln und zwei Körper zusammenzufügen. Jahre verbrachte er damit, die neuen Möglichkeiten auszuloten, die sich ihm damit boten.

Und er machte Entdeckungen. Schon bald stellte er fest, dass er und der Steuermann nicht allein an Bord TRAGTDORONS waren. Es gab tatsächlich eine Besatzung.

Sie bestand aus Wesen, die allesamt aussahen wie Raul Gonduc.

Allerdings waren sie bei Weitem nicht so intelligent wie der Steuermann. Sie sprachen kein Wort, nahmen Vhatom nicht einmal zur Kenntnis. Stumm und zielstrebig gingen sie ihrer Tätigkeit nach, die hauptsächlich in Wartungsarbeiten bestand. Folgten sie vielleicht irgendeinem *Programm*? Waren es gar keine Lebewesen, sondern Roboter wie er?

Aber das würde bedeuten ... dann wäre auch Raul Gonduc kein Lebewesen.

Und das war unmöglich. Wie hätte ein Roboter Zorn über eine Entscheidung Cairols aufbringen können, welche auch immer das sein mochte?

Andererseits ... zeigte nicht auch der Roboter der Kosmokraten Gefühle?

Vhatom versuchte es immer wieder, doch es gelang ihm nicht, irgendeinen Kontakt mit den Arbeitern herzustellen. Auch an ihnen verlor er bald wieder das Interesse, denn er stieß auf andere, viel bedeutendere Bestandteile TRAGTDORONS.

Wie etwa auf die Lebensträger.

Die Biophoren.

Sie lagerten in nicht einmal besonders großen, zylindrischen Behältern, immer 100 in einer Reihe, Reihe neben Reihe, Reihe neben Reihe. Waren es Tausende, Zehntausende oder Hunderttausende?

Wissen floss in ihn. Biophore entsprachen hyperenergetisch dem, was man als Lebensenergie bezeichnen konnte. Sie traten als On- und Noon-Quanten auf. Dabei war das On-Quant die hyperenergetische Entsprechung der Lebensenergie, das Noon-Quant das fünfdimensionale Äquivalent der Intelligentifizierbarkeit. Während das On-Quant, einmal in den Normalraum entlassen, Leben erzeugen konnte, vermochte das Noon-Quant den Grundstock organischer Intelligenz zu legen.

Vhatom hatte gewusst, dass TRAGTDORON Biophore mit sich führte, um Leben zu säen und ihm Intelligenz zu verleihen. Er wusste auch, dass die Biophore in ihren Behältern in einem simulierten Hyperraum untergebracht waren. Ihre Neigung, mit jeder Art von Materie zu reagieren, also auch mit primitiven Nebensystemen, machte sie zu einer existenziellen Bedrohung der näheren Umgebung. Er wusste im Prinzip alles, was an Bord der dematerialisierten Aggregat-Sphären geschah. Aber erst jetzt, als er vor den Behältern stand, bemerkte er, dass eins dieser Gebilde offensichtlich schadhaft war und Biophore in kleinen Mengen austraten.

Im ersten Moment überkam ihn Panik.

Panik, weil seine Auffassung von seiner Verbindung mit den Sphären offensichtlich falsch war. Er *war* TRAGTDORON, im Verbund mit dem Bordrechner, der aber anscheinend ein reiner Abakus war und ihn nicht einmal im Fall einer dermaßen krassen Fehlentwicklung von sich aus warnen konnte. Ihm wurde klar, dass er seine Aufgabe beträchtlich unterschätzt hatte. Er musste überall zugleich sein, um

TRAGTDORON steuern zu können, und das war ihm bislang noch nicht gelungen. Das Verständnis, das er von seiner Aufgabe hatte, war bislang völlig unzureichend. Nach all diesen Jahrzehnten ...

Panik, weil die aussickernden Biophore im Umkreis von fast einem Dutzend Lichtjahren zu einer Katastrophe ohnegleichen führen konnten.

Panik, weil er befürchtete, in Cairols Augen gescheitert zu sein, noch bevor er seine Aufgabe angetreten hatte. Was würde geschehen, wenn der Roboter der Kosmokraten ihn für unwürdig hielt? Würde Cairol ihn wieder in seine virtuellen Welten verbannen? Oder gar *abschalten*?

Dann setzte sich langsam wieder die Vernunft durch. Nicht er war verantwortlich für TRAGTDORON, sondern Raul Gonduc. Ihm war noch immer nicht klar, wieso der alte Steuermann ihm mit solchem Hass begegnete, doch ... er sah hier eine gewisse Möglichkeit. Vielleicht konnte er dem unerbittlichen Nebenbuhler mit seinem neu gewonnenen Wissen eine Niederlage zufügen, von der er sich so schnell nicht erholen konnte?

Nein. Gonduc mochte ihn offensichtlich nicht, hatte ihm aber nichts getan. Das hatte der alte Steuermann nicht verdient. Viel besser wäre es, Gonduc zu informieren und auf diese Weise vielleicht sein Vertrauen zu gewinnen.

Ein Gedankenimpuls genügte Vhatom, um Alarm zu geben.

Doch das Jaulen der Sirenen blieb aus.

Was ist passiert?, fragte sich Vhatom voller Schrecken. Ist TRAGTDORON bereits in Mitleidenschaft gezogen und schwer beschädigt worden? Er versuchte es erneut, doch die Sphäre reagierte nicht auf seine Gedanken.

Die Zentrale! Er musste zur Zentrale und manuell dafür sorgen, dass Raul Gonduc informiert wurde.

Er setzte seinen Körper in Bewegung, schneller, als er es trotz all seiner Übungen je für möglich gehalten hätte. Dieser blau verkleidete Gang, dann jener, dann ein Antigravschacht zur nächsten Ebene ...

Vhatom sprang hinein.

Und geriet erneut in Panik.

Da war keine Schwerelosigkeit, die seinen Fall bremste. Da war nur ein Hunderte von Meter tiefer Schacht, an dessen Ende eine grausam harte Metall- oder Kunststoff-Fläche auf ihn wartete.

Er bezweifelte, dass selbst sein robotischer Körper diesen Sturz überstehen würde.

Dann legte sich die Panik langsam.

Er *war* TRAGTDORON.

Er hatte einen dementsprechenden Körper.

Er tat das, was er im forschenden Spiel tausendmal getan hatte, und wandelte ihn um. Stählerne Krallen durchstießen die Wände des Antigravschachts und hielten Vhatom an Ort und Stelle fest, einige Meter über und unter dem nächsten Ausgang. Er spürte den Ruck, der seine künstlichen Glieder fast zerriss, aber eben nur fast.

Er war sich sicher, er hatte ganz andere Möglichkeiten, und es war furchtbar unbeholfen, aber er rammte stahlharte Klauen in weiches Metall und kletterte zum nächsten Ausgang hinab.

Minuten später hatte er die Zentrale erreicht. Raul Gonduc saß hinter seinem Terminal, das er so gut wie nie mehr verließ, und betrachtete ihn mit einer Mischung aus Überraschung und Verwunderung.

»Einer der Biophore-Tanks ist undicht«, sagte Vhatom.

»Ich weiß.« Gonduc richtete sich auf den beiden Vorderbeinen auf. »Irgendein Biophore-Tank ist immer undicht. Weshalb hast du mich nicht danach gefragt?«

Vhatom schwieg verblüfft. Er sagte auch nichts von dem defekten Antigravschacht, musste aber davon ausgehen, dass Raul Gonduc sowieso schon wusste, was dort vorgefallen war. Warum also brachte der Steuermann die Sache nicht zur Sprache?

Er hatte mittlerweile gelernt, seine Interaktionen mit TRAGTDORON vor Raul Gonduc abzuschirmen. Er verließ die Zentrale und nahm eine Analyse des fehlerhaften Schachts vor.

Verblüfft stellte er fest, dass sie nicht das geringste Ergebnis erbrachte. Der Schacht funktionierte einwandfrei.

Das kann nicht sein, dachte Vhatom, und er dachte es auch noch Monate später. *Wieso sollte Raul Gonduc mein Feind sein? Wieso sollte er versuchen, mich zu beseitigen? Was habe ich ihm getan?*

Er lernte.

Er erfuhr von einigen Geheimnissen der Hohen Mächte. Keineswegs von allen, da war er sich sicher, aber er bekam einen recht detaillierten Eindruck von dem Geschehen. Nun standen ihm übergeordnete Dateien zur Verfügung, und er rief sie eine nach der anderen ab.

Zuerst die über Erranternohre, die Galaxis, in der er erwacht war und bei der es sich vielleicht um seine Heimat handelte. Er erfuhr viel über sie. Es handelte sich um eine bedeutende Kontaktgalaxis der Kosmokraten: Dort befanden sich das Plateau der Diener der Materie, die Materiequelle GOURDEL, früher auch Laires Ebene und die Kosmischen Burgen der Mächtigen, sowie die Materiesenke JARMITHARA. Aber er erfuhr nichts darüber, ob er ebenfalls aus Erranternohre stammte.

Aber er lernte auch immer mehr über TRAGTDORON selbst, bis plötzlich in der Zusammenarbeit mit dem Rechengehirn der Sphäre Schwierigkeiten auftauchten. Mit einem Mal blieb ihm der Zugriff auf bestimmte Daten und Rechenvorgänge versperrt. Zuerst kannte er nicht mehr die genaue Position TRAGTDORONS, dann fehlten ihm Kenntnisse über die Lagerräume der einzelnen Sphären. In seinem Einssein mit der dematerialisierten Aggregat-Sphäre tauchten immer mehr schwarze Flecke auf. Er kam sich vor, als würde er Stück um Stück die Kontrolle über seine Sinne verlieren.

Aber all seine Analysen der Routineschleifen TRAGTDORONS ergaben keine sphäreninternen Fehler. Das ließ nur einen Schluss zu: *Raul Gonduc.*

Der alte Steuermann hatte ihn lange genug ignoriert. Jetzt ging er gegen ihn vor.

Plötzlich hatte er nach Tausenden von Jahren wieder das Gefühl, urinieren und die Kloake entleeren zu müssen. Ein irrationales Gefühl, doch es war beharrlich.

Mit seinem neuen Körper konnte er ihm natürlich nicht nachgeben. Nun bedauerte er dies zum ersten Mal seit dem Transfer.

Der nächste Zwischenfall hätte erneut fast fatale Folgen gehabt. Vhatom war nun aufmerksamer, ließ sich nicht nur auf einen permanenten Kleinkrieg mit Raul Gonduc ein, sondern betrieb ihn geradezu gewissenhaft. Er beschäftigte sich mit dem Wesen, das er für seinen Feind hielt.

Als er sich im Bordrechner über den Steuermann informieren wollte, stellte er fest, dass der diese Absicht unterlaufen hatte. Sein Vorgänger war für ihn nicht zu fassen. Vhatom bekam keinen Zugriff auf irgendeine Datei, in der auch nur Gonducs Name oder ein Verweis auf ihn auftauchte. Damit hatte er gerechnet; er hätte auch seine eigenen Dateien für den Steuermann sperren können, doch er hatte sie immer wieder studiert, und sie enthielten keine Informationen, die über das hinausgingen, was ihm selbst über ihn bekannt war. Warum also sich diese Mühe machen?

Nun sperrte er sie trotzdem, so sinnlos es ihm auch erschien.

Mehr noch – Raul Gonduc hatte seine Spuren an Bord von TRAGTDORON sorgfältig verwischt. Er war aus der Ortungserfassung verschwunden. Bislang hatte Vhatom das Bordgehirn nur nach dem Steuermann fragen müssen, um sofort zu erfahren, wo er sich aufhielt, doch nun bekam er nur noch die stereotype Antwort: »Daten nicht freigegeben. Auskunft nicht möglich.«

Er hatte die vergangenen Jahrzehnte nicht untätig verbracht und viel gelernt. Es bereitete ihm einige Mühe, doch er schaffte es, den vorigen Status quo wiederherzustellen und sich aus Raul Gonducs Wahrnehmung auszublenden.

Warum?, fragte er sich immer wieder. *Warum musste es so weit kommen? Was habe ich dem Steuermann getan?*

Er befürchtete jedoch, dass allein diese Maßnahmen nicht genügten, um sich vor weiteren Nachstellungen Gonducs zu schützen. Er musste in die Offensive gehen. Zuerst einmal würde er versuchen, so viel wie möglich über den Steuermann und seine Eigenheiten herauszufinden.

Vhatom begann, Gonduc aus dem Verborgenen zu beobachten, ja zu beschatten. Er fand heraus, dass sich in den sieben farnähnlichen Fühlern auf der Oberseite seines Körpers optische, akustische, olfaktorische und haptische Sinnesorgane befanden, eine Erkenntnis, die vielleicht noch einmal sehr nützlich werden mochte. Und über die drei tellerartigen, transparenten Organe, die ebenfalls auf der

Oberseite seines Körpers angeordnet waren, nahm er Nahrung auf. Dabei war er offenbar nicht sehr wählerisch, ließ sich von den automatischen Küchen nichts Besonderes herrichten, sondern gab sich mit einem mit Nährstoffen angereicherten Brei zufrieden, der seinem Körper anscheinend alles bot, was er benötigte.

Am interessantesten war jedoch, dass der Steuermann regelmäßig Erholungsphasen benötigte, was wiederum dafür sprach, dass es sich bei ihm doch um ein Lebewesen handelte. Dazu suchte er eine Antigravröhre auf, deren Standort er jedes Mal veränderte, bevor er sich hineinlegte.

Das war vielleicht die Möglichkeit, die Vhatom gesucht hatte. Wenn es ihm gelang, sich dem Steuermann unbemerkt zu nähern, während er schlief, fand er vielleicht heraus, was er in den Taschen aufbewahrte, die er an seiner einzige Bekleidung befestigt hatte, dem Metallband, das seinen Körper in der Mitte umschloss.

Tagelang überlegte er, wie er dies anstellen sollte, nur um schließlich feststellen zu müssen, dass Raul Gonduc ihm erneut zuvorgekommen war. Er versuchte gerade, die Daten von Überwachungskameras abzurufen, die er konstruiert und installiert hatte, als er bemerkte, dass sich in dem Abschnitt der Sphäre, in dem er sich gerade befand, langsam, aber deutlich wahrnehmbar seine Umgebung veränderte.

Seine Sensoren meldeten, dass es wärmer wurde.

Und dann schlagartig *heißer.*

Er eilte zu dem Schott vor ihm, doch es öffnete sich nicht, weder nach einem gezielten Gedankenimpuls an den Bordrechner noch manuell. Es war blockiert.

Noch hielt seine Beunruhigung sich in Grenzen. So etwas kam immer wieder vor, eine Folge rein mechanischen Verschleißes. Normalerweise entdeckten die Arbeiter, die genau wie Raul Gonduc aussahen, aber nicht über dessen Intelligenz verfügten, solche Defekte eigenständig und mussten nicht einmal darauf aufmerksam gemacht werden.

Er drehte sich um und ging zum Schott hinter ihm.

Es öffnete sich auch nicht.

Ich bin gefangen, dachte er. Noch war seine Verwunderung größer als seine Furcht. *Gefangen in der Sphäre, die ich eigentlich* bin.

Er versuchte, Kontakt mit dem Bordgehirn aufzunehmen, doch auch sämtliche Datenwege waren blockiert. Wie war das möglich? Jedenfalls bekam er keine Verbindung.

Und es wurde heißer. Seine Sensoren zeigten eindeutig an, dass die Temperatur rapide anstieg. Ein organisches Lebewesen wäre jetzt schon in seiner Funktion stark eingeschränkt gewesen. Sein Körper war zwar widerstandsfähiger, doch auch ihm waren Grenzen gesetzt.

Raul Gonduc!, dachte er. Was hatte der Steuermann nun schon wieder ausgeheckt? Hatte er etwa eine *Bombe* gezündet?

Dann sah er ...

Nein. Das war unmöglich. Seine Sinne spielten ihm zweifellos einen Streich.

Er glaubte, vor sich ein Rad aus Feuer zu sehen, das immer heißer brannte, sich immer schneller drehte, Protuberanzen ausschickte, die nach ihm griffen und ihn zu versengen drohten.

Er beschleunigte sein Schritte, rannte zum nächsten Schott.

Natürlich ließ es sich auch nicht öffnen, nicht auf seinen Befehl, nicht manuell.

Und das nächste auch nicht.

Das Rad aus Feuer schien immer näher zu kommen,

immer größer zu werden. Und heißer. Langsam gewann die Furcht in ihm Überhand, drohte zur Panik zu werden.

Die Situation kam ihm absurd vor, doch dann wurde ihm klar, dass er mit dieser Einschätzung nur versuchte, den Ernst der Lage zu übertünchen. Er war in einem Gang gefangen, in dem eine Temperatur erzeugt wurde, die seinen Körper in wenigen Augenblicken irreparabel beschädigen und dann zerstören würde, und hatte keinen Kontakt zu TRAGTDORON mehr.

Nein, korrigierte er sich.

Er hatte keinen Kontakt zum Bordrechner. Aber er *war* TRAGTDORON.

Plötzlich erkannte er, welche Möglichkeiten ihm blieben. Er wechselte in den Körper in der benachbarten Sphäre. Benutzte das Mikro-Netz, holte den Körper zu jenem hinüber, der bald brennen würde.

Er holte einen zweiten Körper aus einer weiteren Sphäre, verschmolz ihn mit dem anderen. Dem neuen, doppelt so mächtigen Vhatom gelang, was dem alten nicht möglich gewesen war. Er riss Schotten ein und sprengte Wände, stieß durch die blockierte Sphäre zu der gefährdeten Einheit vor.

Mein Geist ist jetzt in anderen Körpern, dachte er. *In zwei von zweihundert. Was wird passieren, wenn ein weiterer dieser zweihundert Körper zerstört wird? Werde ich dann auch sterben oder nur ein halbes Prozent* weniger *sein?*

Irgendwo erklang das dumpfe Dröhnen einer Explosion, und schier unerträgliche Hitze walzte in den Rest der Sphäre, in der sie aber nur wenige Schäden hervorrief und sich harmlos verteilte.

Unbeschädigt verließ der in Gefahr geratene Körper Vhatoms den Ort der Katastrophe und machte sich umgehend auf die Suche nach Raul Gonduc.

Erfolglos. Der Steuermann blieb verschwunden. In keiner der 200 Sphären fand Vhatom eine Spur von ihm oder seiner Antigravröhre.

Seinem designierten Nachfolger wurde jetzt endgültig klar, dass er Gonduc beträchtlich unterschätzt hatte. Er hätte niemals gedacht, dass er so weit gehen und die Beschädigung oder gar Zerstörung einer Stoff-Sphäre hinnehmen würde, nur um ihn, Vhatom, auszuschalten.

Neunzehn

Vhatom Q'arabindon, TRAGTDORON:
5. Juni 1343 NGZ (4930 nach Christus)

Nichts blieb ihm verborgen. Er *war* TRAGTDORON. Er hatte wieder regen Kontakt mit dem Bordrechner, und nichts an Bord der Stoff-Sphäre entging ihm.

Die nächste Relokation. Die Sphäre gewann erneut einen unwiderbringbar verloren geglaubten Teil hinzu.

Vhatom Q'arabindon jubilierte und verzweifelte gleichzeitig.

Schütze TRAGTDORON.

Die Anweisung, die er über 100.000 Jahre lang befolgt hatte. TRAGTDORON war sein Leben gewesen, seine Erfüllung, trotz allem, was er schließlich herausgefunden hatte, und er konnte sich nicht vorstellen, dagegen zu verstoßen.

Vernichte TRAGTDORON.

Cairols direkter Befehl. Zwar nicht so deutlich ausgesprochen, aber so gemeint. Ein Befehl, dem er sich ... entzogen hatte?

Nein. Nicht entzogen. Er hatte ihn nur so interpretiert, wie er es für richtig gehalten hatte.

Befolge die Befehle des Ritters.

Ein untergeordnetes Problem, das er vorerst vernachlässigen konnte. Natürlich war der Ritter der Tiefe ihm gegenüber weisungsberechtigt. Aber der Widerspruch, der sich aus den beiden anderen Weisungen ergab, war wesentlich schwerwiegender.

Vor allem, da es den Keloskern, die der Ritter der Tiefe an Bord gebracht hatte, tatsächlich zu gelingen schien, die Stoff-Sphäre wieder vollständig zu dem zu machen, was sie einst gewesen war.

Was soll ich tun?, dachte er verzweifelt.

Noch eine Relokation. Er spürte es so deutlich, als würde ein Teil seines Körpers, den er durch einen Unfall verloren hatte, wieder nachwachsen.

Schütze TRAGTDORON.

Vernichte TRAGTDORON.

Befolge die Befehle des Ritters.

Ihm wurde klar, dass er die letzten 30.000 Jahre nur hatte überleben können, indem er geflohen war, den inneren Konflikt, der ihn zu zerreißen drohte, einfach ignoriert hatte. Eine Flucht ins Innere seiner selbst ...

Doch nun, nach der Ankunft des Ritters der Tiefe und dem Wirken der Kelosker, lebte dieser innere Konflikt wieder auf.

Was hatte er erwartet? Nun konnte er nicht mehr die Augen vor der Wirklichkeit verschließen. 30.000 Jahre hatte er das Dilemma einfach verdrängt, sich selbst etwas vorgemacht. Nur deshalb lebte er noch, nur deshalb existierte das Instrument der Kosmokraten noch. Das war jetzt nicht mehr möglich. Die Selbsttäuschung war endgültig in sich zusammengebrochen.

Doch die Frage blieb: Was sollte er nun tun?

Er wusste es nicht.

Schütze TRAGTDORON.

Vernichte TRAGTDORON.

Befolge die Befehle des Ritters.

Er wusste sich nur einen Rat.

Die nächste Relokation erfolgte. Die Stoff-Sphäre wurde erneut um einen weiteren Bestandteil wiederhergestellt.

Auch wenn es gegen die Befehle des Ritters war, er brauchte Zeit zum Nachdenken. Er musste eine Entscheidung treffen.

Er musste sich zuerst dem direkten Einfluss des Ritters der Tiefe entziehen.

Eine weitere Relokation. Und mit jeder, die die Kelosker und der Ritter vornehmen, verstärkte sich sein Dilemma.

Er brauchte Zeit zum Nachdenken.

Die große Entscheidung konnte er noch nicht treffen, aber eine andere hatte er getroffen.

Er war untergetaucht.

Niemand würde ihn finden. Er *war* TRAGTDORON. Die anderen mochten viel mächtiger sein als er, doch dies hatte er ihnen voraus.

Sie würden ihn niemals finden.

Aber an seinem Dilemma änderte dieser Schachzug nichts. Je mehr das, was sein Leben gewesen war und noch immer war, wieder instand gesetzt wurde – *heil, gesund!* –, desto mehr zerbrach in seinem Inneren. Denn er war nicht einfach nur eine Plasma-Psyche, er war Teil eines Ensembles mit einem Hardware-Rechner, der ihn ständig an das mahnte, was richtig war, und der Konflikt war dadurch für ihn einfach nicht mehr beherrschbar.

Aber was war richtig?

Was wollte der Bordrechner, was wollte er, Vhatom?

Er musste tätig werden, konnte es aber noch immer nicht.

Noch eine Relokation.

Doch als die Kelosker mit dem Makro-Netz auch die letzte Lichtsphäre wieder mit TRAGTDORON-Körper vereinigten, gab es keinen Aufschub mehr.

Er musste handeln. Und ihm war eine Idee gekommen.

Er musste entweder die alten Befehle ausführen, die Cairol ihm damals erteilt hatte. Niemand würde ihn daran hindern können, auch nicht die Kelosker oder der Ritter, denn er war nicht nur der Herr von TRAGTDORON, er *war* TRAGTDORON.

Oder er konnte sich der Verantwortung entziehen.

Oder aber ... er konnte beides in einem tun.

Zwanzig

Vhatom Q'arabindon: Vergangenheit

Tiefe Trauer (simuliert)

Vhatom suchte nach dem alten Steuermann; um ihn zur Rechenschaft zu ziehen, um ihm den Angriff vorzuwerfen, vielleicht auch nur, um ihn an Ort und Stelle zu töten, er konnte es nicht sagen. Er verspürte nur eine schreckliche Wut, die sein Denken beeinträchtigte.

Er hätte in diesem Moment nicht gewusst, wie er sich verhalten würde. Doch er fand ihn nicht. Raul Gonduc schien wie vom Sphärenboden verschluckt zu sein.

Als er sich allmählich beruhigte, wurde ihm klar, dass er seine Aufgabe als neuer Steuermann wesentlich zu eng gefasst hatte. Er *war* TRAGTDORON – aber er hatte noch nicht verinnerlicht, dass er 200 gleichberechtigte Körper hatte. Er hielt denjenigen, den er gerade beseelte, für den einzig relevanten, aber das war falsch.

Er war TRAGTDORON. Er musste es sich hundertmal sagen, tausendmal, und begriff es trotzdem nicht. Er war die Stoff-Sphäre. Er konnte von einem Körper zum anderen wechseln. Er konnte direkten Kontakt zu dem Bordrechner aufnehmen. Er beherrschte die dematerialisierten Aggregat-Sphären.

Oder würde sie beherrschen, sobald Raul Gonduc nicht mehr war.

Er ignorierte den alten Steuermann fortan in dem Wissen, dass keiner dessen Hinterhalte ihm wirklich gefährlich werden konnte, und arbeitete daran, endlich wirklich eins mit TRAGTDORON zu werden.

Erst mehrere Jahrzehnte später traf er Gonduc wieder, in einer ganz anderen Stoff-Sphäre als der, in der es fast zur Katastrophe gekommen wäre und die die Arbeiter, die Gonduc so verblüffend ähnelten, schon längst wiederhergestellt hatten.

Der Alte wirkte ... niedergeschlagen? Erschöpft? Mehr noch, ihn schien plötzlich jede Kraft verlassen zu haben. Seine Beine zitterten, als würden sie jeden Augenblick einknicken, und sie hielten den Körper nur wenige Zentimeter über dem Boden. Die farnähnlichen Stängel auf der Oberseite des Körpers hingen schlaff hinab, bewegten sich kaum noch.

War das der Raul Gonduc, der versucht hatte, ihn zu beseitigen?

Vhatom sprach ihn nicht auf den Vorfall an. Er hatte noch immer keinen einzigen Beweis, dass es sich nicht nur um ein unerklärliches technisches Versagen handelte, mit dem Gonduc nicht das Geringste zu tun hatte. Und er sah nun, mit einem gewissen Abstand, keinen Sinn darin, den alten Steuermann mit unbelegbaren Vorwürfen und unausgegorenen Vermutungen zu konfrontieren.

Zu seiner Überraschung war Gonduc so freundlich zu ihm wie noch nie zuvor. *Ausdruck seines schlechten Gewissens?*, fragte sich Vhatom. *Oder die Angst, dass ich ihm doch nachweisen kann, dass er etwas mit dem Anschlag auf mich zu tun hat?*

»Ich habe mich ein wenig mit deinen Dateien beschäftigt ... soweit sie mir zur Verfügung standen«, sagte der Steuermann süffisant. »Wir haben nun schon Tausende Jahre miteinander verbracht, ohne uns wirklich zu kennen. Vielleicht sollten wir das nun ändern.«

Es bereitete Vhatom nicht die geringste Mühe, seinen Körper reglos dastehen zu lassen. Er wusste, Gonduc konnte ihm die Überraschung nicht ansehen. Wieso diese plötzliche Freundlichkeit?

»Wir ... sollten vielleicht miteinander reden«, sagte er zurückhaltend.

»Dann tun wir das doch.« Raul Gonduc drehte seinen Körper, wandte ihm die Seite mit den drei senkrechten schmalen Schlitzen zu. »Du hast also auch keine Erinnerung an dein Vorleben?«

Verblüfft wäre Vhatom zurückgeprallt ... hätte er noch einen Körper aus Fleisch und Blut gehabt. Aber nun blieb er einfach weiterhin reglos stehen.

Auch? Wieso auch? »Du ebenfalls nicht?«

»Nein«, bestätigte Raul Gonduc.

Vhatom bedauerte, dass der alte Steuermann über keinerlei Körpersprache zu verfügen schien – jedenfalls über keine, die Vhatom verstand. So war er in seiner Einschätzung des Gesprächs völlig auf die Worte des seltsamen Wesens angewiesen.

»Nein«, wiederholte Gonduc. Seine Stimme kam Vhatom brüchig vor. »Ich bin erwacht und war da. Voll ausgebildet, im Besitz all meiner Fähigkeiten. Ich hatte nicht die geringsten Erinnerungen an meinen Ursprung. Wurden sie mir genommen, oder war ich gerade erst entstanden? Ich wusste es nicht, habe es bis heute nicht erfahren. Meine Erinnerungen beschränken sich auf mein Dasein als Steuermann von TRAGTDORON. Was war früher? Wer bin ich?« Seine Stimme kippte um, klang mit einem Mal quäkend und irrwitzig hoch. »Diese Ungewissheit über meine Herkunft ... diese unerträgliche Ungewissheit. Ich leide darunter, nicht zu wissen, ob ich ein normales Lebewesen bin oder doch nur künstlich erschaffen wurde ...« Die Stimme des Steuermanns brach endgültig. Ein leises Schnarren mischte sich in sie hinein. *Chrrr, chrrr.*

»Du ... bist dir über deine Herkunft nicht im Klaren?«

»Genauso wenig wie du. Aber bei mir kommt noch etwas anderes hinzu.«

»Die Wesen, die in der Stoff-Sphäre Wartungsarbeiten ausführen und zu keiner Kommunikation imstande sind ... und die genauso aussehen wie ...«

»Wie ich«, unterbrach Raul Gonduc ihn. »Verstehst du nun, was mich plagt? Ich bin mir nicht einmal über meine wahre Natur im Klaren ... bin *ichrrr* organisch oder ein Roboter ... oder vielleicht ... eine Klonzüchtung?«

Vhatom schwieg.

»Sie sehen genauso aus wie ich«, fuhr der Alte fort, »und sie waren schon immer hier ... schon, als ich erwachte. Weshalb sagt Cairol mir nicht die Wahrheit? Weshalb lässt er mich im Unklaren? Weshalb fliegen nur Steuermänner TRAGTDORON, die keine Erinnerung an ihr Vorleben, an ihre Herkunft haben?«

Eine neue Taktik, dachte Vhatom. *Er weiß, dass er mich nicht beseitigen kann, und versucht nun Zwietracht zu sähen zwischen Cairol und mir. Er gibt nicht auf ...*

Aber ein leiser Zweifel blieb. Nach allem, was Vhatom wusste, war Cairol nahezu allmächtig. Und es sollte dem Roboter der Kosmokraten nicht möglich sein, Informationen über die Herkunft seiner Helfer zu erlangen?

Er hat anderes zu tun, dachte Vhatom. *Mein Schicksal ist unwichtig für ihn.*

Aber war das gerecht? Welche Mühe hätte es Cairol bereitet, die wenigen Informationen zu sammeln, die Vhatom wirklich interessierten? Und Raul Gonduc?

Der Steuermann hat *Zwietracht gesät,* wurde ihm klar. *Es ist ihm problemlos gelungen.* Und das lag keineswegs daran, dass er mit besonderer Raffinesse vorgegangen wäre.

»Hast du ... bei deinen Nachforschungen über mich irgendetwas erfahren? Weißt du, ob ich ein Lebewesen bin ... oder ein Roboter ... oder sonst was?« Gonducs Stimme klang fast flehentlich.

In diesem Augenblick schämte sich Vhatom wie noch nie zuvor in seinem Dasein. Diese Hilflosigkeit des alten Steuermanns ... Raul Gonduc war kein Gegner mehr für ihn. Er war gebrochen, hatte aufgegeben.

»Nein«, sagte er leise. »Sämtliche Dateien waren gesperrt.« Das klang wie eine Retourkutsche. So hatte er es nicht gemeint. »Die wenigen, die mir zur Verfügung standen.« Verdammt, auch das klang wie ein Vorwurf. »Die von Anfang an vorhanden waren«, fügte er schnell hinzu.

»Gibt es etwas Schlimmeres«, schnarrte der alte Steuermann, »als zu sterben und keine Erinnerung an deine Geburt zu haben? Nicht zu wissen, was du vorher gewesen bist, bevor du jahrhunderttausendelang treu gedient hast? Ob du ein Lebewesen oder ein Roboter bist?«

»Du hast noch viele Jahre ...« Er konnte nicht anders, er musste dieser Frage ausweichen, weil er keine Antwort darauf hatte.

»Nein. Ich sterbe.«

»Du wirst irgendwann abtreten müssen, aber bis dahin wird noch viel Zeit ...«

»Du verstehst mich falsch. *Ichrrr* sterbe. Jetzt.«

Vhatom schluckte ... wollte schlucken, hätte geschluckt, hätte er noch seinen ursprünglichen Körper gehabt. »Du ...« Er wusste nichts zu sagen. Plötzlich tat der alte Steuermann ihm leid, obwohl er ihm nach dem Leben getrachtet hatte. »Warum ... warum hast du mich von Anfang an dermaßen gehasst?«, fragte er schließlich.

Die drei senkrechten Schlitze an Gonducs Körperfront gaben wieder dieses leise Röcheln von sich. Es klang schrecklicher als gerade eben noch; Vhatom hatte noch nie solch ein Geräusch gehört. Der Steuermann atmete nun röchelnd ein und aus. *Chrrr, chrrr ... chrrr, chrrr ...*

Chrrr, chrrr ...

Gonduc schien ihn nicht gehört zu haben; das Röcheln ging mit seinen Atemzügen einher. Sie wurden leiser, offenbar aber nicht freiwillig. Der Sterbende schien mit aller Kraft, die er noch aufbringen konnte, um sein Leben zu ringen. Er hieß den Tod nicht willkommen, wie ein Wesen, das das Ende seiner Existenz akzeptierte, ja herbeisehnte, nach Hause zurückkehren wollte, wo immer das sein mochte. Er kämpfte und klammerte sich an das, was ihm noch blieb, auch wenn es immer weniger wurde.

Vhatom befürchtete schon, dass der Steuermann nicht mehr imstande war, ihm zu antworten, als Gonduc zwei seiner Sinnesfühler aufrichtete und in seine Richtung drehte.

Das schreckliche Röcheln wurde leiser, das *Chrrr, chrrr* wurde zu einem *Ichrrr, ichrrr*, dann zu einem *Ich ...*

»Ich ... ich hasse dich, wie man nur hassen kann ... du bist mein Tod ... *chrrr, chrrr ...*«

»Ich habe dir nichts getan«, sagte Vhatom. »Nie. Oder kennst du mich aus einem anderen Leben? Rührt daher dein Hass auf mich?«

»Ich ... kenne dich nicht ... du Narr. Habe *dichrrr* nicht zuvor gesehen ...« Die beiden Sinnesfühler kreisten vor ihm, als versuchten sie, ihn zu fokussieren, ohne dass es ihnen gelang. »Aber als du ... nach TRAGTDORON kamst ... wusste *ichrrr* ... meine Zeit ist abgelaufen. Du bist ... mein Nachfolger ... und *ichrrr* werde sterben, sobald du ... so weit bist ...«

Chrrr, chrrr ...

Deshalb also, dachte Vhatom. *Warum bin ich nicht darauf gekommen? Wieso hat mich TRAGTDORON, meine neue Aufgabe, mein neues Leben, dermaßen fasziniert, dass ich nicht die Not und Pein meines einzigen mir ebenbürtigen Mitbewohners TRAGTDORONS bemerkt habe?*

Wie konnte ich nur so selbstsüchtig sein?

»Es ... tut mir leid«, sagte Vhatom.

»*Ichrrr* arbeite dich ein ...«, röchelte Raul Gonduc, »und je mehr du lernst, desto kürzer wird die Spanne, die mir bleibt ... wie soll *ichrrr dichrrr* da *nichrrrt* hassen?«

»Aber ich ... wollte doch nicht ... wenn ich das gewusst hätte ...«

»Hättest du nichts ändern können ... so sind sie ... die Hohen Mächte ...«

»Ich ...« Vhatom wusste nicht, was er noch sagen sollte.

Chrrr, chrrr ...

Dieses schreckliche Geräusch ...

»Ich habe es hinausgezögert ... so lange ich konnte ... aber nun ... und das Schlimmste *chrrr* ist ...«

»Ja?«, fragte Vhatom. »Ja?«

»Er hätte es verhindern können ... Cairol hätte es verhindern können ...«

»Verhindern ...?«

»Jahrhunderttausende habe ich ihnen gedient ... zu ihrer Zufriedenheit ... und nun ist meine Zeit abgelaufen ... er hätte mich wahrhaft unsterblich machen können ... es hätte ihn nichts gekostet ...«

»Aber ...?«

»Er hat es nicht getan ... Und deshalb warst du mein Todesurteil ... als du an Bord gekommen bist ... waren meine Tage endgültig gezählt ... was sind schon tausend Jahre ... wenn du hunderttausend gelebt hast?« *Chrrr, chrrr ...*

»Das ... habe ich nicht gewollt«, sagte Vhatom.

Ein Krächzen entrang sich den drei senkrechten Sprachschlitzen des Steuermanns. »Und ich weiß selbst jetzt nicht ... ob ich ein organisches Lebewesen bin oder ein Roboter ... ich habe keine Erinnerung an mein vorheriges Leben ... nicht einmal das hat er mir gesagt ... nicht einmal jetzt ...«

Das alles habe ich nicht gewusst und nicht gewollt. Wie konnte es nur so weit kommen? Wie kann Cairol nur so grausam sein?, dachte Vhatom. *Warum weicht er uns aus, Gonduc ebenso wie mir? Welche Gründe kann es dafür geben?*

Sein Mitleid für den alten Steuermann verdrängte jede andere Emotion. »Bitte verzeih mir«, sagte er leise.

Aber er bekam keine Antwort mehr. Die Sinnesfühler drehten sich schneller, immer schneller, und dann reckten sie sich kurz empor, nur, um danach sofort zusammenzufallen, und das schreckliche Röcheln, dieses Röcheln ...

... hörte einfach auf.

Die plötzlich herrschende Stille kam Vhatom fast noch unerträglicher vor als das furchtbare Geräusch, das Gonduc gerade noch von sich gegeben hatte. Vorsichtig griff er nach den Fühlern auf der Körperoberseite und zog sie behutsam gerade, sodass sie ordentlich nebeneinander lagen.

Nachdenklich betrachtete er den Steuermann. Raul Gonduc hatte ihm geschadet, wo er nur konnte, aber Vhatom hatte diesen Kampf angenommen – und bestanden, wurde ihm nun klar, ohne sich selbst zu verraten. Ohne die Antigravröhre auszuschalten, während der sterbende Steuermann schlief.

War das auch eine Prüfung, die Cairol für ihn vorgesehen hatte? Oder hatte der Roboter der Kosmokraten gar nichts von diesem Drama mitbekommen?

Hatte es ihn vielleicht gar nicht *interessiert?*

Vhatom schrie leise auf, als alle sieben Sinnesfühler, die

er gerade noch geordnet hatte, aus den Mulden emporschossen und sich auf ihn richteten. »TRAGTDORON wird untergehen, und alles wird vergebens gewesen sein«, drang es schnarrend aus den Sprachschlitzen, dann senkten sich die Fühler wieder, einer nach dem anderen, langsam, wie in Zeitlupe.

Er hörte noch ein letztes *Chrrr, chrrr*, dann entspannte sich der Körper des Steuermanns, und nun war wirklich Ruhe.

Diesmal wurde Vhatom in den Dateien des sterbenden Steuermanns fündig. Eine davon war freigegeben, und sie enthielt detaillierte Anweisungen, wie nach seinem Ableben mit ihm zu verfahren sei.

Raul Gonduc hatte bestimmt, dass sein Körper dauerhaft konserviert und dann auf einem Planeten bestattet werden sollte, der von Wesen mit hoher Intelligenz und einem dementsprechenden Technikstandard bewohnt war.

Der neue Steuermann TRAGTDORONS befürchtete, dass Gonduc vielleicht die irrwitzige Hoffnung gehegt hatte, praktisch durch die Hintertür doch noch eine Art Unsterblichkeit zu erlangen – oder zumindest seinen Körper bis auf alle Ewigkeit, oder solange die Kosmokraten-Technik funktionierte, zu erhalten. Dennoch entschloss er sich, den letzten Wunsch des Wesens zu respektieren, das ihn mehrfach beinahe getötet hätte.

Noch während Vhatom die Leiche mit den technischen Möglichkeiten der Sphäre konservierte, kehrte Cairol nach TRAGTDORON zurück.

Der Roboter suchte ihn sofort in der Zentrale der Stoff-Sphäre auf. »Soeben hat mich die Nachricht erreicht«, sagte er. »Raul Gonduc hat uns über Jahrtausende hinweg gute Dienste geleistet. Ich bedauere seinen Tod, doch es war schon seit geraumer Weile abzusehen, dass seine Lebensspanne sich dem Ende zuneigte.«

»Er hat behauptet, du hättest die Möglichkeit gehabt, sein Leben zu verlängern«, hörte Vhatom sich sagen, »ihm sogar die Unsterblichkeit zu verleihen ...«

Überrascht sah Cairol von dem Terminal auf, an dem er arbeitete. »Wirklich? Hat er das?« Ein Lächeln legte sich auf das Gesicht des Roboters. »Die Kosmokraten sind keine Götter. Auch sie können Unmögliches nicht möglich machen.«

»Aber ...?« *Hatte der Steuermann doch nur Zwietracht säen wollen?* »Und wieso hast du ihm nicht das Geheimnis seiner Herkunft verraten?«

»Er hat mich nie gefragt.« Der Roboter erhob sich und sah ihn an. »Natürlich hätte ich ihm Auskunft gegeben. Vielleicht hat er sich vor der Antwort gefürchtet.«

Vhatom war so verblüfft, dass er ganz zu fragen vergaß, was für ein Wesen Raul Gonduc denn nun gewesen war. Außerdem interessierte ihn etwas anderes viel, viel mehr. »Und ... meine Herkunft?«

Cairols Lächeln wurde traurig; zumindest kam es Vhatom so vor. »Es tut mir leid, da kann ich dir nicht mehr sagen als vorher. Ich habe keinerlei neue Erkenntnisse darüber gewonnen.«

Vhatom stutzte. Natürlich war das eine Antwort auf seine Frage, aber eine höchst ausweichende. Wollte der Roboter ihm die Wahrheit also doch verschweigen?

Aber er hütete sich, die Sprache darauf zu bringen. »Wieso bist du manchmal so freundlich und manchmal so abweisend?«, fragte er stattdessen.

»Ich verfüge über eine Emotio-Schnittstelle, eine abschaltbare Vorrichtung zur Simulation von Gefühlen«, erklärte Cairol mit simuliertem Amüsement.

»Und jetzt hast du sie eingeschaltet?«

»Ja. Ich möchte Raul Gonducs Tod angemessen bedauern können.« Der Roboter richtete sich auf und sah ihn an. »Damit ist ein Kapitel in der Geschichte TRAGTDORONS abgeschlossen, doch ein neues beginnt jetzt. Der alte Gonduc hat dich in deine Aufgabe eingeführt. Hiermit nehme ich dich offiziell in den Dienst der Ordnungsmächte, Vhatom Q'arabindon. Von heute an bist du für TRAGTDORON verantwortlich. Verantwortlich, gezielt Leben und Intelligenz ins Universum zu bringen.«

»Ich ... danke dir, Cairol.« Gegen ihren Willen fühlte sich die Plasma-Psyche sehr geehrt. »Ich werde mich bemühen, deinen Erwartungen gerecht zu werden.«

»Davon gehe ich aus. Sonst wärest du nicht hier, Steuermann von TRAGTDORON.«

Einundzwanzig

Perry Rhodan, TRAGTDORON:
5. Juni 1343 NGZ (4930 nach Christus)

Warum tut er das?, dachte Rhodan. *Ich verstehe es nicht. Warum will Vhatom Q'arabindon TRAGTDORON vernichten und seinem Leben ein Ende bereiten? Da gibt es noch etwas, das ich nicht weiß, irgendein mir unbekanntes Ereignis, das ihn zu diesem Vorgehen getrieben hat.*

Er musste sich Vhatom Q'arabindons Holoaufzeichnung für ihn ansehen, um es zu erfahren; aber so viel Zeit blieb nicht, und es wäre das Eingeständnis der Niederlage gewesen. Dann war alles zu Ende. Vielleicht blieb ihnen nur noch die Zeit, die Tragtdoron-Fähre zu besteigen und zu fliehen. Aber was geschah dann mit dem Planeten Pakuri? Wenn er bedachte, welche Folgen allein TRAGTDORONS Havarie hatte ... was würde dann erst bei einer unsachgemäßen Vernichtung der Sphäre in einer Sonne geschehen?

Und was würde dann mit den Menschen in Ambriador geschehen? Von ihrem eigenen Schicksal einmal ganz abgesehen. Natürlich konnten sie Pakuri in einem Fragmentraumer der Posbis verlassen, wenn noch Zeit dafür blieb, und zur Achtzigsonnenwelt fliegen, aber würden sie dann noch das Massaker aufhalten können, das Milliarden von Menschen auslöschen würde, die Überlebenden des bisherigen Krieges?

»Nein«, flüsterte Rhodan. Sein Blick fiel wieder auf Nano

Aluminiumgärtner. *Wenn jemand einen verrückten Roboter verstehen kann, dann vielleicht wirklich ein anderer verrückter Roboter,* dachte er. Etwas »Besonderes« waren sie beide. Was hatte er also zu verlieren, wenn er Nano Aluminiumgärtner auf die Suche nach Vhatom Q'arabindon schickte?

Vielleicht sein Leben. Er aktivierte die Funkverbindung mit dem Rechenmeister. »Crykom, wie viel Zeit bleibt uns noch?«

»Meine Berechnungen sind noch nicht abgeschlossen.«

»Wann müssen wir mit der Fähre starten, um TRAGTDORON rechtzeitig verlassen zu können?«

»Meine Berechnungen sind noch nicht abgeschlossen.«

Rhodan fluchte unterdrückt und beendete die Verbindung wieder. *Die Kelosker sind nicht gewillt, TRAGTDORON zu verlassen,* wurde ihm klar. *Sie sterben lieber, als dass sie so kurz vor dem Ziel aufgeben.*

Würde es ihm gelingen, die Fähre allein in Betrieb zu nehmen? Ausgeschlossen; er hatte auf dem Hinflug ja nicht einmal verstanden, wie die klobigen Kolosse ihre Instrumente bedienten. Wenn Crykom ihn nicht unterstützte, würden sie alle mit den Keloskern in den Untergang gehen.

Er bezweifelte nicht, dass der Rechenmeister und seine Artgenossen mit aller Kraft versuchten, TRAGTDORON wieder unter ihre Kontrolle zu bekommen, wohl aber, dass es ihnen gelingen würde. Beauftragte von Kosmokraten verstanden sich darauf, ihre Geheimnisse zu bewahren. Blieb letzten Endes also doch nur eine Möglichkeit?

Aber es war ein Strohhalm, nach dem er griff ...

»Nano«, sagte er, »wieso glaubst du, Vhatom Q'arabindon durchschauen zu können?«

»E-Es w-war vom ersten Augenblick an, als würde ich ihn schon ewig kennen«, sprudelte es aus dem Posbi heraus. »Er ist genauso wenig nur ein Roboter, wie ich einer bin. Er hat Gefühle, er empfindet ... und er *leidet.* Er will sich verbergen und nur noch sterben, ohne dass ihn jemand dabei sehen und über ihn richten kann.«

Rhodan runzelte die Stirn. Das alles kam ihm weit hergeholt vor. Aber dass Nano Aluminiumgärtner sich auf Gefühle verstand, wirklich mehr war als »nur« ein Roboter, hatte er bewiesen, als er Captain Liza Grimm – mit Absicht oder nicht – weisgemacht hatte, er sei der Resident.

»Also gut, Nano«, sagte er. »Bringe uns zu Vhatom Q'arabindon. Aber lass dir nicht allzu viel Zeit damit. Die haben wir nämlich nicht mehr.«

Das Holo mit dem Lageplan der Stoff-Sphäre schimmerte bläulich in der Luft des nichtssagenden Ganges. Es hielt mit einer rot eingezeichneten Linie den Weg fest, den sie bislang zurückgelegt hatten, sodass sie die Orientierung nicht verlieren würden, zeigte aber nicht an, was sich vor ihnen befand, zumindest für Rhodans Empfinden nicht detailliert genug.

Wir befinden uns auf der sprichwörtlichen Suche nach der Nadel im Heuhaufen, dachte er. Wie können wir nur so verrückt sein zu hoffen, dass der Posbi den Steuermann tatsächlich findet?

»O weh«, jammerte Mauerblum, »beeile dich, Nano, sonst werden wir alle sterben. Dann war alles umsonst, was wir durchgemacht haben, der Mordversuch an mir, Drovers Leiden, nachdem die Posbis ihn zusammengeschossen haben, alles, einfach alles ...«

Rhodan achtete nicht weiter auf das Geschwätz des Matten-Willys und rief andere Daten der Anzugsysteme auf. Temperatur und Luftfeuchtigkeit ... unverändert ...

Er lachte leise auf. Erwartete er wirklich, dass in einem Instrument der Kosmokraten die Temperatur anstieg, wenn es sich einer Sonne näherte? Nein, das Ende wird wahrscheinlich ganz plötzlich kommen, mit einem grellen Blitz, und dann ... gar nichts mehr. Ewige Dunkelheit. Ruhe. Vergessen.

Und in Ambriador würden weitere Milliarden von Menschen sterben. Das Imperium Altera würde vollständig ausgelöscht werden ...

Dem Orientierungsholo zufolge befanden sie sich mittlerweile tatsächlich in einem der hintersten und verborgensten Winkel der Stoff-Sphäre. Aber die Betonung lag auf *einem*. Wie viele davon mochte es geben? Hunderte? Tausende? Und das bei einer für ihn schier unüberschaubaren Anzahl von Sphären. Vhatom Q'arabindon konnte überall sein, überall, nur nicht hier.

Allerdings wies rein gar nichts darauf hin, dass sie in eine weniger benutzte oder unwichtigere Sphären-Sektion vordrangen. Auf halb entstofflichte Gänge stießen sie nicht, und auch Hyperraum-Überlappungen blieben aus; kein Wunder, sonst hätte wohl auch der Steuermann diese Gefilde nicht betreten können, falls er es denn überhaupt getan hatte. Und ansonsten sah der Gang aus wie jeder andere, mit nicht mehr und nicht weniger Beschädigungen und Verschmutzungen als bei denen, die sie bereits betreten hatten, also kaum welchen. Kosmokratenwerk, für die Ewigkeit gebaut.

Vor ihnen wurde der Gang breiter und höher. Fünf große Türöffnungen führten in dahinterliegende Räume. Vier davon waren halb abgedunkelt, nur schwaches Licht fiel aus den Schotten, ein einziger war völlig dunkel.

Rhodan sah wieder auf die Temperaturanzeige. Keine Veränderung.

»Dort ist er«, meldete Nano Aluminiumgärtner.

Der Terraner fuhr zu dem Posbi herum. »Was?«

»Dort hat sich Vhatom Q'arabindon verborgen«, wiederholte Nano mit inbrünstiger Überzeugung. »In dem völlig abgedunkelten Raum. »Ich bin mir ganz sicher. Zwischen uns beiden besteht eine Seelenverwandtschaft. Wir sind füreinander geschaffen.«

Rhodan atmete tief ein. Wenn das wieder eine haltlose Spinnerei Nanos war wie seine Liebe zu Mondra, waren sie wohl verloren. Dann hatten sie zu viel Zeit mit der Suche nach dem Steuermann vertan und würden es wohl nicht mehr rechtzeitig zu der TRAGTDORON-Fähre schaffen.

Und wenn sich der Roboter tatsächlich in diesem Raum verbarg? Wer konnte garantieren, dass er nach seiner Verzweiflungstat noch irgendwelchen Argumenten zugänglich war?

»Da ist ... etwas«, sagte Startac Schroeder. »Aus dieser geringen Entfernung kann ich es verschwommen orten, aber nur, weil ich gezielt danach suche. Vorher ist es mir nicht aufgefallen.«

»Etwas ... Lebendiges? Bewusstes?«, fragte Rhodan. Aber was konnte es anders sein? Was sonst konnte Startac wahrnehmen?

Dann hatte Nano also zumindest in dieser Hinsicht recht.

Rhodan schloss seinen Kampfanzug und aktivierte die Infrarotoptik des Helms. »Ihr wartet hier. Ich gehe erst einmal allein hinein.«

»Ich komme mit«, sagte Mondra. »Ich kann durchaus auf mich aufpassen.«

»Das bezweifelte ich nicht. Aber es bleibt dabei, ich gehe allein. Einen Ritter der Tiefe wird der Herr TRAGTDORONS nicht direkt angreifen; bei dir, Schroeder oder den Posbis sieht das vielleicht anders aus. Und ich will Q'arabindon nicht das Gefühl geben, wir würden mit einer ganzen Streitmacht gegen ihn vorrücken.« Bevor Mondra erneut Einspruch erheben konnte, ging er auf den dunklen Eingang zu. Er konnte nur hoffen, dass Mondra seine Argumentation einsah und ihm nicht trotzdem folgte.

Fünf Schritte, zehn, dann ein Knistern im Helmempfänger, schließlich Rechenmeister Crykoms Stimme. »Es tut mir leid«, sagte der Kelosker. »Wir sind gescheitert ... so kurz vor dem Ziel. Meinen Berechnungen zufolge bleiben uns noch zehn Minuten, dann lässt sich der Sturz in die Sonne nicht mehr verhindern. Selbst TRAGTDORONS Triebwerke werden der Schwerkraft des Sterns dann nichts mehr entgegenzusetzen haben, und wir bekommen noch immer keine Kontrolle über die Steuerung. Bereitet euch auf das Ende vor, Perry Rhodan.«

»Nano Aluminiumgärtner ist überzeugt, den Steuermann gefunden zu haben«, antwortete Rhodan. »Halte die Verbindung offen, Crykom. Vielleicht gibt es ja doch noch Hoffnung.«

Rhodan betrat den Raum, erkannte im ungewohnten Infrarotlicht, dass es sich um eine Halle von beträchtlicher Größe handelte, vollgestopft mit deckenhohen, kastenförmigen Gebilden, von denen er nicht einmal sagen konnte, ob es sich um Aggregate oder lediglich Lagerbehälter handelte. Seine Sicht reichte gerade einmal zehn Meter weit. Wie sollte er Q'arabindon in diesem Labyrinth finden?

Aber wenn Startac und Nano sich nicht täuschten, und das hielt Rhodan mittlerweile für ausgeschlossen ... »Individualtaster ein!«

Tatsächlich, da war ein winziger roter Punkt im Ortungsgitter, kaum wahrzunehmen. »Verstärken! Kürzesten Weg berechnen und anzeigen!«

Noch acht Minuten. Rhodan zwang sich, ganz ruhig zu atmen und der gelben Linie in der Helmdarstellung zu folgen. Ein Schritt vor den anderen, und noch einen, und noch einen ...

Dann machte er den Roboter in der Infrarotdarstellung aus. Er stand nicht, sondern hockte auf dem Boden, mit dem Rücken an einen der Behälter gelehnt. Und er ... was denn nun? Lebte er noch, hatte er sich noch nicht deaktiviert? Jedenfalls hob er schwach den Kopf und sah in Rhodans Richtung.

Der Terraner blieb vor ihm stehen, sah ihn an. »Herr von TRAGTDORON«, sagte er, »dein Handeln verstößt gegen meinen Befehl ... den Befehl eines Ritters der Tiefe! TRAGTDORONS Sturz in die Sonne wird auf Pakuri alles Leben vernichten, und vielleicht sogar im gesamten galaktischen Zentrum Ambriadors ebenfalls.«

Der Roboter reagierte nicht, hielt lediglich den Blick der Sehlinsen weiterhin auf ihn gerichtet. Noch sechs Minuten.

»Ich befehle dir ausdrücklich, TRAGTDORONS Steuerung sofort freizugeben, damit meine Helfer, die Kelosker, den Sturz in die Sonne verhindern können.«

Noch immer keine Reaktion.

»Willst du dich zum Totengräber zahlreicher Zivilisationen machen?«, fuhr Rhodan beschwörend fort. »Du musst den Sturz in die Sonne sofort beenden!«

Noch fünf Minuten. Vhatom saß weiterhin reglos da, und Rhodan fragte sich, ob der Roboter seine Worte überhaupt noch zur Kenntnis nahm oder nehmen konnte.

Aber was sollte er tun? Ihn kräftig durchschütteln?

»Du hast dem Universum einst Leben und Intelligenz gebracht, und jetzt willst du zum milliardenfachen Mörder werden? Das widerspricht doch allem, wofür du existiert hast, Vhatom Q'arabindon, wofür du ... *gelebt* hast! Du warst einst ein Lebewesen!« Rhodan sparte sich das »nicht wahr?«, das er eigentlich hatte hinzufügen wollen. Er musste sich auf Nano Aluminiumgärtners und Startac Schroeders Aussagen verlassen. Noch vier Minuten. »Leben, Vhatom Q'arabindon! Denke an das Leben!«

Rhodans Herz machte einen Satz, als der Roboter sich plötzlich bewegte, den Kopf fast unmerklich hob.

»Ich ... habe ... einst ... gele...« Q'arabindon brach mitten in der Silbe ab. Einen Moment lang leuchtete das Licht seiner Sehzellen heller, dann ... erlosch es völlig.

O nein. Rhodan wurde klar, was geschehen war.

Vhatom Q'arabindon hatte sich durch Selbstabschaltung dem Dilemma entzogen, das er ihm aufgezwungen hatte.

Der Roboter hatte praktisch Selbstmord verübt.

Und damit war endgültig alles vorbei. TRAGTDORONS Sturz in die Sonne ließ sich nun nicht mehr aufhalten.

»Was ist geschehen, Rhodan?«, erklang Rechenmeister Crykoms Stimme in seinem Helmempfänger.

»Der Steuermann hat sich abgeschaltet«, antwortete der Terraner tonlos. »Wir können nichts mehr tun.«

»Seit wenigen Sekunden haben wir wieder Zugriff auf die Steuereinheit«, sagte der Kelosker. »Wir haben den Kurs bereits umgekehrt. Gerade noch rechtzeitig konnten wir den Sturz in die Sonne verhindern.«

Rhodan stand einen Moment reglos da, dann brach er in Gelächter aus. Und hörte erst auf damit, als Crykom fortfuhr: »Die Körpertemperatur des abgeschalteten Robot-Ensembles muss unbedingt konstant gehalten werden, notfalls durch Heizelemente oder durch dosierten Einsatz eines Thermostrahlers. Ich bin bereits auf dem Weg und werde in wenigen Minuten eintreffen.«

Rhodan runzelte die Stirn. Robot-Ensemble? Und welche

Bedeutung hatte diese höchst absonderliche Weisung des Rechenmeisters?

Aber er wusste es besser, als jetzt mit dem Kelosker darüber zu diskutieren oder überflüssige Fragen zu stellen, und wechselte die Funkfrequenz. »Mondra? Nano? Die Gefahr ist vorbei. Kommt bitte unverzüglich, ich brauche eure Hilfe. Justiert den Individualtaster auf mich, dann findet ihr mich schneller.«

»Was ist los, Perry?«, fragte Mondra.

Während seine Begleiter unterwegs waren, erklärte er ihnen die Lage. Ein Fehler, wie sich herausstellte. »O nein«, hörte er Nanos wehleidiges Klagen. »Habe ich Vhatom Q'arabindon nur gefunden, um ihn sofort wieder zu verlieren? Wie kann das Schicksal nur so grausam sein? Er ist der Inbegriff der Perfektion. Das Universum wäre ohne ihn ärmer. Und was soll dann aus mir werden ...?«

Rhodan zählte – aus mehreren Gründen – die Sekunden, bis seine Begleiter endlich vor ihm standen.

Der Posbi machte sich sofort an die Arbeit – hoffte Rhodan zumindest. Einen Augenblick lang stand er stumm und reglos vor Vhatom Q'arabindon. »O je«, sagte er dann. »Ich habe ein Temperaturprofil seines Körpers erstellt. Er erkaltet tatsächlich. Ein weiterer Beweis für meine Vermutung. Wie kann das bei einem einfachen Roboter der Fall sein?« Er fuhr den Waffenarm aus.

»Nano«, sagte Rhodan warnend.

»Ich weiß, was ich tue.« Mit seinem Thermostrahler eröffnete er das Feuer, nur um es Sekundenbruchteile später wieder einzustellen. Q'arabindons Körper leuchtete nicht einmal auf.

»Ich habe die Waffe auf breiteste Streuung und geringste Energie eingestellt«, erklärte er. »So kann ich seine Körpertemperatur konstant halten.«

Rhodan vermutete, dass Nano die Kontrolle vollständig an seine positronische Komponente abgegeben hatte. Die biologische war wahrscheinlich um Q'arabindon dermaßen besorgt, dass sie zu keinem logischen Nachdenken und Handeln mehr fähig war.

Fünf Minuten später traf Crykom ein. Er baute sich wortlos vor dem Körper des Steuermanns auf und maß ihn mit Blicken.

Er *berechnet* ihn, dachte Rhodan.

»Schalte den Thermostrahler auf höchste Energie mit feinster Bündelung um«, sagte er dann zu Nano Aluminiumgärtner.

Der Posbi gehorchte augenblicklich – für Rhodan ein weiteres Zeichen, dass der biologische Zusatz tatsächlich inaktiv war, sonst wäre dessen Klagen wohl nicht zum Aushalten gewesen.

Aber immerhin hat diese Komponente uns alle gerettet, dachte der Terraner. *Ohne Nano hätten wir den Steuermann nie gefunden.* Vielleicht war ja doch etwas an der unglaublichen Einschätzung, die der Posbi über seine Beziehung zu Q'arabindon geäußert hatte. Wie konnte es anders sein?

»Und nun trenne den Kopf vom Körper ab. Befolge dabei meine Anweisungen ganz genau.«

Mit einer Exaktheit, die einem Menschen unmöglich gewesen wäre, begann der Posbi mit der Arbeit.

»Kurz nach Q'arabindons Verschwinden«, sagte der Kelosker, »habe ich eine Dossier-Datei ausgelesen, die den Roboter betrifft. Darin habe ich Informationen gefunden, die uns sehr nützlich sein können.«

»Was für Informationen?«, fragte Rhodan, doch der Rechenmeister antwortete nicht. Entweder, weil er nicht wollte, oder aber, weil er sich tatsächlich auf die Anweisungen für Aluminiumgärtner konzentrieren musste. Der Posbi hatte mittlerweile den filigran geformten, ovalen Kopf von dunkel-kupferroter Farbe vom Körper abgetrennt.

»Und nun spalte den Kopf auf. Ganz vorsichtig, schneide vom exakten Mittelpunkt in zwei Linien im Winkel von einhundertachtzig Grad zum unteren Ende. Aber immer nur einen halben Millimeter tief. Führe den Strahl auf und ab.«

Rhodan vermutete, dass sich in der Dossier-Datei auch Informationen zu Q'arabindons Körperaufbau fanden. Nur so konnte er sich erklären, dass der Kelosker so genaue Anweisungen erteilen konnte. Andererseits ... falls er den Steuermann tatsächlich mit den Gehirnteilen in seinen sechs Paranormhöckern siebendimensional berechnete ...

Bevor Rhodan sich entscheiden konnte, welche Möglichkeit die wahrscheinlichere war, klappte Vhatoms Kopf mit einem leisen Knacken an den von Nano gezogenen Linien auf, und der Terraner sah inmitten verwirrend anmutender technischer Bestandteile eine schwarze, halb faustgroße ovale Kapsel.

»Die Plasma-Psyche Vhatom Q'arabindon«, sagte Crykom. »Trenne sie von allen Verbindungen zum restlichen Kopf, hole sie heraus und halte sie so, dass ich sie sehen kann.«

»Plasma-Psyche?«, fragte Rhodan.

»Später«, antwortete der Rechenmeister.

Irgendwie sind die Kelosker zu bedauern, dachte der Terraner. *Ihr ungeschlachter Körper spricht ihrem Geist Hohn. Mit seinen Greiflappen hätte Crykom keine einzige dieser Handlungen vornehmen können und hilflos zusehen müssen, wie die ... Plasma-Psyche starb.*

Nano Aluminiumgärtner führte die Operation so geschickt aus, als hätte er nie etwas anderes getan.

Vom Minnesänger zum Gehirnchirurg. Dieser Gedanke

war ein eindeutiges Indiz dafür, dass Rhodans Anspannung sich allmählich löste.

»Die Selbsterhaltungszelle ist abgeschaltet«, sprach Crykom wie zu sich selbst. »Der Inhalt wäre durch Abkühlung binnen weniger Minuten abgestorben.«

»Du bist noch rechtzeitig gekommen«, bestätigte Startac. »Die Kapsel gibt unverändert klare Individualimpulse ab.«

Der Kelosker schien die Worte des Orters nicht zur Kenntnis zu nehmen. »Du siehst die winzig kleinen Schaltflächen auf der Oberfläche der Plasma-Psyche, genau auf der Mitte der mir zugewandten Seite.«

Nano Aluminiumgärtner bestätigte.

»Berühre die zweite von links, aber nur sie. Sie ist als einzige farblich markiert. Damit«, fügte der Rechenmeister nach ein paar Sekunden hinzu, als sei ihm plötzlich eingefallen, den anderen seine Anweisung zu erklären, »nimmst du eine Schaltung vor, die die Selbsterhaltungszelle reaktiviert.«

Der Posbi tat wie geheißen, und Crykom trat einen Schritt zurück. »Es ist vollbracht. Die Plasma-Psyche wird vorerst weiterleben.«

Warum das alles?, dachte Rhodan. Die Antwort lag auf der Hand: Der Kelosker hatte einem ihm noch unbegreiflichen Wesen das Leben gerettet. Wenn er von einer Plasma-Psyche sprach, handelte es sich dabei nicht nur um ein künstliches Bauteil.

Andererseits war diese organische Komponente – Nano Aluminiumgärtner hatte also recht gehabt! – freiwillig aus dem Leben geschieden. Wieso hatte Crykom sie also zurückgeholt? Wieso akzeptierte er Vhatom Q'arabindons Wunsch nicht?

Dahinter musste mehr stecken. Also stellte Rhodan die pietätlose Frage trotzdem.

»Vhatom Q'arabindon ist an den Ereignissen keine direkte Schuld anzulasten«, erklärte der Rechenmeister. »Die Plasma-Psyche wurde einfach überfordert ... von dem Vorgehen von Mächten, die sie nur ausgenutzt haben.«

»Aber sie hat eine Entscheidung getroffen, die du anscheinend nicht respektierst.«

»Unter unerträglichem Druck. Sonst hätte Vhatom Q'arabindon sie niemals getroffen.«

»Trotzdem ...«

»Ich habe noch eine wichtige Verwendung für die Kapsel mit Plasma«, erklärte Rechenmeister Crykom unverblümt. »Wenn Vhatom Q'arabindon unbedingt sterben will, kann er seine Entscheidung unter anderen Umständen noch einmal treffen und dies später immer noch tun.«

Zweiundzwanzig

Vhatom Q'arabindon: Vergangenheit
Eine Welt für Schnecken

Gezielt Leben und Intelligenz ins Universum zu bringen ... gab es eine schönere, eine würdigere Aufgabe als diese? Steuermann Vhatom bekam über Jahrzehntausende hinweg seine Befehle und führte sie gewissenhaft aus.

Sein Weg führte ihn durch weite Bereiche des Kosmos und zeigte ihm immer wieder die Vielfalt der Schöpfung. In einer elliptischen Galaxis mit annähernd sphärisch symmetrischer, glatter Sternenverteilung aktivierte er die Maschinen der Stoff-Sphäre, die eine Anhebung der Gravitationskonstanten herbeiführten. Damit beschleunigte er die Arbeit eines Schwarms, der – vor Urzeiten oder wenigen Jahrtausenden? – hier Noon-Quanten gesät hatte. In einer Spiralgalaxis mit einer hochgradig geordneten Sternenscheibe, die von Armen aus jungen heißen Sternen durchzogen wurde, schuf er Leben, indem er in einem genau bezeichneten Gebiet On-Quanten aussetzte, und in einer anderen, deren Scheibe von einem zentralen Balken dominiert wurde, an dessen Ende sich bisymmetrische Spiralarme anschlossen, förderte er die Intelligenz mit Noon-Quanten.

Und er stellte sich vor, wie sich die ersten lebenden Systeme organisierten und die Fähigkeit zur Vermehrung erwarben; wie Zellen entstanden und sich zu immer komplexeren

Gebilden zusammenschlossen, um schließlich zum ersten Mal aus dem Wasser an Land geschwemmt zu werden.

Und dieses Leben dann die Fähigkeit entwickelte und stetig verbesserte, Probleme und Aufgaben effektiv und schnell zu lösen und sich in ungewohnten Situationen zurechtzufinden. Wie sich bei ihm verbales Verständnis, räumliches Vorstellungsvermögen, Gedächtnis und Zahlenverständnis ausprägten.

Aber er führte mit TRAGTDORON auch rein mechanische Arbeiten durch. In einer irregulären, annähernd kugelförmigen Galaxis flog er einen Planeten an, dessen durchschnittliche Temperatur ein paar Grad zu gering war, um die Entstehung von komplexem Leben zu ermöglichen, und setzte durch gezielten Beschuss der Waffen gewaltige Methanlager unter dem Meeresboden frei, um einen Treibhauseffekt herbeizuführen. Und in einer stabförmigen Zwerggalaxis beschleunigte er die Explosion einer Sonne zur Supernova, um durch deren Druckwelle und ins All geschleuderte Partikel einen Nebel mit Protosternen zu einer vorzeitigen Verdichtung anzuregen.

Leben und Intelligenz zu säen, an Orten des Kosmos, an denen es eine Dringlichkeit gab ... ja, eine erfüllende, erhabene Tätigkeit. Doch die Befriedigung, die er dabei empfand, wurde durch einige Aspekte ein wenig geschmälert.

Vhatom wusste, diese Einstellung war eitel und selbstsüchtig. Er wirkte zum Nutzen des Kosmos, und wo TRAGTDORON flog, blieb eine bessere Welt voll Leben und Erkenntnis zurück. Doch er konnte die Früchte seiner Arbeit nicht heranwachsen sehen, geschweige denn ernten. Aus On-Quanten entstand nicht im Laufe weniger Jahre Leben, der Prozess benötigte Jahrmillionen. Genauso wenig förderten die Noon-Quanten die Intelligenz in einem für ihn messbaren Zeitraum.

Orte des Kosmos, an denen Dringlichkeit herrschte ... Dringlichkeit vielleicht für die Kosmokraten, die in ganz anderen, unvorstellbaren Zeiträumen dachten. In unvorstellbar *langen* Zeiträumen, selbst für ihn, dem Cairol quasi die Unsterblichkeit verheißen hatte.

Wann immer Vhatom während der Erfüllung seiner Aufträge Zeit blieb, suchte er nach Spuren seiner Vergangenheit, doch schon bald, nach einigen Jahrtausenden, wurde ihm klar, dass diese Suche wohl sinnlos war und vergeblich bleiben würde. Wo sollte er anfangen? Welche Hinweise auf sein Leben vor dem Erwachen hatte er? So gut wie keine ... abgesehen von dem Feuerrad, das er mehrmals zu sehen geglaubt hatte, und von winzigen Erinnerungsfetzen, von denen er nicht einmal wusste, ob sie der Wahrheit entsprachen oder nur seiner Einbildung entsprungen waren. Ein Körper mit Tentakeln und einer Kloake ... Dennoch ließ er den Bordrechner unentwegt suchen, Ergebnisse vergleichen, den Funkverkehr ganzer Galaxien abhören und auf Spuren analysieren. Er trug Fakten und Mythen zusammen, sah aber schon nach wenigen Jahrhunderten der Wirklichkeit ins Auge und verlor den Glauben daran, noch fündig zu werden.

Und jedes Mal, wenn Cairol TRAGTDORON aufsuchte, erhielt er von dem Roboter der Kosmokraten dieselbe Antwort: keine neuen Erkenntnisse, keine neuen Hinweise auf seine Herkunft.

Zahllosen Orten des Universums brachte TRAGTDORON unter Vhatom Q'arabindons Leitung Intelligenz und Leben, und der Steuermann glaubte allmählich, das Vorgehen seiner Auftraggeber zu durchschauen. Die Dringlichkeit in kosmischen Maßstäben schien sich ausschließlich nach dem Anliegen der Kosmokraten zu richten. Entdeckte Vhatom in einer Galaxis Anzeichen für die Entstehung einer negativen

Superintelligenz, oder hatte sich dort schon eine etabliert und drohte übermächtig zu werden, wurde in einer benachbarten das Leben an sich oder seine Intelligenzwerdung gefördert. Stieß er jedoch auf eine Zivilisation, die *ihm* von sich aus förderungswürdig erschien, bekam er von Cairol in den seltensten Fällen die Genehmigung, gezielt einzugreifen, wenn diese Entwicklung nicht in ein größeres Gesamtbild passte.

So war es auch, als er nach weit über 50.000 Jahren als Steuermann TRAGTDORONS zum ersten Mal in direkten Kontakt mit einer Superintelligenz kam.

Vhatom untersuchte gerade mit der gebotenen Sorgfalt einen Planeten, der von intelligenten schneckenähnlichen Wesen bewohnt wurde, um im Auftrag Cairols gezielte Manipulationen an der Welt vorzunehmen. Das Interesse der Kosmokraten an den Wesen blieb ihm unverständlich, doch daran störte er sich nicht. Dem war oft so, und er hatte akzeptiert, dass es ihm niemals gelingen würde, die Denkweise der Hohen Mächte zu verstehen.

Aber diese Schnecken waren definitiv seltsam.

Sie waren etwa anderthalb Meter groß und mühten sich aufrecht durch ihren Lebensraum, ein ausgedehntes Sumpfgebiet auf Äquatorhöhe eines Sauerstoffplaneten. Blind, nackt und wirbellos schleppten sie sich auf verdickten Kriechsohlen durch das Brackwasser. Und sie waren ihrer Umgebung nicht im Geringsten angepasst, das verriet schon ihre glatte Haut, die schwarz schimmerte und fast eine Signalwirkung auf andere Geschöpfe in dieser grün-braunen Umgebung zu haben schien: *Hier bin ich, und ich bin harmlos, langsam und unbeholfen! Fresst mich!*

In *ihrer* Welt hatte die feuchte, weiche Haut der Schnecken vielleicht eine ganz andere Signalbedeutung inne: *Ihr könnt mich problemlos erlegen. Aber ich schmecke nicht, und ich bin auch giftig.* Doch hier ... Kein Tier vermochte damit etwas anzufangen. In drei, vier Generationen würde sich dieses Wissen vielleicht allmählich durchsetzen, doch jetzt? Und Raubtiere gab es in diesem Sumpfgebiet genug, Schlangen, Echsen, Säuger; die Schnecken wurden durch ihre natürlichen Feinde permanent dezimiert.

Vhatom bezweifelte allerdings, dass es sich bei diesen Räubern tatsächlich um natürliche Feinde handelte. Oder besser gesagt, bei den Wesen, denen das Interesse der Kosmokraten galt, um deren natürliche Beute. Diese Schnecken gehörten einfach nicht hierher, das war Vhatom schon nach wenigen Tagen der Analyse klar. Er ließ den Planeten noch einmal untersuchen, und diesmal entdeckte das Bordgehirn ungewöhnliche Metallvorkommen ganz in der Nähe des Lebensgebiets der Schnecken. Absolute Rückschlüsse ließen sich zwar nicht mehr ziehen, aber einiges sprach dafür, dass hier vor Jahrzehnten oder -hunderten ein Raumschiff abgestürzt war. Doch auch der Einsatz der Biophore-Wesen TRAGTDORONS vor Ort brachte keine neuen Erkenntnisse.

Der Steuermann beobachtete die Schneckenwesen eingehend, an denen den Kosmokraten so viel lag, und fragte sich, wie sie bislang überhaupt hatten überleben können. Schon ihre Fortbewegung kam ihm vor wie ein lächerliches Zerrbild. Wenn sie durch den Sumpf rutschten, wedelten sie hilflos mit ihren zwölf Ärmchen, die vorn am Oberkörper in zwei Reihen untereinandersaßen, und zuckten permanent mit den beiden Fühlern auf dem Kopf, die sich zwar hektisch bewegten, aber nichts wahrzunehmen schienen. Sie kamen Vhatom vor wie Blinde und Taube, die nur darauf warteten, von Raubtieren gefressen zu werden.

Manche von ihnen trugen ... Bekleidungsstücke? Oder

waren es gar Instrumente? Ockerfarbene Gliederpanzer, die jedoch bei einem einzigen Hieb eines Raubsauriers platzen würden. Masken am vorderen Kopfende, die jedoch nicht den geringsten Zweck zu erfüllen schienen, den Trägern keine bessere Sicht zu ermöglichen schienen. Bei manchen hing das Gebilde aus Kunststoff auch vom Kopf hinab und baumelte vor der Brust hin und her.

Vhatom hatte schon bald keinen Zweifel mehr daran, dass diese Wesen in wenigen Jahrzehnten, wenn nicht sogar Jahren von ihren primitiven Feinden ausgemerzt sein würden. Warum galt ausgerechnet ihnen die Aufmerksamkeit der Kosmokraten? Warum hatte er die Anweisung bekommen, zu ihren Gunsten in die Ökologie eines ganzen Planeten einzugreifen? Warum sollte er zahlreiche andere Spezies benachteiligen und schädigen, um diese Schnecken zu schützen? Und unterlagen die Hohen Mächte in diesen niederen Gefilden nicht verlangsamten Reaktionszeiten, die es ihnen eigentlich unmöglich machte, innerhalb weniger Jahrzehnte oder Jahrhunderte zum Wohlergehen einer bestimmten Spezies einzugreifen?

Er wusste es nicht. Aber die Kosmokraten verlangten es, und er gehorchte ihnen. Wie immer.

So behutsam wie möglich nahm er die nötigen Umweltveränderungen vor; in dieser Hinsicht waren die Befehle nicht eindeutig. Man hatte ihm bei seinem Vorgehen freie Wahl gelassen, und er entschied sich selbstverständlich für die größtmögliche Zurückhaltung. Er säte Leben und förderte Intelligenz, da kam es ihm nicht angemessen vor, ein Leben zu nehmen, um ein anderes zu schützen.

Mit Bordmitteln schuf er im Hauptozean des Planeten einen kleinen künstlichen Kontinent und stellte darauf Lebensbedingungen her, die für die schneckenähnlichen Wesen nahezu ideal waren. Dann identifizierte er mit den

Bioscannern Tiere und Pflanzen, die eine Bedeutung in der Nahrungskette seiner Schützlinge hatten. Alles andere konnte das Bordgehirn automatisch erledigen. Die Umsiedlung würde nur wenige Tage in Anspruch nehmen.

Kaum hatte er den Befehl erteilt, damit zu beginnen, als der Bordrechner ihm eine Ortung meldete. Es war ein kleines Schiff, das mit einem eigentümlichen Transitionssprung an den Grenzen dieses Sonnensystems auftauchte. Offensichtlich wurde es bei dem Vorgang nicht völlig entmaterialisiert, was für die Besatzung wahrscheinlich den Vorteil hatte, dass der Transitionsschock ausblieb.

Das Schiff sendete auf mehreren Frequenzen einen identischen Funkspruch aus. Dem Bordrechner zufolge handelte es sich dabei um einen Notruf.

»Forscher bittet ... Hilfe ... pffft ... Angriff ...erhaltungssysteme ...pffft ... zusammengebrochen ...«, übersetzte der Bordrechner die Fragmente des Spruchs. Die Stimme, die durch TRAGTDORONS Zentrale hallte, kam Vhatom kalt und mechanisch vor; es war offensichtlich die einer primitiven Automatik. Besonders eigentümlich kam ihm das seltsame Pfeifen vor, das immer wieder zwischen den Worten erklang.

»Eine Vergrößerung«, sagte der Steuermann, und der Rechner projizierte ein Holo. Vhatom betrachtete die dreidimensionale Darstellung und analysierte die dazugehörigen Daten.

Das Schiff war wirklich winzig, gerade einmal 20 Meter lang und keulenförmig. Am dicken Ende durchmaß es acht Meter, am dünnen lediglich zwei. Es konnte lediglich für eine Handvoll von Besatzungsmitgliedern ausgelegt sein, vielleicht sogar nur für eine Person.

Und es konnte nicht von weither kommen. Die Analyse des Transitionstriebwerks ergab, das es zwar durchaus fortschrittlich war, seine Reichweite aber auf etwa eine Million Lichtjahre begrenzt war. Und die maximale Sprungweite betrug wohl lediglich 50.000 Lichtjahre.

Als Unterlichtantrieb verwendete die Einheit ein Protonenstrahltriebwerk, und auf der Rumpfoberfläche befand sich eine ausfahrbare – und ausgefahrene – Kuppel mit einem Hyper-Initiallader-Geschütz, das zwar für seine Größe durchaus leistungsfähig war, aber für TRAGTDORON natürlich nicht die geringste Bedrohung darstellte. Wahrscheinlich konnten die Instrumente der winzigen Einheit die Stoff-Sphäre nicht einmal orten.

»Kannst du eine Verbindung herstellen?«, fragte Vhatom.

Umgehend bildete sich ein weiteres Holo. Es war leicht unscharf und flackerte in unregelmäßigen Abständen; das kleine Schiff schien stärker beschädigt zu sein, als Vhatom befürchtet hatte.

Als Vhatom dann den Piloten des Forschungsschiffs sah, verspürte er eine gelinde Überraschung.

Er ähnelte einem dunkelgrauen Sitzkissen mit vier Beinen und hatte zwei sehr muskulöse, etwa 70 Zentimeter lange Arme, die in scharfen, dreigliederigen, hellroten Klauen ausliefen.

Er sah aus wie Raul Gonduc, sein Vorgänger als Steuermann.

»... in Raumnot. Die Lebenserhaltungssysteme ... pffft ... versagen. Brauche dringend Hilfe ...«

Wie konnte das sein? Bislang war er davon ausgegangen, dass es solche Wesen nur an Bord von TRAGTDORON gab. Welche Zusammenhänge taten sich hier auf?

»... die Lebenserhaltungssysteme versagen. Wenn du mich hörst und verstehen kannst ...«

»Wer bist du?«, fragte er.

»Ronc Ommec, ein treuer Diener der KAISERIN VON THERM, die dich reich belohnen wird, wenn du ihren Forscher retten und zu ihr zurückbringen wirst.«

Vhatom dachte kurz nach. Die KAISERIN VON THERM ... eine Superintelligenz, über die er vor allem in jüngster Zeit einiges gehört hatte.

»Rette ihn«, befahl er dem Bordgehirn. »Ihn allein. Sein Raumschiff wird in ein paar Sekunden explodieren. Und achte darauf, dass er nicht zu viel von TRAGTDORON zu sehen bekommt. Er darf keinerlei Aufschlüsse über die Natur der Stoff-Sphäre ziehen können und sich nur in Bereichen aufhalten, die er für die eines normalen Raumschiffs hält.«

»Wie du wünschst«, sagte das Bordgehirn.

Der Forscher einer Superintelligenz, dachte Vhatom. Zum ersten Mal begegnete er einem Geschöpf, das in einem mehr oder weniger direkten Kontakt mit solch einer Entität stand. Bislang hatten seine Aufträge ihn nie zu den Mächtigkeitsballungen solcher Wesenheiten geführt. Ob zufällig oder mit Absicht, darüber hatte er sich noch nie Gedanken gemacht.

»Wie hast du mich an Bord deines Schiffes geholt?«, knarrte Ronc Ommec. »Mit einer Technologie, die der meines HUPFERS bei Weitem überlegen ist, nicht wahr?«

Vhatom schwieg einen Moment lang und entschloss sich dann, die Frage vorerst nicht zu beantworten. In ihm entstand so etwas wie ein Plan, den er erst mit der gebotenen Gründlichkeit analysieren wollte. »Ich habe von der KAISERIN VON THERM gehört. Du bist in ihrem Auftrag unterwegs?«

»Wer bist du?«, überging auch Ommec seine Frage. »Etwa einer der Unaussprechlichen? Du tauchst aus dem

Nichts auf und rettest mich. Dein Schiff wird von meiner Ortung nicht erfasst. Du hast die Gestalt eines Roboters, sprichst aber nicht wie einer. In eingeweihten Kreisen kursieren Legenden über solche ... Wesen.«

»Die Unaussprechlichen?«

»Gehilfen der Kosmokraten, so wie wir Gehilfen der Superintelligenz sind.«

Vhatom zögerte erneut. »Du bist also ein Forscher, der im Auftrag der KAISERIN VON THERM unterwegs ist. Welches Ziel hat deine Mission?«

»Ich bin auf der Suche nach möglichen Nachfahren des Volks, aus dem die Kaiserin einst entstanden ist, der Soberer«, antwortete Ommec geradeheraus.

»Die Soberer ...« Vhatom rief unbemerkt von dem Gast an Bord die relevanten Daten ab. »Vor etwa siebenunddreißig Millionen Jahren beherrschten sie ein riesiges Sternenreich in der Galaxie Golgatnur. Doch dann überließen sie alle wesentlichen Kontrollen über ihr Reich einer Vielzahl von Großrechnern, Tiotroniken genannt, und schließlich ging ihre Zivilisation ohne jeglichen Einfluss von außen zugrunde.«

»Ja. Aber die letzte Großtat der Soberer war die Aussendung der Priorwelle, einer Überlagerung einer unendlich großen Anzahl von Wellen, in der das gesamte Wissen ihrer Zivilisation aufgezeichnet war. Die Priorwelle durchquerte das Universum für Millionen von Jahren und berührte dabei unter anderem die Galaxis Balayndagar, wo sie erheblichen Einfluss auf die Entwicklung der Kelosker nahm.«

Kelosker?, dachte Vhatom. Hatte Cairol nicht einmal erwähnt, dass die Kosmokraten sich für diese Spezies interessierten? Ein Zufall, oder ...? »Schließlich wurde die Priorwelle von einem zwei Lichtjahre großen Urnebel in der

Galaxis Nypasor-Xon eingefangen«, zitierte er aus den ihm zur Verfügung stehenden Daten, »aus dem sich über Millionen von Jahren das Sonnensystem Yoxa-Sant mit achtzehn Planeten bildete. Um den dritten Planeten Drackrioch entstand ein Kristallgebilde, die KAISERIN VON THERM. Aber ausgesandt wurde die Priorwelle, die das gesamte Wissen der untergegangenen Sobererzivilisation in sich enthielt, von« – eine weitere rasche Datennachfrage – »Blosth.«

»Ja. Das ist die eigentliche Heimat der KAISERIN VON THERM.«

»Und du sollst mögliche Nachfahren der Soberer finden?«

»Genau. Es ist nicht bekannt, ob vor dem endgültigen Niedergang einige Soberer vielleicht ihren Heimatplaneten verlassen und sich anderswo angesiedelt haben. Aber wenn du wirklich einer der Unaussprechlichen bist, ein Gehilfe der Kosmokraten ... die KAISERIN VON THERM wird dich reich belohnen, wenn du ihr zu Hilfe kommst.«

Reich belohnen, dachte Vhatom. Der Plan nahm immer konkretere Züge an. *Cairol gibt mir keinerlei Informationen über meine Herkunft. Meine Suche danach war bislang erfolglos. Wer könnte mir dabei helfen, wenn nicht eine Superintelligenz?*

Er überzeugte sich, dass das Bordgehirn alle Maßnahmen zur Rettung der lebensunfähigen schneckenähnlichen Wesen abgeschlossen hatte. »Ich habe dich aus Raumnot gerettet«, sagte er schließlich, »und sehe es nun als meine Aufgabe an, dich zu deiner Herrin zurückzubringen. Wir fliegen nach Drackrioch.«

Dreiundzwanzig

Perry Rhodan, TRAGTDORON:
5. Juni 1343 NGZ (4930 nach Christus)

Fast ehrfürchtig hörte, sah, fühlte Perry Rhodan mit allen Sinnen in die Welt, die ihn umgab, und spürte die Veränderung.

Vorher hatte er nichts wahrgenommen außer dem, was die normalen Sinne ihm verrieten: grau verkleidete Gänge, unbegreifliche Maschinen, Chaos allenthalben, von halb entstofflichten Zonen über durchtrennte Netzstränge bis hin zum einsickernden Hyperraum.

Doch nun ... nun war da etwas anderes, und es war wunderbar. Das Mikro-Netz, das Makro-Netz, die 49 Lichtsphären, die 200 Stoff-Sphären ... alles war mit einem Mal wieder eins, und alles war so, wie es sein sollte.

Richtig.

Das Leben kehrte in den relozierten TRAGTDORON-Körper zurück. Kein Leben an sich, aber etwas Vergleichbares. TRAGTDORON *gesundete*, wurde zu dem, was es einmal gewesen war und eigentlich noch immer sein sollte. Das gesamte komplexe Gebilde begann zu pulsieren, als würde es tatsächlich leben, und schlug dann regelmäßig wie ein Herz, als würde das Leben, das TRAGTDORON beförderte, um es zu verbreiten, das Instrument der Kosmokraten selbst auf unerklärte Art und Weise beseelen.

Einen Moment lang spürte Rhodan wieder einen Hauch

von der wahren Macht der Kosmokraten, wie er sie einmal gekannt hatte. Oder von der Kraft der Schöpfung, die unbegreiflich war und immer unbegreiflich bleiben würde, jedenfalls für einen Menschen.

»Es ist gelungen«, drang Crykoms Stimme an sein Ohr, und Rhodan empfand sie als ungeheuerliche Störung, als Schändung eines erhabenen Augenblicks, den er so noch nie erlebt hatte und wohl auch nie wieder erleben würde. Wie gern hätte er diesen Moment noch ausgekostet, stundenlang, tagelang, bis in alle Ewigkeit!

Doch er musste sich der Wirklichkeit stellen. Er zwang sich, an die Alteraner zu denken, die in diesem Augenblick vielleicht starben, an die Verantwortung, die auf seinen Schultern lastete. Der Gedanke half ihm, sich von dem schlagenden Herz zu lösen und langsam, zögerlich, wieder in der Realität zurechtzufinden.

»Den Berechnungen zufolge ebben die hyperphysikalischen Störungen, die ganz Ambriador beherrschen, punktuell bereits ab«, erklärte der Kelosker. »Um wenige Promille nur, der gesamte Prozess wird Jahrhunderte dauern. Vierdimensional denkende Wesen werden noch nichts davon bemerken können, doch die empfindlichen Messinstrumente TRAGTDORONS geben darüber eindeutig Auskunft.«

Hier in der Zentrale, in der sich nun ein angenehmes orangenes Licht ausbreitete, leuchteten einzelne Schalttafeln auf, dort flimmerten energetische Ströme zwischen Instrumenten oder einfach in der Luft. Holos zeigten verwirrende Farbspiele, denen er nicht den geringsten Sinn entnehmen konnte. Überall knisterte und blinkte es, doch es waren angenehme Geräusche, die sich zu einem geradezu prickelnden, belebenden Gesamtbild zusammenfügten.

TRAGTDORON lebte wieder!

Rhodan fragte sich, wieso die Kelosker, so mehrdimensional kundig sie auch sein mochten, diesen Erscheinungen auch nur die geringste Information entnehmen konnten. Doch er beschäftigte sich damit nicht weiter, nahm es erleichtert als gegeben hin.

»Was geschieht nun?«, fragte er.

»Wir beschleunigen TRAGTDORON bereits.«

»Wohin?«

»Fort von der Sonne, Richtung interstellaren Raum. TRAGTDORON wird vermutlich nie wieder an den Ort seiner Beinahe-Havarie zurückkehren.«

»Und die Tragtdoron-Fähre?«

»Bleibt herrenlos zurück. Sie hat ihren Zweck erfüllt, für sie besteht keine Verwendung mehr.«

»Was wird nun aus den Ueeba von Pakuri?«

»Sie werden vermutlich ihre Psi-Fähigkeiten verlieren, sobald TRAGTDORON fort ist«, erklärte der krude Koloss. »Zumindest wird es bei den nächsten Generationen keine neuen geben. Aber die Posbis, die wir auf dem Planeten angesiedelt haben, werden ihnen über den Verlust hinweghelfen. Und in ein paar Generationen werden die Ueeba wieder beginnen, gewöhnliche Verhaltensmuster zu entwickeln. Ich habe Tawe vor unserem Aufbruch in meine diesbezüglichen Berechnungen eingeweiht.«

Rhodan wusste nicht, ob er erleichtert darüber oder zornig darauf sein sollte, dass die Kelosker buchstäblich an alles gedacht hatten. Sie hatten ein Volk aus Biophore-Wesen zu ihren Zwecken gezüchtet und manipuliert, doch nun, da es diese Zwecke erfüllt hatte, überließen sie es wenigstens nicht vollständig ihrem Schicksal.

»Das wäre geklärt«, sagte er. »Für ein Instrument der Kosmokraten wie TRAGTDORON stellt die Zentrumsregion von Ambriador doch kein Hindernis dar, ganz gleich, welche Hyperstürme dort toben, nicht wahr?«

»Nein«, bestätigte der Rechenmeister.

»Dann würde ich vorschlagen, dass wir umgehend nach Altera fliegen, um den bedrohten Menschen dort so schnell wie möglich zu Hilfe zu kommen.«

»Meinen Berechnungen zufolge ist das nicht das ideale Vorgehen.«

Rhodan kniff die Augen zusammen. Waren die Kelosker etwa der Faszination des wunderbaren Instruments der Kosmokraten bereits erlegen? Galt nun TRAGTDORON ihr ganzes Interesse? War ihnen alles andere gleichgültig geworden?

»Crykom ...«, sagte er.

»Ich habe den Großen Posbi-Krieg nicht vergessen, und auch nicht die Alteraner. Die Vorgänge schockieren uns unverändert. Aber meinen Berechnungen zufolge ist es sinnvoller, zunächst zur Achtzigsonnenwelt zu fliegen und erst dann nach Altera.«

»Zur Achtzigsonnenwelt?«, wiederholte Rhodan.

Bei den Geschwindigkeiten, die TRAGTDORON bestimmt erreichen konnte, ließen sich die 3234 Lichtjahre dorthin und die anschließenden gut 7000 weiter nach Altera sicher in wenigen Minuten zurücklegen, aber ...

»Ja«, bekräftigte der Rechenmeister. »Dort werden wir mithilfe der Siebenkopf-Schaltung die Kontrolle über die Posbis übernehmen. Und *dann* werden wir nach Altera fliegen.«

Vierundzwanzig

Vhatom Q'arabindon: Vergangenheit
Ein kleines, sentimentales Anliegen der Kaiserin

Der nächste Kontakt mit einem Helfer der KAISERIN VON THERM verlief nicht ganz so herzlich. Als er die Galaxis Nypasor-Xon erreichte, stellte er schnell fest, dass die Kaiserin darin mehrere stark befestigte Verteidigungsringe angelegt hatte. Er rief weitere Informationen auf und erfuhr, dass sie sich in einem Konflikt mit einer Superintelligenz namens BARDIOC befand.

Um Missverständnisse zu vermeiden, materialisierte er vor einem dieser Ringe TRAGTDORON teilweise, damit die Streitkräfte der Kaiserin das Instrument der Kosmokraten orten konnten, und nahm Kontakt mit dem Kommandanten der Bastion auf.

Das Holo zeigte ein Wesen in einer nüchtern anmutenden Umgebung, wie Vhatom es noch nie gesehen hatte. Sein Körper war pfahlförmig und vielleicht zwei Meter hoch. Oben mochte er etwa 40 Zentimeter dick sein, und nach unten lief er in einer Art Steiß von 20 Zentimetern Dicke aus. Der gesamte Leib war von einer dunkelbraunen, künstlichen Schutzfolie umhüllt, in deren oberem Drittel sich ein V-förmiger Ausschnitt befand und das Gesicht und die Brust des Geschöpfs freigab.

»Kommandant Fertryh an die unbekannte Einheit«, sagte

das Geschöpf mit knarrender Stimme. Die Worte drangen aus einem durchlöcherten, scheibenförmigen Mund im Gesicht des Wesens. »Erkläre deine Absicht.«

Eine Sprechmembrane, dachte Vhatom. Aus den kleinen Löchern schossen hektisch winzige Saugrüssel hervor, nur um sofort wieder zurückgefahren zu werden. *Dienen sie etwa zur Nahrungsaufnahme?*

Der Steuermann rief weitere Informationen aus der Datenbank TRAGTDORONS auf. Bei Fertryh handelte es sich um einen Choolk, den Angehörigen eines der wichtigsten Hilfsvölker der Kaiserin.

Er erweiterte den Aufnahmebereich der Holokamera auf Ronc Ommec. »Diesen Forscher der KAISERIN VON THERM habe ich aus Raumnot gerettet. Er hat erklärt, die hohe Wesenheit würde mich reich belohnen, wenn ich ihr einen Gefallen erweise.«

»Wer bist du?«

»Vhatom Q'arabindon, Steuermann von TRAGTDORON.«

Zu dem rosafarbenen Gesicht des Wesens gehörten außer der Sprechmembrane ein kreuzförmiges, vier mal vier Zentimeter großes Sehorgan und zwei kleine, seitlich angeordnete Stäbchen, die Vhatom für Hörorgane hielt. Aber der Steuermann hatte schon zu viele noch viel fremdartigere Geschöpfe gesehen, als dass ihm dieses seltsam vorgekommen wäre. Der Choolk zog eine Membran über dem Sehorgan zusammen und sofort wieder auseinander. »Was ist TRAGTDORON?«

»An einer Belohnung ist mir nichts gelegen, aber ich möchte mit der Kaiserin sprechen. Und ich bin überzeugt, sie wird auch mit mir sprechen wollen.«

»Warte.« Die Verbindung wurde unterbrochen, und als sie eine geraume Weile später wiederhergestellt wurde, trat Fertryhs gerade in den Aufnahmebereich der Kamera.

Seine beiden dünnen Beine schienen dem Körper kaum genügend Halt geben zu können. Sie ragten seitlich etwa 30 Zentimeter über dem Steiß aus dem Körper, hatten ein Kugelgelenk in der Mitte und fächerförmige, knochige Füße mit acht zehenähnlichen Gliedmaßen.

Zweifellos hatte Fertryh mittlerweile Erkundigungen eingeholt und Vhatoms Ansinnen höheren Stellen vorgetragen. »Der Begriff TRAGTDORON ist der Kaiserin bekannt«, sagte er und unterstrich dabei jeden seiner Sätze, wenn nicht jedes seiner Worte, mit schlangenähnlichen Bewegungen seiner Arme. Sie blieben keine Sekunde lang ruhig, waren ebenfalls äußerst dünn, aber sehr beweglich durch ein Kugelgelenk in Ellbogenhöhe und ein zweites in Hohe der Hände, die diese seltsamen Bewegungen bedingten. Die Hände des Wesens waren wie die Füße achtgliedrig, und auch das Spiel der Finger schien nie zu erlahmen.

»Sie heißt den Helfer der Kosmokraten willkommen und bittet ihn, das Yoxa-Sant-System anzufliegen«, fuhr der Kommandant fort und unterbrach dann ohne ein weiteres Wort die Verbindung.

Auswirkungen der Auseinandersetzung zwischen der KAISERIN VON THERM und BARDIOC, dachte Vhatom. Die Kaiserin muss ihre Mächtigkeitsballung schützen, und das führt zwangsläufig zu einer Militarisierung der Gesellschaft ihrer Hilfsvölker und zu Misstrauen allen Fremden gegenüber.

Als der Steuermann TRAGTDORON wieder vollständig dematerialisierte und beschleunigte, dachte er noch immer an den großen, grün schimmernden Kristall, den er an einer Metallkette an der Brust des Kommandanten hängen gesehen hatte.

Drackrioch.

Der dritte Planet der Riesensonne Yoxa-Sant, zum größten Teil von Wasser bedeckt, mit einer Vielzahl von Inseln, wovon acht als Kontinente gezählt werden konnten, die teils von mächtigen Gebirgen, teils von ausgedehnten Dschungeln überzogen waren. Einer davon, der kleinste der acht, trug den Namen Troltungh. Auf dem Planeten herrschte eine extrem hohe Luftfeuchtigkeit von fast 97 Prozent.

Das alles verrieten Vhatom die Instrumente der Stoff-Sphäre und die Daten, die Ronc Ommec ihm zur Verfügung gestellt hatte. Sehen konnte er es jedoch nicht. Und das alles machte Drackrioch auch nicht aus.

Vor TRAGTDORON schwebte ein gigantischer Kristall in der samtenen Schwärze des Alls, funkelnd, strahlend hell, so gleißend, dass jeder organische Beobachter geblendet worden wäre. Der gesamte Planet wurde von einer kristallinen Netzhülle umschlossen, die sich billionenfach verästelte und verzweigte. Zahlreiche Kontaktäste reichten bis auf die Planetenoberfläche hinab. In Durchlasszonen und an zahlreichen weiteren Stellen des Kristallnetzes reckten sich Türme in die Höhe, Zylinder aus zahllosen kristallinen, brillantenartig schillernden und lichtbrechenden Fadengeweben mit Kristalladern, die sich nach oben verjüngten und in ein billiardenfach gegliedertes Geflecht übergingen, glitzernde Gespinste aus weißen Brillantfäden, nur scheinbar durchsichtig, inmitten eines viel größeren, ja unvorstellbar großen Gespinstes.

Sonnenlicht durchflutete das Kristallgebilde, wurde von ihm reflektiert und gebrochen. Schillernde Lichtkaskaden flossen über Myriaden scharf ausgebildeter, ebener, glänzender Flächen und machten es selbst Vhatom fast unmöglich, Einzelheiten zu erkennen.

Die KAISERIN VON THERM. Zumindest ihre körperliche Ausprägung.

Allmählich wurde Vhatom klar, was der Begriff »Superintelligenz« tatsächlich bedeutete.

Einen Moment lang überkamen ihn Zweifel. Was erhoffte er sich von dieser Entität, so mächtig sie auch sein mochte? Und wieso ging er davon aus, dass sie ihm überhaupt helfen konnte? Welches Interesse sollte sie daran haben? Was würde sie von ihm als Gegenleistung erwarten?

Sein Blick streifte kurz die Holos der Raumortung. Es wimmelte vor Schiffen im System der blauen Riesensonne, doch bei den meisten davon handelte es sich um kleine, schwarze Kugelraumer von gerade einmal 80 Metern Durchmesser.

Vhatom hielt diesen Schutz im Prinzip trotz der Verteidigungsringe in Nypasor-Xon für unzureichend – immerhin handelte es sich um das Zentrum einer Mächtigkeitsballung! –, doch ihm war zu wenig über die KAISERIN VON THERM bekannt, um zu einem endgültigen Urteil zu gelangen. Vielleicht verfügte die Wesenheit ja über ganz andere Möglichkeiten, ihre Heimat zu sichern.

Vor Vhatom bildete sich ein Holo. »Ein Funkspruch von Troltungh«, meldete das Bordgehirn. »Gralsmutter Moykra wünscht dich zu sprechen.«

»Gralsmutter ...« Er rief wieder entsprechende Daten ab. Das war eine Bezeichnung für hochstehende Kelsirinnen, Angehörige des ersten Volks, das den Aufstieg der Superintelligenz begleitete. Die Kelsiren waren ursprünglich im Wasser lebende Kiemenatmer, die sich vor Millionen von Jahren an Land begaben. Zu dieser Zeit umspannte die KAISERIN VON THERM bereits Drackrioch, den Heimatplaneten dieser Spezies.

Die Gesellschaft der Kelsiren war matriarchalisch angelegt. Bei ihnen stellten die Frauen das starke Geschlecht; sie herrschten und verfügten, und die männlichen Kelsiren waren angeblich schwach und nur als Arbeitskräfte zu gebrauchen. Die Superintelligenz hatte dieses Volk gezielt gefördert und wohlwollend beeinflusst, und sie verstand sich eben wegen jener matriarchalischen Orientierung als weiblich, wie Vhatom amüsiert las.

Dem Wesen im Holo war seine Herkunft tatsächlich auf den ersten Blick anzusehen. Es erinnerte den Steuermann an einen aufrecht gehenden Fisch, dessen Hinterflossen zu kurzen, Beinen nicht unähnlichen Gliedmaßen ausgebildet waren. Auch die Arme waren kurz geraten und schienen sich aus Brustflossen entwickelt zu haben. Die Hände mündeten in vier Mittelfinger und zwei Daumen und wirkten sehr zerbrechlich.

Der gesamte Körper der Gralsmutter einschließlich des viel zu klein wirkenden, nach oben aufgewölbten Kopfs war mit weißer Schuppenhaut bedeckt; lediglich ein birnenförmiger Auswuchs im Nacken, etwa 20 Zentimeter durchmessend und von fächerförmigen Organantennen überwuchert, schimmerte scharlachrot, während die Antennen in allen Farben des Spektrums leuchteten.

Das Bordgehirn gab eine Warnung durch. »Bei dieser Ausbuchtung handelt es sich um ein gehirnähnliches Psiorgan, mit dessen Hilfe die Kelsiren mentale Locksignale von sich geben können. Diese Fähigkeit haben die Urkelsiren genutzt, um Beutetiere anzulocken. Die KAISERIN VON THERM förderte diese Begabung, um damit Lockrufe in ihre Galaxis zu senden und Hilfsvölker zu gewinnen. Mit dieser Fähigkeit wurden einst die Choolks geködert, die danach zu einem ihrer treuesten und auch wichtigsten Helfer wurden. Außerdem sind die Kelsiren imstande, durch ihre Ausstrahlung den Wuchs von Pflanzen zu beeinflussen. Inwieweit sie mit ihren suggestiven Fähigkeiten auch eine Plasma-Psyche manipulieren können, ist zwar nicht restlos geklärt, aber Vorsicht ist geboten. Du weißt, was du notfalls zu tun hast.«

Vhatom lauschte in sich hinein, konnte jedoch nicht die geringste Beeinflussung feststellen. Vielleicht verhinderte ja sein künstlicher Körper oder der Umstand, dass er eine Plasma-Psyche war, von vornherein einen Übernahmeversuch – falls überhaupt einer stattfand. »Ja, ich weiß.« Er widmete sich wieder dem Wesen auf dem Holo und aktivierte die Verbindung.

»Die KAISERIN VON THERM grüßt den Beauftragten der Hohen Mächte«, sagte Gralsmutter Moykra. »Deine Ankunft fällt in eine Zeit der großen Freude, aber auch der großen Trauer.«

Der Steuermann beschloss, sich zuerst einmal anzuhören, was die Kelsirin zu sagen hatte. Er mochte zwar durchaus ein Beauftragter der Kosmokraten sein, aber einer mit einem genau spezifizierten Auftrag und kaum oder gar keinen darüber hinausgehenden Befugnissen. »Eine Zeit der Freude und der Trauer?«, wiederholte er.

»Alles hat seine Zeit«, antwortete das fischähnliche Wesen gesalbt. »Manchmal überschneiden sich die Ereignisse jedoch, und der eine Anlass bedingt den anderen. Die Kinder der Duuhrt frohlocken, denn endlich hat eine kleine Flotte der KAISERIN VON THERM unter dem Kommando des Choolks Hopzaar die Urheimat Blosth erreicht.«

Blosth, dachte Vhatom, die legendäre Heimatwelt der Soberer.

»Eine gute Nachricht«, sagte er. »Das wird die KAISERIN VON THERM erfreuen.«

»Und die Kinder der Duuhrt sind traurig, denn wie damit zu rechnen war, ist Blosth zum Ödplaneten geworden, und die Forscher konnten keinerlei Reste der soberischen Zivilisation finden, wie es ihnen auch noch nicht gelungen ist, Abkömmlinge dieses Volkes ausfindig zu machen.«

»Das ist keine so gute Nachricht.« Vhatom fragte sich, worauf die Gralsmutter hinauswollte.

»Doch die Trauer darüber weicht wieder der Freude, die deine Ankunft auslöst.«

Analysiere diese Informationen, beauftragte Vhatom den Bordrechner. *Ich möchte wissen, was die Superintelligenz beabsichtigt.* »Wieso bietet meine Ankunft Anlass zur Freude?«, fragte er laut. »Ich habe einen eurer Piloten aus Raumnot gerettet und hierhergebracht. Mittlerweile habe ich herausgefunden, dass deine Herrin im Zwist mit einer Superintelligenz namens BARDIOC lebt. Beide Seiten rüsten sich offensichtlich für einen großen Schlag. Wenn die KAISERIN VON THERM annimmt, dass ich zu ihren Gunsten in diesen Kampf eingreife ...«

Die Kelsirin schnappte buchstäblich nach Luft. »Aber nein, so etwas würde meine Herrin niemals verlangen. Doch die KAISERIN dankt dir für die Rettung des Forschers; so unbedeutend er für dich auch sein mag, für sie ist das Leben eines jeden ihrer Kinder von Belang. Und sie freut sich, endlich einen Vertreter der Hohen Mächte bei sich begrüßen zu können. Mehr noch, sie fühlt sich geehrt, und bei der ersten Gelegenheit, die sich bietet, wird sie dich persönlich begrüßen.«

»Auch für mich ist jedes Leben wertvoll.« Vhatom musterte das fischähnliche Wesen eingehend, konnte jedoch keinerlei Rückschlüsse auf dessen Mimik ziehen. Mehr noch, er konnte nicht einmal Merkmale entdecken, die auf das Geschlecht des Geschöpfs hinwiesen. Hätte es sich nicht als Gralsmutter vorgestellt, hätte er nicht sagen können, ob es weiblich oder männlich war.

Blosth, meldete sich der Bordrechner. *Offensichtlich verfügt die KAISERIN VON THERM über gewisse Informationen über die Kosmokraten und auch TRAGTDORON. Ihr Interesse an dir hängt mit der Wiederentdeckung ihrer eigentlichen Ursprungswelt zusammen. Mit einer Wahrscheinlichkeit von vierundneunzig Prozent wird sie dich auffordern, Blosth wieder bewohnbar zu machen oder sogar die soberische Zivilisation wiederherzustellen.*

Eine reizvolle Aufgabe, dachte Vhatom spontan. *Zumindest der erste Teil davon. Der zweite wäre wahrscheinlich sogar für mich und TRAGTDORON unmöglich.*

»Auch ich fühle mich geehrt«, antwortete er. »Aber auf mich warten noch viele Aufgaben, und meine Zeit ist begrenzt. Wenn die KAISERIN VON THERM mir also verraten würde ...«

»Meine Herrin hat ein kleines, sentimentales Anliegen«, kam die Gralsmutter endlich zur Sache. »Aus Verbundenheit mit ihrer Herkunft bittet sie dich, die ehemalige Welt der Soberer wieder mit Leben zu erfüllen.«

»Woher weiß die Kaiserin überhaupt, dass ich mit meiner Stoff-Sphäre so etwas vollbringen könnte?«

»Seit das Reich meiner Herrin zur Mächtigkeitsballung wurde und immer weiter wuchs, beobachtet sie die Aktivitäten der Hohen Mächte. Etwa die der Sieben Mächtigen, die mit ihren Sporenschiffen Leben und Intelligenz im Universum verbreiteten, und die anderer Helfer der Kosmokraten. Daher ist sie durchaus über die Stoff-Sphäre informiert.«

Das klang nur logisch. Im komplizierten Geflecht der Superintelligenzen untereinander und in ihrer Beziehung zu den Hohen Mächten konnten solche Informationen lebenswichtig sein, auch wenn normalsterbliche Wesen kaum etwas davon mitbekamen.

»Aber deiner Herrin ist klar, dass es mir unmöglich ist, die Zivilisation der Soberer selbst wiederauferstehen zu lassen?«

Die Gralsmutter zögerte kurz, aber merklich. »Natürlich«, sagte sie dann. »Wenn man wirklich keine Nachkommen von ihnen findet ... Sie möchte dich aber lediglich bitten, die Welt der Soberer mit neuem Leben zu erfüllen, um ihr eine zweite Chance zu geben.«

Vhatom dachte erneut, dass diese Aufgabe ihn reizen würde.

»Im Gegenzug verpflichtet die KAISERIN VON THERM sich, all ihre Kinder Informationen über die Herkunft von Plasma-Psychen sammeln zu lassen und dir zur Verfügung zu stellen«, fuhr die Kelsirin fort. »Forscher werden ausschwärmen in alle Bereiche des Universums, und auch auf Missionen für die Herrin, die nichts mit dir zu tun haben, werden sie sich umhören und Augen und Ohren offen halten, um das Geheimnis deiner Herkunft zu klären.«

Dass die KAISERIN VON THERM *darüber* Bescheid wusste, wunderte Vhatom nicht; schließlich hatte er Ommec gegenüber derartige Aussagen fallen lassen.

Er dachte nach, aber nur kurz. »Ich freue mich über dieses Angebot und die Großzügigkeit deiner Herrin.« Ein weiterer Gedanke kam ihm ganz plötzlich. »Vielleicht erweist sie mir schon vorher einen Gefallen? Mein Vorgänger an Bord TRAGTDORONS ist gestorben und wünscht sich nichts sehnlicher, als auf einem Planeten bestattet zu werden, der von einer hochstehenden Intelligenz bewohnt wird. Und welche böte sich da eher an als Drackrioch?«

Die Gralsmutter schien kurz in sich hineinzuhorchen. »Die Duuhrt wird dir diesen Wunsch selbstverständlich erfüllen«, sagte sie dann.

»Ich bin ihr zu Dank verpflichtet. Ich werde die Kapsel

mit dem Sarg auf den Weg schicken. Und dann fliegen wir unverzüglich nach Blosth. Noch etwas ... mein Vorgänger scheint derselben Spezies wie der Forscher Ronc Ommec zu entstammen. Er hatte keine Erinnerung an seine Herkunft. Kann mir die Kaiserin Auskünfte darüber erteilen?«

Wieder eine kurze Pause. »Ich habe die Kaiserin über dein Ansinnen informiert, und sie wird dich zu gegebener Zeit unterrichten.« Moykra neigte ernst den Oberkörper – und damit auch den Kopf. »Als Zeichen ihrer Dankbarkeit möchte sie dir aber schon jetzt ein Geschenk überreichen.« Die Gralsmutter hielt einen Gegenstand in den Bereich des Aufnahmegeräts – einen in kaltem Blau schimmernden Kristall, mindestens so groß wie eine ihrer zerbrechlich wirkenden Hände.

Einen Kristall, wie nicht nur Fertryh ihn an der Brust getragen hatte, sondern auch die Gralsmutter selbst einen trug, wenn auch in wesentlich kleinerer Ausfertigung.

»Ich werde das Geschenk an Bord der TRAGTDORON holen lassen«, sagte Vhatom, und die Gralsmutter unterbrach die Verbindung.

Blosth.

Der vierte von insgesamt elf Planeten der Sonne Seerkosch, in der Galaxis Golgatnur, ehemals Heimat der Soberer. Zur Blütezeit dieses Volks ein Planet, über dessen Pracht eine ganze Galaxis zu erzählen wusste. Der Ausgangspunkt der Priorwelle, durch die die KAISERIN VON THERM und auch die Kelosker – wie Vhatom mittlerweile herausgefunden hatte – entstanden waren.

Nun eine Ödwelt, die ihre Sauerstoffatmosphäre beinahe vollständig verloren hatte, eine Wüste mit deutlichen Spuren einer globalen Erosion. Meteoriteneinschläge wirbelten immer wieder den Sand schier endloser Wüsten auf, harte

Strahlung schlug direkt auf die Oberfläche und tötete auch das kleinste Leben. Reste der soberischen Zivilisation gab es gar keine mehr. Wie viele Millionen Jahre waren seit ihrem Untergang vergangen?

Beim Anflug auf die Koordinaten, die er von der KAISERIN VON THERM erhalten hatte, stellte Vhatom fest, dass sich – in kosmischen Maßstäben gesehen – ganz in der Nähe ein Kosmogen befand, FLAABA-4. Dieser Umstand schärfte seine Wachsamkeit. Kosmogene standen oft im Brennpunkt von Auseinandersetzungen, zumindest jedoch im Interesse der Hohen Mächte, und Vhatom ging davon aus, dass es hier nicht anders war. Womöglich hatte er den Fehler begangen, zu weit von seiner eigentlichen Route abzuweichen, und war in eine Region vorgedrungen, in der er sehr schnell die Aufmerksamkeit der Hohen Mächte auf sich ziehen würde.

Außerdem hatte er eigenmächtig gehandelt.

Nun, als er den Planeten untersuchte, wie er zuvor Tausende andere untersucht hatte, um die optimale Vorgehensweise zu ermitteln, fragte er sich, warum er es für eine gute Idee gehalten hatte, den Wunsch der Kaiserin zu erfüllen. Einem Planeten Leben zu schenken – sicher, das betrieb er seit Jahrzehntausenden. Aber warum mischte er sich in das Spiel der Superintelligenzen und Hohen Mächte ein?

Vielleicht wollte er mit dieser Aufsässigkeit nur Aufmerksamkeit erregen? Cairols Aufmerksamkeit etwa?

Oder aber ... hegte er Rachegelüste? Ging eine späte Saat seines Vorgängers auf, Raul Gonducs, den er auf der Welt der Kaiserin bestattet hatte?

Kaufte er etwa dem Roboter der Kosmokraten nicht ab, dass der keinerlei Informationen über seine Herkunft hatte?

Rebellierte er gegen seinen Herren, der ihm die Stoff-Sphäre zur Verfügung gestellt hatte? Oder war sein Vorgehen zumindest so etwas wie ein Hilfeschrei? Wollte er zumindest ernst genommen werden? Erwartete er gar so etwas wie einen *Lohn* für seine Jahrzehntausende währenden Dienste? Oder wenigstens eine Anerkennung?

Vhatom entdeckte nur eine Auffälligkeit auf der Ödwelt, nur einen Gegenstand, der nicht hierher zu gehören schien. Einen Turm von etwa 32 Metern Höhe und gut zehn Metern Durchmesser. Er war von einem dichten Gespinst kristalliner Fäden überzogen – wohl von demselben kristallinen Material, das auch den Körper der Kaiserin von Therm bildete.

Das glitzernde Gespinst aus weißen Brillantfäden stand, nur scheinbar durchsichtig, in der endlosen Wüste da, als müsse es über den Planeten wachen. Es erinnerte Vhatom auf Anhieb an einzelne Bestandteile des Körpers der Superintelligenz. Vhatom fragte sich, welches Interesse sie tatsächlich an diesem Planeten hatte. Und ob dieses Gebilde, das er für einen Teil von ihr hielt, eventuell imstande war, selbst TRAGTDORON zu gefährden.

Aber jetzt die Hoffnung auf Informationen über seine Herkunft aufzugeben ... das käme einer endgültigen Niederlage gleich. Er ahnte nicht nur, ihm war mittlerweile klar, dass er ohne Hilfe Dritter niemals herausfinden würde, was ihn am stärksten bewegte. Wie hatte Cairol es spöttisch und gleichzeitig ungemein verletzend ausgedrückt? *Wer bin ich? Woher komme ich, wohin gehe ich? Was ist der Sinn meines Lebens? Was war vorher, was kommt danach?*

Aber trotzdem ... wäre es nicht vielleicht angebracht, die Stoff-Sphäre erst einmal in sichere Gefilde zurückzuziehen und sein Vorgehen neu zu überdenken? Er konnte nicht sagen, welche Möglichkeiten der Superintelligenz zur Verfügung standen. Konnte der Turm TRAGTDORON gar orten, oder war er sogar imstande, die Sphäre *anzugreifen*?

Er wusste, dass die Entscheidung ihm abgenommen werden würde, als von einem Augenblick zum anderen die blaue Walze im System der Sonne Seerkosch auftauchte.

Zehn Minuten später betrat Cairol die Zentrale TRAGTDORONS. Vhatom musste in den Körper wechseln, da er in einer anderen Stoff-Sphäre persönlich die Datenanalyse überwachte.

»Was hast du getan?«, sagte der Roboter der Kosmokraten statt einer Begrüßung. Sein Gesicht war starr und kalt, zeigte nicht die geringste Spur einer Gefühlsregung. Offensichtlich hatte er die Emotio-Schnittstelle, die abschaltbare Vorrichtung zur Simulation von Gefühlen, nicht aktiviert.

Vhatom schwieg verblüfft und ordnete seine Gedanken. »Ich versuche, einer Welt, die Leben tragen könnte, Leben zu schenken«, sagte er schließlich.

»Aber nicht im Sinne der Kosmokraten.«

»Ich ... verstehe nicht.«

»Die Superintelligenz KAISERIN VON THERM ist sich unsicher in ihrer Rolle und ihrer Aufgabe im Kosmos. Sie ist sich der Hohen Mächte bewusst, hat aber keinen Kontakt mit ihnen.«

»Ihr ... schneidet sie«, fiel es Vhatom wie Schuppen von den Augen. »Ihr bezieht sie nicht ein in das ewige Spiel von positiven und negativen Superintelligenzen und Kosmokraten und Chaotarchen. Warum nicht? Sie könnte euch nützlich sein!«

Cairol zögerte, aber nur kurz. »Die KAISERIN VON THERM ist eine ... *künstliche* Superintelligenz und keine natürlich gewachsene«, sagte er dann.

»Und deshalb ... diskriminieren die Hohen Mächte sie?«

»Mit diesem Problem hat die Kaiserin seit ihrer Entstehung zu kämpfen«, gestand Cairol ein. »Du greifst hier in

Zusammenhänge ein, deren Hintergründe du nicht durchschaust. Indem du der KAISERIN VON THERM Hilfe zukommen lässt, schaffst du Fakten, deren Bedeutung du nicht verstehen kannst.« Abrupt drehte Cairol sich um und wandte ihm damit den Rücken zu. »Du erfüllst deinen Auftrag noch keine zwanzigtausend Jahre«, sagte er kalt. »Gewisse Fehler sind zu verzeihen, dieser wäre es nicht gewesen. Du wirst deine Aufgaben von nun an buchstabengetreu ausführen, während die zuständigen Instanzen entscheiden, was mit dir geschehen wird.«

»Ihr ... deine *Herren*« – Vhatom legte jede Verachtung in dieses Wort, die er aufbringen konnte – »wollt nichts mit der KAISERIN VON THERM zu tun haben und verbietet mir ein Eingreifen?«

»Genauso ist es«, erwiderte Cairol. »Du wirst dich daran halten. Außerdem ist die KAISERIN VON THERM in der Wahl ihrer Mittel nicht gerade zurückhaltend. Sie wird über deine Verweigerung nicht gerade erfreut sein und versuchen, dich in ihrem Sinne zu beeinflussen.«

»Du meinst, sie will mich mit einem ihrer Kristalle zwingen, in ihrem Sinne tätig zu werden?« Vhatom trat näher an den Roboter der Kosmokraten heran. »Dieses Vorgehen habe ich von Anfang an durchschaut. Ich habe dem Bordgehirn befohlen, die Plasma-Psyche von TRAGTDORON zu trennen, sobald es den geringsten Versuch einer Beeinflussung wahrnimmt. Und sollte die Situation damit nicht bereinigt sein, wird es so viele On- und Noon-Quanten freisetzen, dass dieses System über Jahrmillionen hinweg nicht mehr bewohnbar sein wird.«

»Dazu muss es nicht kommen«, sagte Cairol, doch seine Stimme klang nun etwas besänftigter. »Halte dich an deine Anweisungen und meide den Kontakt mit Superintelligenzen. Haben wir uns verstanden?«

»Wir ... haben uns verstanden.« Vhatom kam das Knirschen in seiner Stimme unnatürlich vor.

»Ziehe TRAGTDORON zurück und führe die Aufträge durch, die wir dir erteilen. Und vernichte den Kristall, den sie dir geschenkt hat.«

»Natürlich, Cairol. Selbstverständlich.«

Der Roboter der Kosmokraten drehte sich wortlos um und verließ die Zentrale.

In dem Augenblick, in dem sein Schiff aus der Ortung verschwand, explodierte der Turm auf der Ödwelt.

Erst Tage später wurde Vhatom klar, dass er das Geheimnis von Raul Gonducs und Ronc Ommecs Herkunft nun wohl nie mehr erfahren würde.

Fünfundzwanzig

Verduto-Cruz, Orombo,
1. Juni 1343 NGZ (4930 nach Christus)

Das Zittern unter seinen Füßen wurde stärker. *Wie primitiv,* dachte Verduto-Cruz, korrigierte sich aber sofort.

Die Annehmlichkeiten, die Lebewesen an Bord eines Raumschiffs nicht nur erwarteten, sondern auch benötigten, waren in einem Fragmentraumer der Posbis größtenteils schlichtweg überflüssig. Die positronisch-biologischen Roboter benötigten keine atembare Atmosphäre, keine gleichbleibende Schwerkraft, keine wohnlichen Separatumgebungen. Keine Kombüsen, keine Fitnessräume, nicht einmal Toiletten.

Als er die BOX betreten hatte, war er froh gewesen, Kohurion an seiner Seite zu haben. Der Roboter übernahm die Kontrolle über die Systeme des Raumanzugs, den die Posbis ihm zur Verfügung gestellt hatten, und führte ihn durch das in seinen Augen haarsträubende Gewirr des Schiffes. Allein hätte er sich hier nur unter großen Mühen, wenn überhaupt, zurechtgefunden.

Der Weg führte durch unerklärlich schmale Schächte und unverständlich breite Gänge, über Rampen, durch leere Hallen und kleine Räume voller fremdartiger Geräte. Manchmal führte ein Gang steil nach oben, nur um dann um 180 Grad abzuknicken und wieder in die Tiefe zu streben. Hin und wieder befand sich eine Abzweigung zu einem anderen Gang nicht in der Seitenwand, sondern in der Decke oder dem Boden des Weges.

Und das alles in völliger Schwerelosigkeit und Dunkelheit.

Verduto-Cruz erreichte schließlich eine besonders abgeschirmte Kabine, in der sich Einrichtungsgegenstände befanden, die eigens für seine Bedürfnisse konstruiert worden zu sein schienen. Ein Bett mit viel zu hohen Pfosten, ein zu niedriger Stuhl, etwas, das man mit viel gutem Willen für einen Tisch halten konnte. Hinzu kam eine – allerdings einwandfrei funktionierende – Hygienezelle.

Und eine Tür, wie er interessiert feststellte, die über kein Schloss verfügt. Wozu auch? Wohin sollte der Bewohner dieser Kabine sich schon begeben? Zum einen wurde er von einem Posbi überwacht, zum anderen würde er in diesem für organische Lebewesen kaum begehbaren Schiff ohne Hilfe nicht weit kommen.

Er befürchtete, dass dieser Raum für die nächsten Tage oder Wochen seine Heimat, sein Refugium sein würde. Aber es störte ihn nicht. Von diesen unangenehmen Begleiterscheinungen würde er sich seinen größten Triumph nicht verderben lassen.

Das Zittern im Boden wurde stärker. Verduto-Cruz ging davon aus, dass die BOX soeben gestartet war. Übertragungsgeräte, die ihm zeigten, was außerhalb dieses Raums oder auch des Schiffes passierte, gab es nicht. Seine einzige Verbindung zur Außenwelt war Kohurion.

Aber er konnte sich auch so denken, was geschehen war. Die Umstellung der Posbi-Kommando-Kodes war endlich abgeschlossen, und die 8000 Einheiten, die für den Finalen Angriff auf Altera gedacht waren, erhoben sich von den Landefeldern.

Das Imperium von Altera würde bald endgültig Geschichte sein.

Der alte Lare bedauerte ein wenig, dass er den Start der Flotte nicht auf eindrucksvollere Art und Weise miterleben konnte. Was hätte er dafür gegeben, das Bild sehen zu können, wie 8000 Fragmentraumschiffe gleichzeitig dem Weltraum entgegenstrebten, 8000 Würfel mit identischer Kantenlänge von zwei Kilometern, aber 8000-fach verschieden aufgrund ihrer zahllosen Auf- und Anbauten sowie der Auswüchse auf den Würfelflächen, der Türmchen, schwenkbaren Antennen, Plattformen, Kuppeln, Kugeln, und Ausleger, so unterschiedlich, wie man es sich nur vorstellen konnte, und so verfremdet, dass sie kaum noch als Würfel zu erkennen waren.

Ein lautes Knirschen und Ächzen verriet ihm, dass die Fragmentraumer mit hohen Werten beschleunigten.

Und noch etwas bedauerte er – dass es nicht mehr möglich sein würde, die Welten des Imperiums in den Trovent der Laren einzugliedern. Die Posbis würden von ihnen nichts übrig lassen. Es sei denn, es gelang ihm oder vielleicht auch Kat-Greer, den Posbis die Reste des Imperiums Altera als Eigentum der Laren zu definieren.

Doch diesen Nachteil musste er nicht nur in Kauf nehmen, er tat es bereitwillig. Genau, wie der Erste Hetran es selbst befohlen hatte.

Jeden Augenblick musste es so weit sein. Jede Sekunde würde der Fragmentraumer den Übertritt in den Linearraum vollziehen. Und bei einer Distanz von Orombo nach Altera von 7060 Lichtjahren würde die Flugzeit etwa vier Tage betragen.

Noch vier Tage, und der Untergang des Imperiums Altera würde beginnen und sich nicht mehr aufhalten lassen.

Es dauerte eine Weile, bis Verduto-Cruz es überhaupt bemerkte, und zuerst glaubte er, sich zu täuschen. Er lauschte in sich hinein, versuchte, die Schwingungen abzuschätzen, die sich vom Boden seiner Kabine in seinen Körper fortpflanzten. *Ich täusche mich,* dachte er. Meine Einbildung spielt mir einen Streich.

Aber schließlich, nach einigen Minuten, war jeder Zweifel ausgeschlossen.

Die Vibrationen wurden schwächer.

Das konnte nur eins bedeuten.

Der Beschleunigungsflug der BOX – und vielleicht auch der der gesamten Posbi-Flotte – war unterbrochen worden.

Was geschah hier?

»Kohurion«, sagte er zu dem Roboter, der seit dem Augenblick, da sie die Kabine betreten hatten, reglos an einer Wand stand. »Was ist passiert? Wieso treten wir den Überlichtflug nicht an?«

»Soeben sind von der Achtzigsonnenwelt neue Befehle eingetroffen«, antwortete die Kampfmaschine, der er das Gelingen seines Plans und die Flucht von der von Perry Rhodan gekaperten BOX zu verdanken hatte.

Eine böse Vorahnung überkam Verduto-Cruz. Er hatte den Standortkommandanten von Orombo zu raschem Handeln aufgefordert. Er misstraute den Alteranern zutiefst, denen es schon zu oft gelungen war, das Blatt in letzter Sekunde zu wenden.

»Was für Befehle sind das?«, fragte er seinen Verbindungsroboter.

»Sie werden zurzeit noch ausgewertet und analysiert«, antwortete Kohurion.

Das ungute Gefühl in Verduto-Cruz wurde immer stärker, aber der alte Lare wusste es besser, als noch weitere Nachfragen zu stellen.

Er hätte keine klare Antwort bekommen.

Sechsundzwanzig

Vhatom Q'arabindon: Vergangenheit
Dislokation

Cairol verhielt sich irgendwie – *anders.*

Vhatom Q'arabindon konnte es nicht genau beschreiben. Der Roboter der Kosmokraten sah genauso aus wie zuvor und bewegte sich und sprach auch so. Aber das Gefühl wollte nicht weichen. Es waren winzige Nuancen, auf die Vhatom einfach nicht den sprichwörtlichen Finger legen konnte.

50.000 Jahre waren seit seiner Zurechtweisung durch Cairol vergangen, und immerhin schon ein paar Tausend, seit Rhetaa N'elbione ihm das Geheimnis seiner Herkunft enthüllt hatte. 50.000 Jahre lang hatte er den Kosmokraten-Roboter nicht mehr gesehen oder gesprochen.

Er hatte dessen Warnung ernst genommen und sich seitdem darauf beschränkt, nicht mehr eigenmächtig zu handeln und lediglich seine Befehle auszuführen. Tausende von Jahren hatte er darauf gewartet, von den *zuständigen Stellen* zur Rechenschaft gezogen und gemaßregelt zu werden, doch er hatte in dieser Angelegenheit nichts mehr gehört. Verlängerte Reaktionszeiten hin oder her, mittlerweile rechnete er nicht mehr damit, noch einmal auf sein Vergehen angesprochen zu werden.

Umso überraschter war er, als der Bordrechner ihm eines Tages plötzlich mitteilte, dass ein blaues Walzenraumschiff in dem Sonnensystem materialisiert war, in dem Vhatom sich gerade aufhielt, und Cairol ihn nun aufsuchen würde.

Sofort kehrten die alten Zweifel zurück, an die er seit Jahrtausenden nicht mehr gedacht hatte. Er vergaß alles, was er in den letzten 50 Jahrtausenden zur Zufriedenheit seiner Auftraggeber geleistet hatte, und musste unwillkürlich wieder daran denken, dass er sich einmal, ein einziges Mal, hatte hinreißen lassen und eigenmächtig gehandelt hatte.

Nein, dachte er, *so grausam können sie nicht sein. Nicht nach all dieser Zeit.*

Dieser Gedanke verriet ihm zumindest etwas, das er bislang nicht gewusst, zumindest nicht bewusst zur Kenntnis genommen hatte.

Er hatte sich mit seinem neuen Leben, seiner neuen Aufgabe, nicht nur abgefunden, er war darin aufgegangen. Sie war nun alles für ihn. Im Augenblick förderte er gerade die Entwicklung eines hoffnungsvollen jungen Volkes, das eines Tages in den Dienst der Ordnungsmächte treten könnte. Gab es eine Tätigkeit von erhabenerer Bedeutung?

Er wechselte in den Körper, der sich gerade in der Zentrale-Sphäre befand, und wartete voller Hoffen und Bangen auf den Roboter der Kosmokraten.

Und bemerkte in dem Augenblick, da er ihn erblickte, dass Cairol sich irgendwie verändert hatte.

Vhatom wagte nicht, den Roboter darauf anzusprechen. Er wartete stumm, bis Cairol sich zu ihm umdrehte und ihn mit einem Blick seiner kalten Augen musterte.

»Ich überbringe dir einen Befehl der Hohen Mächte.«

Die Plasma-Psyche schwieg verblüfft. Cairol kam *nur*, wenn er Anweisungen der Kosmokraten zu überbringen hatte. Warum betonte er dies nun?

»TRAGTDORONS Dienste sind nicht länger für die Zwecke

der Ordnungsmächte nützlich. Die Strategien zur Ordnung des Kosmos sind verändert worden, und TRAGTDORON passt nicht mehr in den neuen Entwicklungsplan.«

Vhatom hörte die Worte, verstand sie im ersten Augenblick aber nicht. »Nicht ... mehr nützlich?«, wiederholte er schließlich. »Aber ... es ist fünfzigtausend Jahre her, dass du mich wegen der KAISERIN VON THERM ...« Er verstummte hilflos.

»Nicht ich«, erwiderte der Roboter. »Das war Cairol der Erste. Ich bin Cairol der Zweite. Und die KAISERIN VON THERM hat nichts damit zu tun. TRAGTDORON darf nicht länger wirken, das ist alles.«

Panik stieg in der Plasma-Psyche empor. Vhatom wusste nicht, was er sagen, was er tun sollte. TRAGTDORON war nicht mehr nützlich? Durfte nicht mehr zum Einsatz kommen?

Aber ... ja, er gestand es sich endgültig ein, TRAGTDORON war zu seinem Leben geworden. Sonst hatte er nichts. Keine Erinnerung an seine Herkunft, nur Berichte aus zweiter Hand, Hörensagen, vielleicht zutreffend, vielleicht auch nicht. Doch das spielte keine Rolle mehr. Die Zeit vor seinem Erwachen als Plasma-Psyche war bedeutungslos, war es schon immer gewesen und vor ein paar tausend Jahren erst recht geworden. Sie interessierte ihn nicht mehr. Wichtig war nur noch sein Einsatz für das Leben.

Er trennte sich kurz vom Bordgehirn ab. Schwärze tat sich auf, kalte, stille Dunkelheit, und Vhatom stürzte bereitwillig hinein. Es war wie damals, als er erwacht war. Ein friedliches Nichts, und er allein darin.

Er erwartete kurz, ein Rad aus Feuer zu sehen, das keine Bedrohung für ihn darstellte, solange er nur damit umzugehen wusste. Aber hatte er das je gewusst? Oder hatte er sich über 70.000 Jahre etwas vorgemacht?

Nie, nie hätte er solch eine Order erwartet.

Aber seine Flucht in die Dunkelheit, sein Warten auf das Feuerrad, war keine Lösung. Er musste sich den Gegebenheiten stellen, in Erfahrung bringen, was Cairol – wieso Cairol der Zweite? – nun von ihm erwartete. Vielleicht gab es ja noch eine Möglichkeit, den Roboter umzustimmen.

Er stellte die Verbindung mit dem Bordgehirn wieder her.

»... Aggregat-Sphären einzuleiten«, sagte Cairol gerade.

»Bitte?«, sagte Vhatom verwirrt.

Cairols Blick blieb unverändert ausdruckslos, wenn nicht sogar kalt. *Der Roboter der Kosmokraten glaubt, ich wolle seine Anweisung infrage stellen,* wurde Vhatom klar. *Dabei habe ich sie nur nicht verstanden.*

Weil ich ein Lebewesen bin, wenn auch eine Plasma-Psyche, und kein bloßer Bordrechner.

»Ich erteile dir hiermit den Befehl, die Dislokation der dematerialisierten Aggregat-Sphären einzuleiten«, wiederholte Cairol.

»Die ... Dislokation.« Damit war keine bloße Lageveränderung TRAGTDORONS gemeint, wurde Vhatom sofort klar.

TRAGTDORON war mit einem technischen Vorgang, den er noch immer nicht völlig verstand, vielleicht nie verstehen würde, in den Hyperraum dematerialisiert worden. Und Cairol forderte nichts anderes als die Zerstreuung TRAGTDORONS im Hyperraum.

Die Auflösung.

Die Sphären würden vergehen, als hätten sie nie existiert. Verweht von den Stürmen eines dem Normalraum übergeordneten Kontinuums, zerfetzt in winzig kleine Partikel, deren Größe sich der Null in einer Unendlichkeit näherte.

Cairol forderte nichts anderes als die Vernichtung TRAGTDORONS.

»Das ...« Vhatom verstummte wieder. Was sollte er auch sagen?

»Das wäre alles. Wie du die Vernichtung TRAGTDORONS vornimmst, bleibt allein dir überlassen.« Cairol erklärte seinen Befehl nicht, drehte sich um und verließ die Zentrale.

Der Steuermann stand da wie erstarrt, hätte sich am liebsten sofort wieder vom Bordrechner getrennt, auf ewig die tröstende Dunkelheit aufgesucht, die ihm vielleicht Vergessen schenkte. Vergessen in einer Eintönigkeit aus kalter Schwärze, die ihn über kurz oder lang in den Wahnsinn treiben würde.

Das war keine Lösung.

Die Plasma-Psyche stand noch immer an Ort und Stelle, als das Bordgehirn ihr mitteilte, dass der Roboter in die kobaltblaue Walze zurückgekehrt war. Sekunden später verschwand das Schiff aus TRAGTDORONS Ortung.

Und ließ Vhatom Q'arabindon innerlich zerstört zurück.

Was er in den letzten 70.000 Jahren getan, was seinem Leben moralischen Halt gegeben hatte, war von einem Augenblick zum anderen wertlos geworden. Alles, woran er sich erinnerte, war mit einem Mal sinnlos.

Hat es nie Werte in einem moralischen Sinn gegeben, fragte er sich, *sondern immer nur Ziele im Sinn einer Strategie? So, als führten die Kosmokraten Krieg, oder als eroberten sie Märkte?*

Natürlich führten sie Krieg, Krieg gegen die Chaotarchen, aber diese Auseinandersetzung schien mit einem Schlag jede moralische Rechtfertigung verloren zu haben und nur noch zum Selbstzweck geworden zu sein.

Wie grausam, dachte Vhatom. *Wie daseinsverachtend.*

Was sollte nun aus ihm werden? Es schien Cairol nicht zu interessieren. Der Roboter der Kosmokraten setzte anscheinend voraus, dass er mit TRAGTDORON untergehen würde.

Denn mit einem Mal verfügte Vhatom über ein neues Wissen, das alle, der Kybernetische Händler wie auch der Roboter der Kosmokraten, ihm bislang vorenthalten hatten.

Die Plasma-Psyche, die er war, war mit einer Selbsterhaltungszelle ausgerüstet. Er musste sie nur deaktivieren, und seine Existenz würde durch Auskühlung ein Ende nehmen.

Der Gedanke war nicht einmal falsch, kam Vhatom in den Sinn. Er würde ganz sicher nicht TRAGTDORON zerstören und selbst ein neues Leben beginnen. Wie auch? Sollte er sich einen Planeten suchen, auf dem er vielleicht in einem einzigen Körper stranden würde? Sollte er ein Beiboot aufsuchen und über Jahrtausende durch den Kosmos ziehen, ohne Aufgabe, ohne Sinn des Lebens? Als arbeitsloser Helfer der Kosmokraten, dessen Existenz plötzlich überflüssig geworden war? Der nur noch von Erinnerungen zehren konnte? Von Erinnerungen daran, wie er Leben geschaffen und Großes getan hatte, und Erinnerungen aus zweiter Hand an das, was er einmal gewesen war?

Hätte er damals doch eine andere Entscheidung getroffen, nicht der Hybris nachgegeben ...

Damals ... als er noch ein Lebewesen gewesen war.

Aber das waren vielleicht nur Trugbilder, vielleicht nur der Versuch einer Superintelligenz, ihn in eine Falle zu locken, die Machtmittel TRAGTDORONS für ihre Zwecke zu nutzen ...

Nein. Glaubte er das wirklich?

War er so naiv? So lebensuntauglich?

Vhatom wollte in die kühle Schwärze versinken, wollte TRAGTDORON beschleunigen und der kobaltblauen Walze hinterherjagen, um sie zu vernichten, wollte dem Bordgehirn befehlen, sich, seinen *einen* Körper, die Plasma-Psyche, zu vernichten, wollte gleichzeitig alle Noon- und On-Quanten freisetzen, eine ganze Galaxis mit Leben und Intelligenz überfluten und damit für alle Zeit für die Zwecke der Kosmokraten unbrauchbar machen.

Er wollte sich wehren.

Schreien.

Aber er riss sich zusammen und brachte TRAGTDORON auf Kurs, fort von derzeitigen seinem Wirkungsort, fort von der erhabenen Aufgabe, die er nun niemals zu Ende bringen würde ...

Er jagte TRAGTDORON durch die Galaxien und dachte ...

Gar nichts mehr.

Wollte nichts mehr denken.

Mitten im Überlichtflug leitete er die geforderte Dislokation der Dematerialisierten Aggregat-Sphären ein.

Und dachte ... *Wenn wahr ist, was Rhetaa N'elbione mir gezeigt hat ... wenn es keine Täuschung war ... kein hinterhältiger Trick einer Wesenheit, die nicht zur Superintelligenz werden konnte ... was habe ich dann aufgegeben ... und wofür?*

TRAGTDORON wurde nicht im Hyperraum verweht, und Vhatom Q'arabindon starb nicht. Aber er erinnerte sich eine Ewigkeit lang an das, was damals geschehen war.

Nach allem, was er auf sich genommen hatte, um den Hohen Mächten zu dienen.

Nach allem.

Damals, vor wenigen tausend Jahren, hatte er es erfahren ...

Siebenundzwanzig

Admiral Wokong: Altera,
4. Juni 1343 NGZ (4930 nach Christus)

Missmutig rührte Admiral Wokong mit dem Plastiklöffel in der Plastikschale voller Onotschbrei. Das Zeug schmeckte so widerlich, wie es aussah, doch er zwang sich, es bis zum letzten Rest zu verzehren. Er musste bei Kräften bleiben, um für sich sprechen zu können, sollte es jemals zu einem Prozess kommen.

Was er immer stärker bezweifelte. Es hatte genau gewusst, worauf er sich einließ. Unmittelbar nach seiner Rückkehr nach Altera hatte Staatsmarschall Laertes Michou ihn verhaften lassen – wegen Feigheit vor dem Feind und Hochverrat.

Das war zu erwarten gewesen.

Aber er hatte nicht damit gerechnet, dass Michou ihn in einen Kerker im tiefsten Kellergewölbe des Festwerks der Legion Alter-X werfen ließ, der Zentrale des Geheimdienstes. *Isolationsverwahrung* lautete der offizielle Ausdruck für diese Form der Haft.

Wokong war Realist. Er musste davon ausgehen, dass die wenigsten der Häftlinge, die hier einsaßen, je wieder das Tageslicht sahen. Wenn überhaupt, würde man ihn zu einem Schauprozess wieder ans Tageslicht zerren. Aber dazu musste das Imperium Altera die nächsten Tage und Wochen überstehen, und Wokong zweifelte angesichts der

Übermacht des Feindes daran. Aller Wahrscheinlichkeit nach würde er hier verrotten, bis die Posbis über Altera auftauchten und jedes Leben auf dem Planeten auslöschten oder die Laren die Zentralwelt des Imperiums besetzten und die Bevölkerung versklavten.

Und das trieb ihn schier in den Wahnsinn. Er saß hier in Isolationshaft, während Altera jeden Augenblick untergehen konnte und dabei der Befehlsgewalt eines Mannes ausgeliefert war, der offensichtlich den Blick für die Wirklichkeit verloren hatte. Er konnte nichts für seine Heimat tun, nicht nach Lösungen suchen, nicht die Verteidigung organisieren und optimieren. Nichts.

Aber was hätte er schon unternehmen können? Was konnte Michou noch tun? Was hätte Anton Ismael tun können, oder auch der angebliche Großadministrator Perry Rhodan, an dessen Identität Wokong noch immer zweifelte?

Ebenfalls nichts. Die Maschinenteufel verhandelten nichts. Sie kamen, stellten ihre verdammte Frage nach dem Wahren Leben, griffen an und zerstörten und vernichteten.

Als das leise Summen ertönte, mit der seine Zellentür sich öffnete, blickte er überrascht auf. Man hatte ihm erst vor wenigen Minuten die Schale mit dem Onotsch gebracht. Alle acht Stunden – schätzte er – bekam er eine neue Ration; genau konnte er es nicht sagen, man hatte ihm nicht nur seine Uhr, sondern auch alles andere abgenommen. Er trug lediglich eine dünne Häftlingsmontur am Leib.

Er drehte zur Türöffnung um.

Verwundert runzelte er die Stirn.

Da war niemand.

Zögernd erhob er sich und machte einen Schritt zum Eingang.

Was für ein Spiel trieb der Staatsmarschall? Wollte er

sich den Schauprozess ersparen und ihn *auf der Flucht* erschießen lassen?

Diesen Gefallen würde er Michou nicht tun. Selbst, wenn er die Zelle verlassen konnte – ihm war klar, dass ihm niemals die Flucht aus dem Festwerk gelingen würde.

Im nächsten Augenblick fühlte er sich von hinten von starken Armen gepackt.

Deflektoren!, durchzuckte es ihn. *Soldaten mit Deflektoren!*

Etwas wurde ihm über den Kopf gestülpt, und er konnte nichts mehr sehen. Verzweifelt wehrte er sich gegen die Umklammerung, konnte den Griff jedoch nicht abschütteln. Dann legten sich Energiefesseln um seine Handgelenke und zwangen sie auf seinen Rücken.

Jemand ergriff ihn, zerrte ihn vorwärts. *Sie wollen kein Risiko eingehen und nichts dem Zufall überlassen,* dachte er, *und haben die Flucht, bei der ich erschossen werde, minutiös geplant.*

Er fragte sich kurz, warum Staatsmarschall Michou solch einen Aufwand mit ihm trieb und ihn nicht einfach an Ort und Stelle erschießen ließ. Alles andere hätte man auch später arrangieren können. Welcher Hahn würde in dieser schweren Zeit schon nach seinem Schicksal krähen?

Die Männer, die ihn hielten, blieben stehen. Jemand zog ihm die Haube vom Kopf. Er kniff die Augen zusammen; sie benötigten ein paar Sekunden, bis sie sich an die blendende Helligkeit gewöhnt hatten.

Er befand sich nicht in irgendeinem dunklen Loch oder in der Konverterkammer, in der man eine Leiche umgehend verschwinden lassen konnte, sondern in einem schlicht eingerichteten, aber geräumigen Büro.

Verwirrt starrte er in das Gesicht des Mannes, der hinter dem Schreibtisch saß.

»Koblenz?«, krächzte er.

Der Major nickte, und Admiral Wokong spürte, dass man ihm die Handfesseln abnahm. Er streckte die Arme aus und bog sie durch, um wieder Gefühl in ihnen zu bekommen.

»Admiral«, sagte der zweitmächtigste Geheimdienstler, der auf Gonda die Rolle von Staatsmarschall Michous Stellvertreter ausfüllte. Seine Stimme klang gefühllos wie eh und je.

»Will Ihr Chef sich nicht die Hände schmutzig machen?«, fragte Wokong. »Überlässt er die Drecksarbeit seinem besten Mann?«

Koblenz schüttelte bedächtig den Kopf. »Es ist nicht so, wie Sie denken.«

»Wie ist es dann?«

»Sind Sie über die Lage informiert?«

»Die Versorgung mit Nachrichten war in meiner Zelle ein wenig ... eingeschränkt«, erwiderte Wokong ironisch.

»Dann erlauben Sie mir, Sie ins Bild zu setzen. Altera hat zu den Waffen gerufen, Flüchtlingsraumer sind von überallher ins Altera-System unterwegs. Der Vormarsch der Posbis ist zum Glück aus noch ungeklärten Gründen ins Stocken geraten ...«

Wokong runzelte die Stirn. Was hatte das zu bedeuten? Das hörte sich nicht an, als wollte der Major sich nach seinem letzten Wunsch erkundigen.

»... doch dafür haben an der Southside-Flanke die Laren angegriffen«, fuhr Koblenz fort. »Fort Blossom ist gefallen, Administrator Ho wurde von den Laren-Truppen hingerichtet, und einige andere Stützpunkte auf dem Weg nach Altera geben über die Hyperfunk-Relais keine Antwort mehr.«

Wokong runzelte die Stirn. Das hörte sich an, als wäre der Teufel mit dem Beelzebub ausgetrieben worden. Laren und Posbis ... welcher Zusammenhang bestand da, falls überhaupt? Aber die Laren brachten immerhin einen Vorteil. Mit ihnen konnte man verhandeln, ihnen konnte man sich unterwerfen. Er war im Gegensatz zu Michou nicht der Meinung, dass man mit fliegenden Fahnen untergehen musste. Wenn man überlebte, konnte man den Kampf an einem anderen Tag fortsetzen.

»Im Altera-System bereitet man sich auf die letzte Schlacht vor ...«

»Gegen Laren *und* Posbis?«, fragte Wokong.

Major Koblenz nickte. »Wir wissen noch nicht, welche Absprachen zwischen diesen beiden Parteien herrschen. Aber weder die Laren noch die Posbis werden ewig zaudern, sondern schon bald mit ganzer Schlagkraft zur Stelle sein! Insbesondere, da ihnen nun Fort Kanton wieder gehört.«

Wokong rechnete mit dem Nachsatz, den der Staatsmarschall ausgesprochen hätte: *Das System, das Sie preisgegeben haben!*

Aber er blieb aus.

Der Admiral musterte den Major aus zusammengekniffenen Augen. Allmählich wurde ihm klar, worauf dieses Gespräch hinauslief. »Die Lage ist also katastrophal?«

»Zumindest wird sie im Festwerk der Legion Alter-X als desaströs beurteilt. Staatsmarschall Michou ... den, wie ich zugeben muss, die Legion selbst mit auf den Schild der Macht gehievt hat ... gebärdet sich von Tag zu Tag starrköpfiger, blinder gegenüber der wahren Gefahr.«

»Und die wäre?«

»Michou plant ganz offensichtlich für sein Volk den Untergang mit Glanz und Gloria«, überging der Major seine Frage. »Die Psychologen der Legion haben eine erschütternde Diagnose erstellt. Michou verliert allmählich den Verstand.«

Michou, dachte Wokong. Nicht mehr der Staatsmarschall oder Staatsmarschall Michou. Einfach nur Michou.

Er vermochte durchaus zwischen den Zeilen zu lesen.

»Vielleicht war Administrator Ismaels Weg der Verständigung doch der richtige«, sagte Koblenz nachdenklich.

»Eine Verständigung mit den Posbis?«

»Falls es denn eine gibt«, gestand der Major ein. »Zumindest mit den Laren erscheint sie nicht ganz unmöglich.«

»Kommen Sie endlich zur Sache, Koblenz. Ich bin nicht der Mann, der wie eine Katze um den heißen Brei schleicht.«

Der Geheimdienstler atmete tief ein. »Die Köpfe der Legion haben schweren Herzens beschlossen«, sagte er schließlich, »die Fronten zu wechseln.«

Admiral Wokong lachte leise auf. »So kurz vor dem Finale? Ist es dafür nicht schon längst zu spät?« Aber jetzt war ihm endgültig klar, worum es hier ging, und er würde jede Gelegenheit ergreifen, das Imperium Altera vor der Vernichtung zu retten, und sei sie noch so gering. »Wo hält der Staatsmarschall sich zurzeit auf?«, fragte der Taktiker in ihm, der mit der Analyse der Lage beginnen musste.

»In seiner Gefechtszentrale in TRIANGOLO 001.«

»Hoch über Neo-Tera ... wie wollen Sie ihm da Einhalt gebieten? Sie können ja nicht einmal mit ihm sprechen. Ich bezweifle, dass er Ihre Anrufe entgegennehmen wird.«

»Es gibt eine Möglichkeit«, erwiderte Koblenz bedächtig. »Eine einzige, aber sehr einfache.«

»Ismael«, sagte Wokong.

Koblenz nickte. »Der Administrator wird im Festwerk künstlich im Koma gehalten. Wir könnten ihn aufwecken.«

»In einem künstlichen Koma?« Der Admiral schloss kurz die Augen. »Warum überrascht mich das nun nicht im Geringsten? Michou hat ihn auf elegante Art und Weise aus dem Weg geräumt, ohne sich die Finger schmutzig zu machen.«

Koblenz war eher der schweigsame Typ. Er schüttelte nur den Kopf.

»Die Legion hat das veranlasst?«

»Ja. Wir wollten Michou Gelegenheit geben, die Kriegsangelegenheiten so zu regeln, wie es im Sinne des Imperiums lebensnotwendig ist. Mit harter Hand, ohne Furcht vor den Opfern, die das Überleben der kommenden Generationen heute sichern müssen.«

Es war an der Zeit, gewisse Fronten zu klären. »Und Sie haben festgestellt, Major, dass das nicht der richtige Weg ist?«

»Sie haben recht, Admiral. Schluss mit dem Geplänkel.« Zum ersten Mal glaubte Admiral Wokong, so etwas wie Leben in den Augen des Majors zu sehen. »Das Umfeld der Legion Alter-X sieht die Dinge mittlerweile anders. Die Legion wird ihren gewählten Administrator nun aufwecken. Und Ismael rückhaltlos offen über die Dinge in Kenntnis setzen, die geschehen sind. Nicht nur die höchstrangigen Vertreter der ›Menschdemokraten‹ und der ›Partei Heimatkampf‹ sind in den Plan eingeweiht, sondern auch hochdekorierte Militärs und Vertreter der Legion Alter-X.«

»Sie sprechen von einem Staatsstreich, Major.«

»Nein. Ich spreche davon, den gewählten Vertreter unseres Volkes vor den Machenschaften eines Putschisten zu schützen.«

»Und Sie brauchen mich dafür.«

»Michou hält alle Fäden der Macht in der Hand. Etwa die Hälfte der Legion steht hinter uns. Falls es uns gelingen sollte, Ismael aufzuwecken, brauchen wir jemanden, dem das Militär vertraut. Der Ansehen bei den Streitkräften hat. Jemanden wie Sie, Admiral.«

»Ich habe Fort Kanton preisgegeben«, sagte Wokong.

»Sie haben das einzig Vernünftige getan.«

»Was erwarten Sie von mir?«

»Das wissen Sie. Wir haben nur ein Problem.«

Admiral Wokong zog die Brauen hoch.

»Die Angehörigen der Legion, die Anton Ismael bewachen, sind Michou treu ergeben.«

Wokong lächelte breit und streckte die Hand aus. »Ich bin dabei, Major.«

Koblenz ergriff und schüttelte sie. »Dann besteht noch Hoffnung, Admiral.«

Der ranghöchste Offizier der Legionäre, die das Schott zur abgeriegelten Krankenstation bewachten, riss die Augen auf, als er Koblenz und Wokong vor sich sah. Es arbeitete in ihm. Dass der Leiter des Festwerks nach dem Rechten sah, war ihm noch eingängig. Aber der hochdekorierte Kriegsheld, der eigentlich in Isolationshaft sitzen musste ...

»Sir?«, sagte der Oberstleutnant.

»Wir müssen zu Anton Ismael«, sagte sein zweithöchster Vorgesetzter. »Sofort.«

»Sir ...« Der Mann sah zum Boden, zur Decke. »Sie kennen die Befehle. Ich darf niemanden zum Administrator lassen, nicht einmal Sie, Sir.« Jetzt sah er Koblenz tatsächlich in die Augen. »Es gibt keine Ausnahmen, Sir.«

»Laertes organisiert in TRIANGOLO 001 die Verteidigung Alteras. Wollen wir ihn wirklich wegen eines solch trivialen Problems stören?«

»Sir ...«

Koblenz hustete. Das vereinbarte Zeichen. Die von Deflektorschirmen verborgenen X-Agenten hinter ihm eröffneten das Paralysator-Feuer. Die drei Geheimdienstagenten brachen auf der Stelle zusammen.

»Vielleicht war es doch keine gute Idee, mich hierher

mitzunehmen«, sagte Wokong. »Sie allein hätte man vielleicht zum Administrator vorgelassen.«

»Vielleicht. Gehen wir weiter.« Koblenz schritt mit einer Souveränität aus, die der Admiral dem blassen Stellvertreter niemals zugetraut hätte. »Order Götterdämmerung!«, rief er, als sie, die Agenten unter den Deflektorschirmen hinter ihnen, die nächsten Wachtposten des medizinischen Sektors erreichten.

Koblenz kannte sich hier aus, kannte die gängigen Losungen, konnte die automatischen Sperren deaktivieren. Und er war Michous loyaler Stellvertreter, der ranghöchste Offizier der Legion Alter-X auf Altera. Die drei Agenten zögerten, und das genügte den Geheimdienstlern unter den Deflektoren. Diesmal warteten sie keinen Wortwechsel ab, eröffneten sofort das Paralysatorfeuer.

Zum ersten Mal gestand der Admiral Koblenz' Plan eine gewisse Aussicht auf Erfolg zu. Sicher, das Festwerk war uneinnehmbar – wenn man sich nicht als sein Befehlshaber schon in ihm befand.

Trotzdem ... Wokong befürchtete, dass der Gesinnungswechsel viel zu spät erfolgt war. Was sollte er, was sollte Altera noch bewirken können, wenn sowohl die Maschinenteufel als auch die Haarnester angriffen? Letzten Endes blieb wohl nur die Wahl zwischen Vernichtung und Versklavung. Hatte Koblenz ihn etwa befreit, damit *er* diese Entscheidung traf?

Leise zischend glitt das Schott auf. Während Koblenz' Agenten in den Isolierraum stürmten, erfasste Wokong bereits die Lage. *Drei Mediker, drei Schwestern.*

Bevor das medizinische Personal sich rühren konnte, hatten die von Deflektoren geschützten Agenten schon Position hinter den Zielpersonen eingenommen. Auf einen Wink von Koblenz deaktivierten sie ihre Schirme.

Anton Ismael lag auf einem Krankenbett in der Mitte des Raums. Sein Körper erschien unter dem weißen Laken winzig, wie der eines Kindes, und das Gesicht wirkte zu Wokongs Überraschung völlig friedlich. Er hatte die Augen geschlossen und atmete flach, aber gleichmäßig und war an zahlreiche Monitore angeschlossen, die sein Koma überwachten.

»Sie kennen mich?« Koblenz' Satz klang eher wie eine Feststellung denn eine Frage.

Niemand antwortete.

»Wie dem auch sei ... ich bin Major Koblenz, der amtierende Befehlshaber des Festwerks.« Seine Stimme klang unbeteiligt und kalt. »Sie werden den Administrator jetzt aufwecken. Wir handeln im Interesse des Imperiums Altera. Für Erklärungen fehlt mir die Zeit. Wenn Sie sich weigern, werden zuerst die drei Medo-Assistentinnen sterben. Danach werden wir die Mediker foltern. Bitte seien Sie vernünftig. Befolgen Sie meine Befehle, und niemandem wird etwas geschehen.«

Admiral Wokong wurde endgültig klar, wie die Legion Alter-X über all die Jahre hinweg zum Staat innerhalb des Staates hatte werden können.

»Ich kann nichts daran ändern«, sagte der Mediker zu Koblenz. Sein Gesicht war kreidebleich. »Ich kann den Prozess nicht beschleunigen. Administrator Ismael wacht langsamer auf als erwartet. Das lange künstliche Koma macht ihm zu schaffen. Es ist sogar denkbar, dass er die Prozedur nicht überleben wird. Wenn Sie uns zwingen, ihn mit Gewalt zurückzuholen, unterschreiben Sie höchstwahrscheinlich sein Todesurteil.«

Wokong hielt sich im Hintergrund, und er beobachtete nur.

»Wie lange wird es noch dauern?«, fragte Koblenz so sachlich und gefühllos, wie er immer sprach.

»Drei Stunden, vielleicht etwas weniger ...«

»Sir!«, meldete einer der Agenten, »Systemalarm im Festwerk!«

Koblenz drehte sich zu ihm um. »Die Posbis?«

»Nein, Sir. Vor dem Altera-System ist eine Flotte der Laren unter dem Ersten Hetran Kat-Greer materialisiert. Viertausendachthundert Troventaare, schwere Schlachtschiffe und Kreuzer.«

Das ist das Ende, dachte Admiral Wokong. Altera hatte dieser Streitmacht nicht mehr entgegenzusetzen als gerade noch 2000 Schiffe, teils kleine Größenklassen, fast alle beschädigt, und die letzten 90 TRIANGOLO-Forts. Auch wenn sie allesamt mit RF-Geschützen bestückt waren, würden sie solch eine Flotte nicht aufhalten können. *Der Putsch gegen Michou war vergebens. Der Staatsmarschall wird nicht verhandeln und nicht kapitulieren, nicht auf Zeit spielen, wenn das überhaupt noch möglich ist. Michou will nur noch seinen Heldentod.*

Es war zu spät. Alles war zu spät.

Der Agent hantierte an dem Funkgerät. »Ich habe eine Direktverbindung, Sir!«

Koblenz nickte.

»... Ultimatum«, hallte eine dumpfe Stimme durch den Isolierraum, wahrscheinlich die des Ersten Hetran Kat-Greer. »Das Imperium Altera wird sich dem Trovent ergeben, oder meine Flotte legt Altera in Trümmer.«

Ein gellendes Gelächter antwortete. Admiral Wokong erkannte die Stimme sofort als die Staatsmarschall Michous. »Ich werde Ihnen persönlich die Nestfrisur rasieren, wenn ich Sie in die Finger bekomme, Kat-Greer.«

Das war eindeutig.

Die Verbindung wurde unterbrochen.

Admiral Wokong war klar, was nun geschehen würde. Nach diesem Affront blieb dem Ersten Hetran keine andere Wahl, als unverzüglich das Feuer eröffnen zu lassen.

Die finale Entscheidungsschlacht war eröffnet. Eine Schlacht, die das Imperium Altera nicht gewinnen konnte.

Wokong fragte sich, wie viele Alteraner an diesem Tag sterben würden.

Nur ein Wunder konnte Altera jetzt noch retten.

»Wecken Sie den Administrator auf«, hörte er wie aus weiter Ferne Koblenz' Stimme. »So behutsam wie möglich, aber wecken Sie ihn auf!«

ACHTUNDZWANZIG

VHATOM Q'ARABINDON: VERGANGENHEIT
DAS FEUERRAD

Damals, vor wenigen tausend Jahren, hatte sein Auftrag ihn in eine junge Galaxis geführt. In eine Sterneninsel, der alle Möglichkeiten offen standen, in der auf das Leben Entwicklungen warteten, die es sich niemals erträumen konnte. Denn wenn es aus dem Meer kroch, träumte es nicht von Kosmokraten und Chaotarchen, sondern nur vom Bestehen.

Vom Überleben.

Die Galaxis sieht aus wie ein Feuerrad, dachte Vhatom verwundert. *Wie ein Feuerrad ...*

Das Zentrum der Balken-Spiral-Galaxis hatte einen Durchmesser von 2400 Lichtjahren und war ein spektakulärer Ring aus jungen Sternhaufen, ein Blickfang für jeden Beobachter, der noch über die Wunder des Universums staunen konnten.

Hier sollte er die Entstehung von Leben beschleunigen, von Leben, das vielleicht einmal in den Dienst für die Kosmokraten treten, das vielleicht verhindern würde, dass in ferner Zukunft in der Nähe ein Kosmonukleotid aus seiner Verankerung gerissen werden würde oder die Chaotarchen hier in Jahrmillionen eine Negasphäre schaffen würden.

Vhatom fragte sich, ob er dann noch existieren würde, um die Ergebnisse seiner Arbeit mit wohlgefälliger Demut betrachten zu können.

Der riesige Balken der Galaxis zog Gas aus den äußeren Bereichen in den inneren Ring, wo es zu Sternen kollabierte. Einige der jungen Sternhaufen waren noch von dem Staub umgeben, aus dem sie einst entstanden waren, und leuchten wie eine untergehende Sonne hinter dem Dunst der Atmosphäre in einem atemberaubenden Rot. Andere hatten keine Staubhülle mehr und erschienen in klarem Blau.

Mit einem Durchmesser von 70.000 Lichtjahren war die Galaxis von durchschnittlicher Größe, doch Vhatom kam sie alles andere als durchschnittlich vor. Sie vermittelte ihm vielmehr einen Eindruck davon, wie es damals gewesen war, als das Universum noch jung war. So jung ... Sterne, brodelnd vor ungebändigter Energie, zusammengedrängt zu hell schillernden Farbstreifen auf der Leinwand des Alls.

Er flog in die Sterneninsel ein, deren Namen ihm seine Auftraggeber nicht mitgeteilt hatten, nur die Koordinaten, nahm Kurs auf ihr Zentrum und fragte sich, wieso es ihm so vertraut vorkam. Diese Sterne, ihre Anordnung ...

Es dauerte eine ganze Weile, bis er auf das Naheliegende kam. Hatte er es etwa verdrängt? Er suchte seit über 60.000 Jahren nach Hinweisen auf seine Herkunft, und jetzt entdeckte er vielleicht einen, den ersten überhaupt, und er nahm ihn nicht wahr.

Das Rad aus Feuer.

Abrupt trennte er die Verbindung mit dem Bordgehirn und ließ sich bereitwillig, ja begierig in die Dunkelheit fallen, in der Hoffnung, dass sich die Erinnerung in der Abgeschiedenheit seiner ureigenen Welt schneller und genauer einstellte, als es in der Zentrale der Stoff-Sphäre der Fall wäre. Doch sosehr er sich das Feuerrad herbeisehnte, es tauchte in der Schwärze nicht auf. Er sah es nicht vor sich, war auf sein Gedächtnis angewiesen, und das konnte trügerisch sein.

Hatte das Feuerrad, das er in seinen Träumen gesehen

hatte, bei seinem ersten und dann auch zweiten Erwachen wirklich genauso ausgesehen wie das Zentrum dieser Galaxis, oder bildete er sich das nur ein? Redete er es sich herbei, weil er unbedingt einen Hinweis finden *wollte*?

Nein, er täuschte sich nicht, da war er sich ganz sicher.

Aber ... konnte es kein Zufall sein? Wie viele Galaxien hatte er schon besucht, um dort Leben zu schaffen und Intelligenz zu fördern? Ergab es sich da nicht ganz zwangsläufig, dass er irgendwann einmal eine erreichen würde, die zu einem Teil aussah wie das Feuerrad aus seinen Erinnerungen?

Nein. Nicht *dieses* Rad. Es war d*as* Rad aus Feuer.

Fiebrige Erregung überkam ihn. Er befahl TRAGTDORON, das Zentrum der Balken-Spiral-Galaxis zu umkreisen und sämtliche Ortungsgeräte zu aktivieren, über die die Stoff-Sphäre verfügte.

War es, anders herum betrachtet, nicht ein unglaublicher Zufall, dass er nun ausgerechnet diese Galaxis aufgesucht hatte, nach Jahrzehntausenden des Wirkens im Sinne der Kosmokraten, in einem scheinbar unendlichen, in Wirklichkeit jedoch sehr begrenzten Gebiet des Universums? Selbst er wusste nach über einem halben Jahrhunderttausend nicht, was Unendlichkeit wirklich war.

Und was erwartete er hier überhaupt zu finden? Seit über 80.000 Jahren war er nun TRAGTDORONS Steuermann. 80 Jahrtausende – eine für ein sterbliches Wesen unvorstellbar lange Zeit. Selbst, wenn er aus dieser Galaxis stammen sollte, oder wenn er sich einmal hier aufgehalten haben sollte ... hoffte er wirklich, dass sich noch jemand daran erinnern oder es Aufzeichnungen darüber geben würde?

Die, die ihn damals gekannt hatten, mussten schon längst tot sein, und ebenfalls in Vergessenheit geraten, genau wie er.

Einen Moment lang spielte er mit dem Gedanken, die Sache auf sich beruhen zu lassen, sich nicht weiter um seine Entdeckung zu kümmern, das Flammenrad im Zentrum dieser Galaxis einfach zu ignorieren und seinen Auftrag auszuführen, die Intelligenz mehrerer Spezies in einem Spiralarm der Galaxis zu steigern. Im nächsten Augenblick fragte er sich dann, ob er wirklich so feige sein konnte. Hatte er sich wirklich nur etwas vorgemacht? Hatte er sich 80.000 Jahre lang nur eingeredet, daran zu verzweifeln, nichts über seine Herkunft und Vergangenheit zu wissen?

Er wartete ungeduldig, bis die Untersuchungen und Ortungen abgeschlossen waren, und ließ sie dann vom Bordrechner generieren. Er justierte die Holos so, dass sie dreidimensionale Abbilder des Feuerrads zeigten, wie es vor über 80.000 Jahren ausgesehen hatte, und vor 90.000, und 100.000, denn er konnte ja nicht einmal sagen, wie lange er als bloße Plasma-Psyche existiert hatte, bevor To'Grur'Prigt, der Kybernetische Händler der Kouvo'Goy'Teran, ihn dann endlich erweckt hatte.

Nichts. Keine einzige Darstellung löste irgendeine Erinnerung in ihm aus. Genauso gut hätte er das Zentrum einer völlig fremden Galaxis studieren können.

»Stelle weitere Ortungen und Messungen an«, befahl er dem Bordgehirn. »Achte auf alles, was dir ungewöhnlich vorkommt. Die kleinste Kleinigkeit kann entscheidend sein.« Er wusste selbst, wie unzureichend diese Anweisung war. Worauf genau sollte der Rechner achten?

»Ich weise dich darauf hin, dass du damit wieder eigenmächtig handelst«, gab der Rechner zu bedenken. »Du hast mich ausdrücklich gebeten, dich zu warnen, falls du wieder in solch eine Versuchung geraten solltest.«

»Nein«, widersprach Vhatom. »Cairol – der Erste – hat mir versichert, dass ich irgendwann auf Spuren meiner

Herkunft stoßen würde. Und er hat mir freigestellt, dem Geheimnis dann auf den Grund zu gehen.« *Nicht nur freigestellt,* dachte der Steuermann, *er hat diese Möglichkeit, diese Aussicht, benutzt, um mich zu überzeugen, für die Hohen Mächte tätig zu werden.*

»Wie du meinst«, erwiderte das Bordgehirn. »Wenn du es so sehen willst ...«

»Genauso sehe ich es.«

»Dein Wunsch ist mir Befehl.«

Täuschte Vhatom sich, oder hörte er eine gewisse Ironie aus den Worten heraus?

Er konnte den Rechner nicht mehr darauf ansprechen, denn in diesem Moment meldete das Bordgehirn die Ortung des *Objekts.*

Nachdenklich betrachtete Vhatom es auf den Holos. So etwas hatte er in all den langen Jahrtausenden noch nie gesehen.

Es war eine leuchtende Kugel aus Energie. Schlieren aus allen Farben des Regenbogens zogen sich über eine irisierende Oberfläche mit faszinierenden, sich von einem Sekundenbruchteil zum anderen verändernden Lichtspielen, die nicht einmal der Steuermann in ihrer Komplexität erfassen konnte. Die schillernden Lichtkaskaden übten auf ihn eine seltsame Wirkung aus. Wenn er sie eingehend auf sich wirken ließ, schienen sie tief in sein Innerstes zu greifen, und er konnte für winzige Augenblicke alles abschütteln, was ihn bedrängte, die Anspannung, die Fragen, die ihn quälten, die Unruhe, die ihn trieb.

»Hast du weitere Ortungen vorgenommen?«, fragte er den Bordrechner. »Ist das Objekt tatsächlich rein energetisch oder doch in einem gewissen Ausmaß materiell?«

»Ich habe noch keine neuen Erkenntnisse gewinnen

können.« In der Stimme des Rechners schwang leichter Tadel mit. »Nicht einmal die Größe des Objekts lässt sich exakt bestimmen. Manchmal scheint es nur wenige Meter zu durchmessen, manchmal mehrere Kilometer. Sobald weitere Daten vorliegen, werde ich dich unverzüglich informieren.«

Vhatom knurrte unwillig, enthielt sich aber einer Bemerkung. Was war das für ein Objekt? Wirklich nur eine Kugel aus Licht oder Energie? Psi-Materie? Oder gar nur eine Tarnung, eine äußere Erscheinung, eine Illusionen für einen schwachen Verstand, der sich narren lassen wollte?

Eine *Kollektion*? Wieso kam ihm dieser Begriff nun in den Sinn? Und ... eine Ansammlung von was?

Das Objekt hielt einen respektvollen Abstand und unternahm nichts, was man auch böswillig als feindseligen Akt bezeichnen konnte. Manchmal näherte es sich, aber auf einem Kurs, der weder zu einem Angriff noch zu einer Kollision taugte, und zog sich dann sofort wieder zurück.

Vielleicht kann das Objekt TRAGTDORON genauso wenig erkennen oder orten, wie wir bei ihm dazu imstande sind, dachte Vhatom. *Vielleicht nimmt es einfach nur wahr, dass sich hier etwas befindet, aber dematerialisiert im Hyperraum, und kann uns nicht vollständig erfassen.*

»Wir werden versuchen, Kontakt mit dem Unbekannten aufzunehmen«, befahl Vhatom nachdenklich. »Sende einen Breitband-Funkspruch aus. Betone unseren guten Willen und unsere friedfertige Absicht. Gib dich nicht als Beauftragter der Kosmokraten zu erkennen, das behalten wir für uns, bis wir wissen, woran wir sind.«

»Hältst du das für sinnvoll? Nach allem, was wir wissen, ist zu bezweifeln, dass dieses Objekt überhaupt Funksprüche empfangen kann.«

»Kann es schaden? Führe die Anweisung aus.«

»Ich habe den üblichen Standardspruch für solche Gelegenheiten soeben gesendet.«

Während Vhatom noch überlegte, ob er nicht zunehmend irrationaler reagierte, indem er berechtigte Einwände des Bordgehirns einfach ignorierte, wurde er eines Besseren belehrt. Er registrierte zwei Dinge gleichzeitig.

In der Zentrale TRAGTDORONS erklang das laute Jaulen von Alarmsirenen, und vor ihm materialisierte eine leuchtende Kugel aus Energie, über deren irisierende Oberfläche bunte Farbschlieren huschten und Lichtspiele erzeugten, die ihn sofort in ihren Bann schlugen.

Die Kugel war etwa so groß wie sein Kopf und schwebte zweieinhalb Meter über dem Zentraleboden, etwa auf Höhe von Vhatoms Kopf. Der Steuermann versuchte, sie genau zu fixieren, doch es gelang ihm nicht. Sie schien in der Tat immateriell zu sein; hinter ihr konnte er unscharf und minimal vergrößert Einrichtungsgegenstände der Zentrale ausmachen.

Auch wir hegen keinerlei feindselige Absichten. »Auch wir hegen keinerlei feindselige Absichten.« Zuerst hörte er die Stimme in seinem Kopf, dann mit seinen Audio-Rezeptoren. »Ganz im Gegenteil, wir freuen uns, dass Vertreter der Hohen Mächte auf uns aufmerksam geworden sind.«

Der Alarm verstummte. Das Bordgehirn hatte das Warnsystem ausgeschaltet. Die einzige Person, die über das Auftauchen der Energiekugel informiert werden musste, hatte bereits einen Dialog mit ihr aufgenommen.

Vhatom verspürte wieder die seltsame Ruhe, die ihn überkam, wann immer er die Energiekugel betrachtete. Er versuchte, sich gegen diese geistige Beeinflussung abzuschotten, doch es gelang ihm nur unvollständig. Ihr Einfluss war zu groß.

Aber er war keine Bedrohung. Er war vielmehr angenehm und *richtig.*

»Die ... Hohen Mächte ... du weißt von ihnen? Du hast Kontakt mit ihnen gehabt?«

»Natürlich. In meinem Entwicklungszustand nehmen sie Kenntnis von mir. Und zu meinem Glück haben die Kosmokraten mich eher bemerkt als die Chaotarchen.«

»Das ... ist gut«, sagte Vhatom.

»Aber verrate mir eins«, sprach die Kollektion in Vhatoms Kopf und gleichzeitig für die Mikrofone hörbar in der Zentrale. »Bist du es wirklich, Vhatom? Nach all diesen Jahrtausenden?«

»Was?«, sagte der Steuermann.

»Bist du es wirklich, Vhatom Q'arabindon? Und kennst du mich nicht mehr? Hast du wirklich jede Erinnerung verloren?«

»Wer ...« Der Plasma-Psyche versagte die Stimme, und auch sein neuer Körper – seine neuen Körper – konnten nicht mehr sprechen. Eine Ewigkeit verging, während Vhatom Q'arabindons Gedanken rasten, aber nur im Kreis, immer nur im Kreis. »Wer bist du?«, brachte er schließlich, nach einer halben Ewigkeit, hervor.

»Rhetaa. Rhetaa N'elbione, Vhatom, Liebster. Erinnerst du dich nicht? Erinnerst du dich nicht an die Liebe deines Lebens? An Rhetaa, die für dich gestorben ist, damit du deinen Traum erfüllen konntest? Und die dich noch immer liebt, auch wenn dein Traum so grausam gescheitert ist? Erinnerst du dich wirklich nicht an mich, Vhatom?«

Neunundzwanzig

Kat-Greer, System Altera:
5. Juni 1343 NGZ (4930 nach Christus)

Der Erste Hetran Kat-Greer fragte sich, wie viele Laren an diesem Tag bereits gestorben waren. Aber ganz egal, wie viele bereits gefallen waren und wie viele ihnen noch folgen würden, der Ausgang der Schlacht stand so gut wie fest. Nur ein Wunder konnte Altera jetzt noch retten.

Er konzentrierte sich wieder darauf, die Verluste des Trovents so gering wie möglich zu halten. »Zwanzig Leichte Troventaare aus Sektion drei Mitte in die linke Flanke Sektion fünf abziehen!« Trotz der Rechnerunterstützung fiel es ihm schwer, den Überblick zu behalten. Die zahlreichen Ortungsschirme und -holos in der Zentrale der ILLINDOR veränderten sich praktisch jede Sekunde. Hier explodierten Raumschiffe, dort, wo sich gerade noch ein TRIANGOLO-Fort befunden hatte, leuchtete eine neue Sonne auf. Positionsverschiebungen größerer Geschwader, überraschende Vorstöße der Alteraner, die einfach nicht aufgeben wollten, obwohl sie auf verlorenem Posten standen. Und er musste auf alles reagieren und den Einsatz der Troventaare koordinieren.

»Konzentrierter Angriff auf die beiden TRIANGOLO-Forts mit den Koordinaten ...« Er rasselte die Zahlen herunter, wandte sich schon dem nächsten Holo zu. »Sektion fünf der linken Flanke. Die Schweren Troventaare enger zusammenziehen. Ihren Kurs von zehn Leichten Troventaaren sichern lassen!«

Stimmen hallten durch die Zentrale der ILLINDOR. Kat-Greers Befehle wurden weitergegeben, eintreffende Daten mehr oder weniger hektisch diskutiert und aufbereitet. Zwanzig Taktiker koordinierten die Vorgehensweise der einzelnen Aufmarschabschnitte und sprachen Empfehlungen aus, und Kat-Greer musste entscheiden, ob sie ins Gesamtbild passten.

Der Hetran fragte sich, was dort draußen wirklich vorging. Die ILLINDOR war in sicherer Entfernung deutlich hinter den Frontlinien postiert, doch er glaubte trotzdem, das Gefecht hautnah mitzuerleben. Schlacht-Troventaare feuerten scheinbar ununterbrochen und rissen Lücken in die Verteidigungslinien, Leichte Troventaare stießen in sie vor, erledigten mit ihren Impuls- und Desintegratorkanonen, was die größeren Schiffe übrig gelassen hatten, und jagten eine annähernd lichtschnelle Torpedosalve nach der anderen los, während die Schweren Troventaare hauptsächlich gegen die TRIANGOLO-Forts anrannten.

Zu einem großen Teil jedoch vergeblich. Die Schlacht verlief nicht ganz so, wie Kat-Greer es sich vorgestellt hatte. Der Erstschlag hatte nicht den erwarteten Erfolg gehabt, und er verlor mehr Einheiten als erwartet, insbesondere im Kampf gegen die Forts. Aber das würde auf Dauer nichts ändern und nur unwesentliche Folgen für den Ausgang der Schlacht haben. Seinen 4800 Troventaaren standen gerade einmal 2000 alteranische Schiffe gegenüber, zum Teil kleine Klassen, und fast alle davon waren beschädigt oder zumindest nicht voll einsatzfähig. Und mehr als 90 TRIANGOLO-Forts hatte Altera auch nicht mehr aufzubieten.

Jeder einigermaßen fähige Feldherr würde diese Schlacht

gewinnen. Und Kat-Greer war nicht nur fähig, er war brillant.

Sobald wir Altera unterworfen haben, dachte er, *werden sich unsere besten Techniker mit den Raumschiffen des neuen Trovent-Volks beschäftigen und auf dieser Basis eine neue larische Raumschiffklasse entwerfen.*

Immer deutlicher erkannte er, dass die mächtigen Zylinderwalzen des Trovents einen bedeutenden Vorteil, aber auch einen gravierenden Nachteil hatten. Bei allen drei Größenklassen waren im halbkugeligen Bug das Gros der schweren Waffen untergebracht, während das flache Heck die starken Impulstriebwerke beherbergte. Die Schiffe waren für militärische Erstschläge optimiert, für eine Vernichtung des Gegners schon im Anflug, direkt von vorn, da fast die gesamte Feuerkraft fokussiert werden konnte.

Doch im Nahkampf waren die Troventaare schwer zu manövrieren und mussten bei einem Richtungswechsel komplett geschwenkt werden. Die Waffensysteme waren dafür ausgelegt, Ziele in einem Winkel von etwa 45 Grad vor dem Schiff unter Feuer zu nehmen. Nach hinten feuern konnten sie gar nicht, zu den Seiten nur eingeschränkt. Und die Walzen verfügten zwar je nach Größenklasse über ein bis drei überschwere Impulsgeschütze, doch die konnten nur einmal alle 20 Sekunden feuern. Dauerfeuer war mit diesen Geschützen nicht möglich; dafür brachen sie jedoch sämtliche gebräuchlichen Schutzschirme in Forn-Karyan, wenn dem Waffenleitoffizier ein Volltreffer gelang.

Diese Umstände waren den Alteranern bekannt, und sie nutzten sie weidlich aus. Sie setzten auf Schnelligkeit und Wendigkeit, griffen die Troventaare von hinten oder der Seite an, um sie von ihren Angriffskursen auf die TRIANGOLO-Forts abzubringen oder zumindest so viele von ihnen wie möglich zu vernichten oder zu beschädigen.

Und in einer Hinsicht hatte er die Alteraner unterschätzt. Diese geheimnisvollen neuen Waffen der Alteraner, diese RF-Geschütze, von denen nicht nur das Geheime Flottenauge munkelte, rissen breite Lücken in die Angriffswellen der Troventaare, die er gegen die Forts warf.

Kat-Greer lehnte sich in seinem Sessel zurück. Die Alteraner würden ihm diesen Widerstand büßen, wie Administrator Goberto Ho ihn gebüßt hatte.

Er konzentrierte sich wieder auf die neuesten Daten, als das gellende Geräusch der Sirene des Ortungslarms erklang.

»Strukturerschütterungen!«, hallte die verstärkte Stimme des Ortungschefs durch die Zentrale der ILLINDOR. »Schwere Strukturerschütterungen am Rand des Altera-Systems!«

Kat-Greer rief die Daten auf, und Triumph breitete sich in ihm aus. Allein die Vielzahl der Ortungsechos ließ keinen Zweifel aufkommen. In Höhe der Umlaufbahn des siebenten und letzten Planeten des Altera-Systems, Hades, fielen Tausende von Raumschiffen in den Normalraum. Die überlichtschnelle Ortung maß dreitausend an ... fünftausend ... achttausend!

Die Posbis! Endlich hatten sie die Kommando-Kodes ausgetauscht und griffen in das Geschehen ein!

Kat-Greer wusste einen Moment lang nicht, ob er sich freuen oder ärgern sollte. Sicher, damit war die Schlacht nun endgültig entschieden. Jetzt gab es für die Alteraner wirklich kein Entrinnen mehr.

Aber würden die Posbis die Ansprüche des Trovents auf das Altera-System anerkennen und respektieren? Würden sie abwarten und die larischen Truppen gegebenenfalls unterstützen, oder würden sie den Feind hinwegfegen, bis auf das letzte Neugeborene auslöschen und Altera in eine Schlackewelt verwandeln?

Das war nicht im Sinne des Ersten Hetrans. Er wollte die Alteraner unterwerfen, nicht ausmerzen.

Er fragte sich, ob es Verduto-Cruz gelungen war, weiteren Einfluss auf die positronisch-biologischen Roboter zu nehmen, oder ob er die Früchte seiner Arbeit verlieren würde, bevor er sie ernten konnte. Natürlich würde der Verlust des Imperiums Altera schwer wiegen; aber in dieser Hinsicht blieben ihm keine Optionen. Wenn die Posbis das »Falsche Leben« auslöschen wollten, würde er sich nicht daran hindern können.

Doch noch warteten sie an der Systemgrenze ab.

Kat-Greer vergaß die tobende Schlacht einen Moment lang. »Eine Verbindung zu dem befehlshabenden Kommandanten der Posbi-Flotte!«, befahl er. »Sofort!«

Bevor der Funkchef seine Anweisung ausführen konnte, erklang ein weiteres Alarmgeräusch. Diesmal war es jedoch nicht nur ein Ortungsalarm; die automatischen Systeme hatten die Alarmstufe Rot ausgerufen!

Stimmen überschlugen sich, drangen durcheinander, vermischten sich zu einem in den Ohren schmerzenden Crescendo. Jemand hatte den Hauptalarm ausgeschaltet, doch immer wieder tönte das Jaulen anderer Sirenen durch die Zentrale. Einen Moment lang hatte Kat-Greer den Eindruck, der Weltuntergang sei angebrochen. Er versuchte, sich Gehör zu verschaffen, doch es gelang ihm erst beim dritten Anlauf.

»Da ist ... *etwas* in der Ortung!«, erklang die verstärkte Stimme des Ortungschefs über den Zentraleruf. »Es ist ... groß ...! Ein ... Hyperstrahler von gewaltiger Stärke!«

Für eine so unpräzise Meldung hatte Kat-Greer Soldaten des Trovent schon degradieren lassen. Doch nun achtete er nicht darauf. Dutzende von Meldungen prasselten auf ihn ein, und keine verhieß Gutes.

»Ein schwerer Hypersturm ... Ausfälle in allen Bereichen ...!«

Der Erste Hetran versuchte, sich zur Ruhe zu zwingen. Ein Hypersturm, von einem Augenblick zu anderen, mitten im Altera-System? Das war schlichtweg ein Ding der Unmöglichkeit ...

»Hyperfunk und Hyperortung ausgefallen!«

»Eintritt in den Linearraum unmöglich!«

»Ausfall der Sublichttriebwerke!«

»Ausfall der Waffensysteme!«

»Starke Störungen sämtlicher konventioneller Systeme!«

Das ... ist ein Hyperorkan!, dachte Kat-Greer. Die Laren hatten gelernt, in Forn-Karyan mit Hyperstürmen zu leben. Schon der Konvoi, den es ursprünglich in den Kleinen Wirbelsturm verschlagen hatte, war in einem Hypersturmriff mit einem Durchmesser von etwa 50 Lichtjahren materialisiert und hatte *278 Jahre* benötigt, um es zu verlassen.

»Schutzschirme?«, fragte Kat-Greer tonlos.

»Aufgrund der Störung der konventionellen Systeme ausgefallen!«

Der Erste Hetran ahnte, was jetzt kommen würde. Massive Raum-Zeit-Verzerrungen, extrem großräumige willkürliche Entstofflichungseffekte. Vielleicht würde sich sogar ein Tryortan-Schlund bilden und das gesamte System verschlingen. Und die ILLINDOR hing blind und manövrierunfähig mitten in diesem Phänomen.

Schlagartig wurde ihm klar, dass es den anderen Schiffen nicht besser ergangen war als dem Flaggschiff. Und dass die Schlacht um Altera in dem Augenblick zum Erliegen gekommen war, als die Ortung diesen *Hyperstrahler von gewaltiger Stärke* bemerkt hatte.

Was ist das für ein Strahler?, dachte er, bemühte sich weiterhin, wieder klare Gedanken zu fassen. *Und wie viel Zeit bleibt uns noch bis zur Vernichtung der ILLINDOR?* Verzweifelt suchte er nach einem Ausweg – ein sinnloses Unterfangen, wenn ihm noch nicht einmal die Ursache des Phänomens bekannt war.

Mit aufkeimendem Entsetzen fiel ihm ein, was er noch vor ein paar Minuten gedacht hatte. *Nur ein Wunder kann Altera jetzt noch retten.* Sollte ...

»Hypersturm schwächt sich ab! Einzelne Systeme funktionieren wieder! Die ILLINDOR ist wieder eingeschränkt manövrierfähig! Hyperfunk steht wieder zur Verfügung. Wir ... wir empfangen eine Nachricht! Die Sendestärke ist ... *gigantisch*!«

Nur ein Wunder ...

Ein Hypersturm setzte ein, der in dieser Form eigentlich völlig unmöglich entstehen konnte, und schwächte dann gerade rechtzeitig wieder ab, um eine Nachricht von gigantischer Sendestärke zuzulassen?

Nur ein Wunder ...

Eine Stimme hallte durch die Zentrale der ILLINDOR, und Kat-Greer erkannte sie in demselben Augenblick, als sie den Namen nannte. Kat-Greer hätte niemals damit gerechnet, je wieder von dieser Person zu hören.

»Hier spricht Perry Rhodan!«

Rhodan! Der vermeintliche Bote des Verkünders der Hetosonen! Rhodan! Den er für seine Zwecke ausgenutzt und zur Achtzigsonnenwelt geschickt hatte, damit Verduto-Cruz seinen Plan in die Tat umsetzen konnte!

»Die Schlacht um Altera ist beendet. Die Hass-Schaltung ist außer Kraft gesetzt, und Siebenkopf hat die Kontrolle über die Posbis übernommen.«

Siebenkopf?

»Die Posbis werden sich ab sofort auf die Seite des Imperiums von Altera stellen – und in der Galaxis Ambriador als

Friedensmacht auftreten. Überdies steht mir mit TRAGTDORON ein Mittel zur Verfügung, jedwede weitere Kampfhandlung wirksam zu unterbinden. Verstöße gegen den Waffenstillstand werden unnachgiebig geahndet. Die Laren haben eine Stunde Zeit, sich, ihre beschädigten Einheiten und eventuelle Rettungsboote aus dem Alter-System zurückzuziehen.

Das Ultimatum läuft ab jetzt.«

Ein Blick auf die Instrumente verriet Kat-Greer, dass der Hypersturm abrupt nachließ. Die Fernortung funktionierte wieder.

Die 8000 Schiffe der Posbis verharrten noch immer am Rand des Sonnensystems. Und kein einziges fragte nach Wahrem Leben.

Ein Wunder, dachte Kat-Greer. Ein Wunder hatte sämtliche Pläne des Trovents durchkreuzt.

Der Erste Hetran schloss die Augen und ließ sich kraftlos in den Sessel fallen. Er dachte nach, doch ihm fiel nichts Besseres ein, als das Lied vom Stern der Laren zu singen.

Danach erhob er sich wieder und ignorierte die überraschten Blicke der Besatzung der Gefechtszentrale. »Macht, was ihr wollt«, sagte er. »Wir fliegen nach Hause. Die Schlacht ist vorbei.«

Dann verließ er die Zentrale.

Dreissig

Vhatom Q'arabindon: Vergangenheit
Q'iladado

»Rhetaa ...«, sagte er. »Rhetaa N'elbione ...« Der Name war ihm völlig unbekannt. Wer auch immer seine Erinnerungen gelöscht hatte, er hatte ganze Arbeit geleistet.

»Erinnerst du dich wirklich nicht an mich, Vhatom?«, wiederholte die Energiesphäre vor ihm. Sie begann zu pulsieren, zog sich zu Faustgröße zusammen und dehnte sich wieder zu Kopfgröße aus, einmal, zweimal, dann regelmäßig, schließlich immer schneller.

»Nein«, sagte er leise.

»Natürlich nicht. Sie haben dir alle Erinnerungen genommen, als du zur Plasma-Psyche wurdest. Damals waren wir noch jung und viel schwächer als heute, und niemand durfte wissen, was bei uns geschah, was wir beabsichtigten. Wir mussten uns schützen. Aber wir konnten dich auch nicht einfach sterben lassen. Das hätte allem widersprochen, was wir uns zum Ziel gesetzt hatten. Du kennst mich nicht, und du bist auch nicht imstande, meine Aura wahrzunehmen, so wie ich die deine gespürt habe. Ich habe sofort gewusst, dass du dich an Bord dieses ... Gebildes befindest.«

»Allem widersprochen ...?« Er verstand nichts, gar nichts. »Dann ... kennst du mich wirklich, und Vhatom Q'arabindon ist mein richtiger Name?«

»Und ob ich dich kenne, Vhatom. Dich habe ich geliebt. Wegen dir bin ich gestorben. Was weißt du noch über diese Zeit?«

»Nichts«, gestand er ein. »Gar nichts. Nur ...«

»Ja?«

»Manchmal sehe ich ein Feuerrad ... ein Rad aus Feuer, das dem Zentrum dieser Galaxis ähnlich sieht.«

»Ja, das Feuerrad.« Die Energiekugel schien leise zu seufzen. »Willst du wissen, was damals geschehen ist, Vhatom? Wie du zur Plasma-Psyche geworden bist?«

Er zögerte, aber nur kurz. War es nicht genau das, was er sich seit über 60.000 Jahren ersehnte? Das Geheimnis seiner Herkunft zu ergründen? Würde er jetzt ablehnen, wäre sein gesamtes Leben nach dem Erwachen eine einzige Lüge gewesen.

Aber vielleicht war es besser, die Wahrheit nicht zu kennen ...

»Ja«, sagte er dann energisch. »Ja, ich möchte es wissen.«

»Dann werde ich dir die letzten Stunden deines ersten Daseins zeigen, als würdest du sie noch einmal durchleben.« Die Energiekugel pulsierte immer schneller, verfärbte sich, leuchtete nun in einem hellen Rot. Dem Rot von Feuer. »Und danach musst du dich entscheiden, Vhatom. Danach musst du dich entscheiden.«

Unvermittelt schien die Energiesphäre zu explodieren und sein gesamtes Sichtfeld mit rot leuchtender Helligkeit auszufüllen.

Mit Licht, das zu einem Rad aus Feuer wurde.

Dann explodierte das Rad in Vhatoms Wahrnehmung, und Rhetaa stand neben ihm.

Vhatom spürte, wie Rhetaas Kloake heftig kontrahierte, und fand in diesem Augenblick ebenfalls seine Erfüllung.

Das Gefühl war so intensiv, dass ihm die Beine den Dienst zu versagen drohten. Vorsichtig verlagerte er das Gewicht auf die beiden hinteren und zwei der mittleren.

Auch Rhetaa schwankte heftig, bemühte sich verzweifelt, nicht das Gleichgewicht zu verlieren. Sie prallte gegen ihn, und der untere Ausläufer ihres Hornpanzers grub sich schmerzhaft in sein rechtes Vorderbein. Er schrie vor Schmerz auf und spürte, wie sein Fortpflanzungsorgan aus der Kloake rutschte.

Aber das wunderbare Gefühl blieb.

Rhetaa schlug mit den Greiftentakeln um sich und bekam zwei der Haltegriffe zu fassen, die in allen Paarungsräumen angebracht waren. Ihr Stand stabilisierte sich, und sie ließ zwei andere Greifarme über seinen Panzer gleiten, tastete nach seinem Sinnesorganknoten auf der Stirn, fand ihn und liebkoste ihn. Die Berührung hätte ihn normalerweise wieder erregt, doch nach der dritten erfüllenden Vereinigung hintereinander verspürte er nur noch Erschöpfung.

Er verteilte sein Gewicht wieder auf alle acht Beine und zog Rhetaa so eng an sich, wie es nur möglich war, ohne ihr Schmerzen zu bereiten. Sie stützten sich gegenseitig und genossen den letzten Augenblick der Ruhe und Ungestörtheit, der ihnen verblieb.

Er war viel zu schnell vorbei. Vhatom hätte gern noch länger dort gestanden, mit Rhetaa, eine Ewigkeit lang. *Es ist kein Abschied,* sagte er sich dann. *Es ist ein Übergang in eine andere, eine bessere Existenz, der Anfang von etwas Großem. Und ich gehe nicht allein. Rhetaa begleitet mich. Rhetaa, die Liebe meines Lebens.*

»Bist du dir wirklich sicher?«, schien sie seine Gedanken zu erraten. »Willst du wirklich auf das alles verzichten?«

Wie oft hatten sie darüber gesprochen, wie lange diskutiert? Sein Entschluss stand fest. »Es ist ein Anfang, kein Ende«, sagte er, wie so oft zuvor. »Und bist du dir auch völlig sicher? Du weißt, ich möchte nicht, dass du mich begleitest. Ich möchte, dass du auf Q'iladado bleibst, für das Wohl unseres Volkes arbeitest und dann zu mir kommst, wenn dein Körper verbraucht und es wirklich an der Zeit ist.«

»Und du weißt, dass ich dich nicht allein gehen lasse. Entweder wir beide zusammen oder keiner von uns. Wie lange hat es gedauert, bis wir die Priester überreden konnten, sich mit dieser Ausnahme einverstanden zu erklären? Und jetzt willst du alles wieder infrage stellen?«

»Nein«, sagte Vhatom leise. Er löste sich endgültig von Rhetaa und drehte sich zum Ausgang des Paarungsraums um. Er hatte noch keine zwei Schritte getan, als er eine Berührung hinten an seinem Hornpanzer spürte. Sie hatte einen Greifarm ausgestreckt und berührte ihn zaghaft. »Vhatom, wenn du es wirklich willst, will ich es auch. Ich will nicht ohne dich leben. Ich will bei dir sein, ob nun körperlich oder rein geistig.«

Er blieb stehen, griff mit einem Tentakel nach hinten und schloss ihn um ihre Hand. Er drückte sie, fest, aber nicht zu fest. Gerade so, dass sie wusste, dass er sie liebte und für ihre Entscheidung dankbar war. Er wollte auch nicht ohne sie ... existieren.

So zuversichtlich, wie er sich gab, war er nicht. Nein, er hatte keine Angst, dass die Transformation fehlschlagen könnte. So etwas kam zwar vor, war aber extrem selten. Vielleicht jeder Hunderttausendste schaffte den Übergang nicht. Da war die Gefahr größer, in den Farnwäldern Q'iladados in einen wandernden Treibsandtümpel zu geraten und jämmerlich darin zu ersticken. Aber selbst bei solch einem Scheitern war noch nichts verloren. Sollte die Kollektion ihn nicht aufnehmen können, würden die Techniker seine geistige Essenz speichern. Die Zeit hatte dann keine Bedeutung mehr für ihn, und irgendwann würde die Kollektion so mächtig sein, dass sie ihn doch noch zu sich holen konnte.

Nein, seine Zweifel hatten einen ganz anderen Grund. Er fürchtete sich vor dem letzten Augenblick, wenn er freiwillig ins Feuerrad treten musste. Wenn er sich entscheiden musste, alles aufzugeben, was sein Dasein bestimmte.

Er ließ den Organknoten wandern und warf einen letzten Blick zurück in den Paarungsraum. Sich nie mehr mit Rhetaa vereinigen zu können ... nie mehr prickelnde Arrinhato auf der Zunge zu spüren ... nie mehr durch einen Farnwald zu streifen, die Stadt und die Zivilisation hinter sich zurücklassen, zu leben wie die Vorfahren, den Atem Q'iladados in sich aufzunehmen und eins zu werden mit der Welt ...

Doch dann dachte er an das, was ihn erwartete. Die Beschränkungen des Krakenkörpers abzuschütteln, nie wieder Schmerzen in den skelettlosen Beinen mit ihrer säulenartigen Muskulatur zu spüren, keine Erschöpfung und Müdigkeit mehr ...

Und keine Gebrechen des Alters mehr erdulden zu müssen! Keine Zwänge des Körpers! Eins zu sein mit allen anderen, die Aufnahme in die Kollektion gefunden hatten und finden würden, mit ihnen die Geheimnisse des Kosmos, der Schöpfung zu ergründen ...

Raum und Zeit überwinden. Würde er alle atomaren Teile und deren Beziehungen zueinander und ihre Bewegungsrichtung kennen, könnte er jeden Zustand des Universums zu jeder Zeit vorhersagen. Vielleicht war der Kollektion das eines Tages möglich. Wenn auch nicht für das gesamte Universum, so doch zumindest für einen Teil von ihm, für ihre Galaxis. *Das* war wahre Erfüllung!

Oder die fünfte Dimension erkunden, die Grenzen der

drei räumlichen und der zeitlichen überwinden und endlich in die der Möglichkeiten vorzustoßen ...

Oder endlich das Geheimnis der D-Branen enträtseln, der dynamischen Objekte in einer höherdimensionalen Raumzeit, die er entdeckt hatte. Da diese Raumzeit einen zehndimensionalen Raum beschrieb, stellte sich die Frage, warum die Q'iladados nur drei Dimensionen wahrnehmen konnten, vier, wenn man die Zeit hinzunahm. Bot die ebenfalls von ihm entwickelte Stringtheorie tatsächlich eine Erklärung dafür? Ihr zufolge gab es geschlossene, ringförmige eindimensionale Strings, aber auch andere, deren Enden offen lagen. Offene Enden waren bestrebt, sich an die von ihm postulierten Branen zu heften, und konnten nicht mehr beliebig die Dimensionen wechseln. Wenn das Universum also tatsächlich aus einer oder mehreren Branen bestand, bildeten die gebundenen Strings demnach alle Elementarteilchen, alle Photonen, Elektronen und Quarks – bis auf das Graviton, das die Gravitation vermittelte. Das bestand aus einem ringförmigen String und war daher nicht an eine Brane gebunden. Diese Theorie bot eine Erklärung dafür, warum die Gravitation im Verhältnis zu den anderen physikalischen Grundkräften so schwach war – ihre Kraft verteilte sich auf mehrere Dimensionen! –, war aber nicht ganz in Einklang mit dem allgemein gültigen Gravitationsgesetz zu bringen.

Noch nicht.

Aber wenn er körperlos wäre und seinen Geist mit dem anderer Astrophysiker vereinen könnte ... welche ungeahnten Möglichkeiten standen ihnen dann offen?

Rhetaa schloss zu ihm auf. Sie schien zu ahnen, welche Gedanken ihm durch den Kopf gingen. »Noch ist es nicht zu spät«, sagte sie. »Jeder wird verstehen, dass du noch nicht bereit bist. Auf dich wartet auch hier auf Q'iladado noch viel

Arbeit. Deine Theorien, die Klärung zahlloser astro- und hyperphysikalischer Fragen ...«

»Wie viele Jahre bleiben mir noch? Fünfzig? Einhundert? Mehr nicht. Ein paar Jahre ...«

»Ein paar Jahre«, hielt Rhetaa entgegen. »Eben. Und dann kannst du die Kollektion ...«

»Dann bin ich alt und verbraucht und der Kollektion kaum noch nützlich. So wie ...«

»So wie ich?«, fragte sie verbittert.

Er blieb stehen, richtete den Organknoten wieder auf sie. »Du weißt, dass ich das weder sagen wollte noch denke.«

Sie zögerte kurz. »Ich weiß«, sagte sie dann. »Natürlich. Bitte verzeih mir. Die relative Unsterblichkeit und das Wachstum der Kollektion haben einen Preis.«

»Einen hohen Preis«, stimmte er ihr zu.

Die Spezies der Q'iladado stand an der Schwelle zur Vergeistigung. Schon vor Jahrtausenden war es ihren Wissenschaftlern gelungen, die geistige Essenz eines intelligenten Wesens einzufangen und zu konservieren, doch erst seit wenigen Jahrhunderten war es ihnen auch möglich, diese Essenzen zusammenzuführen.

Die Kollektion war entstanden.

Kurz darauf hatten die Q'iladado Besuch von einem Geschöpf bekommen, von dem sie bis heute nicht wussten, ob es sich um ein Lebewesen oder einen Roboter gehandelt hatte. Es war nicht besonders groß gewesen, halb so groß wie ein Q'iladado, doch von erhabener humanoider Gestalt, geschmeidig, mächtig.

Es hatte den Q'iladado von den Hohen Mächten berichtet und ihnen erklärt, dass das Volk der Riesenkraken nun mit der Ausbildung der Kollektion vor einem Evolutionsschritt stand – vor der Vergeistigung zu einer Superintelligenz.

Superintelligenzen, so das erhabene, selbst für einen Q'iladado ästhetisch anzusehende, aber nicht zu klassifizierende Geschöpf, entstünden häufig aus dem Bewusstseinspotenzial eines oder mehrerer Völker und seien in der Lage, Einzelbewusstseine in ihr Kollektiv aufzunehmen und auch wieder freizugeben. Ihr eigentlicher Lebensraum sei der Hyperraum, und sie benötigen einen Anker, um mit Wesen im normalen Standarduniversum Kontakt aufnehmen zu können. Ihr Einflussbereich, der sich über mehrere Galaxien erstrecken könne, werde Mächtigkeitsballung genannt.

Aber davon sei die Kollektion der Q'iladado noch weit entfernt. Er sei eine ganz junge Superintelligenz, und damit auch eine besonders gefährdete. Denn nach einer Lebensdauer von vielen Millionen Jahren könne sich eine Superintelligenz je nach ihrer Gesinnung zu einer Materiequelle oder Materiesenke weiterentwickeln und danach irgendwann zu einem Kosmokraten oder Chaotarchen werden. Und die Chaotarchen wären darauf aus, junge Superintelligenzen in ihrem Sinne zu beeinflussen oder, falls sich dies als unmöglich erwies, schlicht und einfach aus dem Weg zu räumen. Die Q'iladado-Kollektion müsse also auf der Hut sein und Begegnungen mit negativen Superintelligenzen oder ihm nicht wohl gesinnten Hohen Mächten meiden.

Damit verabschiedete der Bote der Hohen Mächtigen sich und kehrte danach nie wieder zurück.

Q'iladado, wie die Kollektion sich nun nach ihrem Volk und dessen Heimatwelt nannte, hielt sich durchaus für eine positive Superintelligenz, die für die Erhaltung der Ordnung im Kosmos eintrat. Doch ihr Wachstum schritt nur schleppend voran. Zwar nahm sie das Bewusstsein eines jeden sterbenden Q'iladado in sich auf, doch diese geistigen Essenzen schienen am Ende der natürlichen Lebensspanne des Körpers erschöpft zu sein, verbraucht. Sie fanden zwar

Eingang in die Kollektion, förderten ihre Entwicklung aber nur unzureichend.

Doch schon bald stellte die Kollektion fest, dass dies etwas ganz anderes war, wenn Q'iladados in jungen Jahren starben, lange vor ihrer Zeit.

Einunddreissig

**Laertes Michou, TRIANGOLO 001:
5. Juni 1343 NGZ (4930 nach Christus)**

»... Sir! Sir?«

Staatsmarschall Laertes Michou zuckte zusammen und hob den Blick. Ein junger Offizier stand vor ihm, ein Leutnant, wahrscheinlich erst vor kurzem wegen des Mangels an Mannschaften vom Kadetten um einen Rang befördert. Offiziersanwärter wurden dieser Tage ziemlich schnell ins kalte Wasser geworfen.

Michou hasste Schwäche in jedweder Form, auch seine eigene. Und es war eine Schwäche, die Meldung des Leutnants zu überhören, weil er sich einem Augenblick lang seinem Triumph hingegeben hatte.

Nun wäre es ihm, dem Verteidigungsminister, ein Leichtes gewesen, den jungen Mann zusammenzustauchen, der heute wahrscheinlich seinen ersten echten Kampfeinsatz hatte. Aber das wäre ungerecht und ungerechtfertigt gewesen, und Michou hasste nicht nur Schwäche, sondern auch Ungerechtigkeit. Er war nicht Oberbefehlshaber der Flotte geworden, weil er seinen Rang ausgenutzt hatte.

»Entschuldigung, ich war abgelenkt. Ich höre, Leutnant!«

Der junge Mann salutierte. »Sir, die Laren haben zum größten Teil die Schirme ihrer Schiffe deaktiviert und beginnen damit, Rettungsboote aufzufischen.«

Der Staatsmarschall nickte. »Danke, das ist mir nicht entgangen.« Für solch eine überflüssige Meldung wäre ein Tadel angebracht, doch Michou wusste selbstredend, was der Leutnant in Wirklichkeit wollte, aber nicht auszusprechen wagte. *Ihre Befehle, Sir?*

Michou zögerte noch, ließ den Blick durch die Zentrale von TRIANGOLO 001 schweifen. Sie hatte den Angriff besser als erwartet überstanden. Schon vorher hatten manche Konsolen und Geräte den Eindruck erweckt, nur noch von hölzernen Ess-Stäben und Seidengespinstfäden zusammengehalten zu werden; dieser Zustand hatte sich immerhin nicht verschlimmert. TRIANGOLO 001 war noch einmal mit einem blauen Auge davongekommen. Hier ein Schwelbrand an einer Konsole, dort Funkensprühen an einem Terminal, das Löschschaum über mehrere Quadratmeter verteilte, dann wieder knisternde Hauptstromverbindungen. Aber insgesamt hatte die Mannschaft die Lage im Griff.

So hat es immer schon gehalten, dachte Michou. Wenn alles zum Scheitern verurteilt ist, nehmen wir neben den Ess-Stäbchen und Seidenfäden noch ein paar Okarina hinzu. Irgendwie wird es schon funktionieren.

Wie beim Imperium Altera. Der Staatsmarschall hatte sich hart und unbeugsam gezeigt, Verhandlungen abgelehnt und eine Kapitulation nicht in Betracht gezogen. Hätte er wirklich den Heldentod vorgezogen?

Diese Frage hatte sich ihm gar nicht gestellt. Michou hatte nie daran gezweifelt, dass er zum Schluss noch triumphieren, dass am Ende doch noch der Sieg stehen würde.

Altera und die Alteraner durften und würden nicht fallen.

Niemals.

Sein Vertrauen ins Schicksal war unerschütterlich gewesen – und hatte sich letztlich ausgezahlt.

Sein Vertrauen und sein Gespür. Nachdem er sich mit aller gebotenen Härte davon überzeugt hatte, dass es sich bei der Person, die sich als Perry Rhodan ausgab, tatsächlich um den Großadministrator handelte, hatte er nicht gezögert, ihn mit seiner Posbi-Expedition gewähren zu lassen.

Er scheuchte den jungen Leutnant mit einer Handbewegung ein paar Schritte zurück. Dieser Augenblick gehörte ihm, Michou, allein. Die Schlacht war geschlagen, und nichts sprach dagegen, ihn einsam, still und für sich zu genießen, genauso, wie er auch seine Entscheidungen getroffen hatte.

Er ging durch die Zentrale, ohne sie wirklich zu sehen, erwiderte die Grüße der salutierenden Offiziere nicht, schritt daher wie ein Feldherr nach einem großen Sieg, wie Hannibal Barkas nach der Schlacht bei Cannae, wie Julius Caesar nach der bei Alesia, wie Perry Rhodan persönlich beim Fall Kolumbus, auch wenn Atlan dabei mit der Kavallerie gekommen war.

Zumindest fand er diesen Vergleich sehr passend. Die Wirklichkeit sah vielleicht etwas anders aus. Was war geblieben von dem beeindruckenden, hoch gewachsenen Mann mit mächtigem Kinn, dunklem Bartschatten und dichten schwarzen Brauen? Von dem groß gewachsenen Körper eines austrainierten Athleten, dem dichten, dunklen Haar, nach hinten gekämmt, mit weißen Strähnen an den Schläfen?

Wenn er jetzt in den Spiegel schaute, sah er einen vorzeitig alt gewordenen Mann mit grauem Gesicht. Auch im Haar waren zahlreiche graue Strähnen hinzugekommen.

Was hatte er erwartet? Der Druck war in den letzten Wochen unerträglich geworden. Er fraß an ihm und ließ ihn vorzeitig altern. Jede seiner Entscheidungen hatte Auswirkungen auf das Leben und Sterben von Millionen Menschen gehabt, wenn nicht sogar über das Schicksal der gesamten Menschheit in Ambriador entschieden.

Vertrauen in das Schicksal hin und her – die letzten Wochen forderten ihren Tribut.

Aber nun ist es geschafft, dachte er. *Die Posbis stehen nun auf unserer Seite. Sie stellen keine Gefahr mehr dar.*

Und die Laren? Staatsmarschall Michou warf einen Blick auf einen der wenigen noch funktionierenden Bildschirme, auf dem die neuesten Ortungsergebnisse eingeblendet wurden. Der Feind hatte die Kampfformation längst aufgegeben, und die meisten seiner Schiffe bargen noch immer Rettungsboote. Wenn er jemals das Bild einer geschlagenen Flotte gesehen hatte, dann dieses.

»Sir«, sagte der junge Leutnant. »Tanks treiben in Feuerreichweite der TRIANGOLO-Forts. Ich bitte dringend um Anweisungen!«

Die Laren hatten ein doppeltes Spiel getrieben. Schon immer war das Verhältnis zwischen ihnen und den Alteranern angespannt gewesen. Sie waren seit jeher Konkurrenten gewesen, lagen in Fehde miteinander, keiner gönnte dem anderen den kleinsten Fund Hyperkristall. Auch wenn sie keinen offenen Krieg geführt hatten, war es immer wieder zu Gefechten mit hohen Materialverlusten gekommen. Jedes Schiff der Alteraner muss im Territorium der Laren mit der Vernichtung rechnen.

Wie viele Alteraner hatten durch die Umtriebe der Laren den Tod gefunden, wie viele waren von ihnen versklavt worden? Die Laren hatten niemals Gnade gezeigt.

Niemals.

Jetzt ist der Beginn einer neuen Zeit angebrochen, dachte der Staatsmarschall. *Der Beginn einer neuen Beziehung zu den Laren.*

Und er musste erneut die Verantwortung auf sich nehmen und die Weichen für die Zukunft stellen.

Er konnte den Laren die Hand reichen. Aber sie würden

die Geste nur als Schwäche missverstehen, davon war er überzeugt.

Andererseits war es seine Pflicht, die Bevölkerung des Imperiums Altera zu schützen.

Konnte er sich diese Gelegenheit entgehen lassen? Er konnte dem Feind nun eine Schlappe beibringen, von der er sich nicht so schnell erholen würde.

War er es dem Imperium Altera nicht schuldig, die Gunst der Stunde zu nutzen? Blieb ihm zum Schutz sämtlichen Lebens nicht nur eine einzige Möglichkeit?

War er nicht geradezu gezwungen, dieselbe Kompromisslosigkeit zu zeigen, die die Laren stets an den Tag gelegt hatten, zuletzt noch in Fort Blossom, als Kat-Greer Administrator Ho hatte standrechtlich exekutieren lassen?

Hatten die Laren diese kompromisslose Härte nicht schlicht und einfach *verdient*?

Laertes Michou atmete tief ein. Er hatte eine Entscheidung getroffen. So schwer es ihm auch fiel, es war die Entscheidung, die er treffen musste. »Leutnant?«

»Ja, Sir?«

»Rundruf an alle noch einsatzfähigen Forts. Ich erteile hiermit den Feuerbefehl. Ziel des Einsatzes: Wir werden vor ihrem Abzug so viele Laren auslöschen wie nur möglich!«

Das Bild auf dem Monitor flackerte, wurde von weißem Rauschen ersetzt. Einen Moment lang schienen sich die Züge eines Gesichts aus dem Flimmern zu schälen, dann brachen sie in sich zusammen, zerfielen wieder zu grauem Schnee.

Noch einmal verdichteten sich die Flocken zu erahnbaren Konturen, und diesmal drang eine Stimme aus dem Lautsprecher. Eine matte, kraftlose, aber vertraute Stimme, die Laertes Michou sofort erkannte.

»Halt!«, gebot sie ihm gleichzeitig aus den Lautsprechern aller noch funktionierender Bildschirme in der Zentrale Einhalt. »Dieser Befehl wird nicht ausgeführt!«

Es war Anton Ismaels Stimme.

Der Administrator war erwacht!

Laertes Michou wurde im selben Augenblick klar, was das bedeutete – und begann sofort abzuschätzen, welche Folgen es haben würde.

Ismael musste über alles Bescheid wissen. Das konnte nur bedeuten, dass die Legion Alter-X sich gegen ihren Befehlshaber gestellt hatte – gegen ihn!

Und das ausgerechnet jetzt, da sie den Sieg errungen hatten!

Er straffte sich, sah sich um, dachte weiterhin fieberhaft nach. Dann setzte er sich in Bewegung, ging gemessenen Schrittes zum Zentraleleitstand, trat vor den militärischen Kommandeur von TRIANGOLO 001.

»Sir!« Der Mann sprang auf und salutierte.

»Hiermit übertrage ich Ihnen die Leitung der Flotte. Ich bin in den nächsten dreißig Minuten nicht zu sprechen.«

Der Kommandeur sah ihn fragend an. »Sir?«

»Das wäre alles.« Michou salutierte knapp und drehte sich um.

Er verließ die Zentrale, grüßte automatisch, wenn er jemandem begegnete, nahm die Soldaten aber kaum wahr. Mechanisch setzte er einen Fuß vor den anderen. Auch auf die geschundenen Eingeweide von TRIANGOLO 001 achtete er kaum. Notdürftig ausgebesserte Gänge, geflickte Geräte allenthalben. Manchmal musste man sich wundern, dass das Fort noch nicht längst auseinandergebrochen war.

Ein Antigravschacht, der ihn ruckelnd nach oben transportierte. Ein weiterer Gang, in der seine Schritte mit einem metallischen Scheppern hallten.

Alles vorbei, dachte er. Er hatte hoch gespielt – und verloren. Welche Möglichkeiten standen ihm noch offen? Die Flotte stand hinter ihm, ihrem Oberbefehlshaber, gerade jetzt, nach diesem unerwartet glorreichen Sieg.

Aber er hatte nicht mehr die Unterstützung der Legion Alter-X, der eigentlichen Macht im Staat. Trotzdem ... wenn er alles auf eine Karte setzen und es wagen würde ... Die Legion würde mit wehenden Flaggen zu ihm überlaufen, davon war er überzeugt.

Er spielte mit diesem Gedanken, bis er seine Kabine erreicht hatte. Ein Staatsstreich ... Der siegreiche Feldherr und Vizepräsident putschte gegen Anton Ismael.

Dann ließ er den Gedanken wieder fallen. An Macht um ihrer selbst willen war er nie interessiert gewesen. Er hatte so und nicht anders gehandelt, weil er von der Richtigkeit seiner Taten überzeugt gewesen war. Er hatte stets nur das Wohl des Imperiums Altera im Sinn gehabt. Das Überleben der Menschheit in Ambriador.

Er hatte sich gegen Ismael gestellt, weil er ihn für schwach, den von ihm eingeschlagenen Weg für falsch gehalten hatte.

Nein, er war kein Putschist, kein schmieriger General einer Bananenrepublik, der nur einen Umsturz im Sinn hatte. Er war ein ehrenhafter Offizier in einer ehrenhaften Armee.

Er zog die Tür der Kabine zu und verriegelte sie.

Staatsmarschall Laertes Michou ... er bekleidete ein Amt, das einst ein Reginald Bull innegehabt hatte. Und er hatte Rückgrat. Er hatte von seinen Männern stets nur das verlangt, was er selbst zu geben bereit und imstande gewesen war.

Er öffnete das Halfter an seinem Gürtel.

Eins stand fest. Vor Gericht würde sich ein Laertes Michou nicht stellen lassen. Aber er stand zu seinen Taten. Und er hatte vor dem Tod keine Angst.

Er zog den Thermostrahler aus dem Halfter.

Wenn es dann sein musste, wollte er zumindest in Würde abtreten, wie es einem Feldherrn gebührte.

Er entsicherte die Waffe.

Und er würde seinem Volk ein Geschenk hinterlassen. Ein Geschenk, das aus Schweigen bestand, aus einem Geheimnis, das er in sein Grab mitnehmen würde. Niemand außer ihm wusste, wo sich Perry Rhodans Silberkugel befand. Und ohne dieses Gerät gab es für Rhodan, für den Teleporter, den er bei sich hatte, und für seine anderen Begleiter keine Rückkehr in die Milchstraße.

Er hob den Thermostrahler.

Sein Geschenk an die Alteraner ... das war Perry Rhodan, der Großadministrator. Perry Rhodan, mit dessen Hilfe in den kommenden Jahrhunderten dem Imperium Altera ein kometenhafter Aufstieg beschert sein würde.

Er richtete den Thermostrahler auf die Kabinentür.

Erst kommende Generationen würden zu würdigen lernen, was Staatsmarschall Laertes Michou ihnen gegeben hatte.

Er zerstörte mit einem Schuss das Schloss seiner Kabine.

Bereue ich etwas?, fragte er sich.

Er überprüfte den korrekten Sitz seiner lindgrünen Uniform.

Nein. Mein ganzes Handeln galt dem Wohl des Imperiums Altera. Und der heutige Tag, dieser glorreiche Sieg, beweist, dass ich richtig gehandelt habe. Altera wird nicht untergehen, sondern zu neuer Blüte finden. Mit Perry Rhodan.

Er richtete die Waffe auf seinen Kopf.

Und drückte ab.

Zweiunddreissig

Vhatom Q'arabindon: Vergangenheit
Der Transfer

Vhatom Q'arabindon nahm Rhetaa an den Greifarmen und zog sie sanft voran. Sie mussten den Paarungsraum verlassen, sich zum Tempel begeben. Der Transfer war eine höchst persönliche Angelegenheit, der nur die engsten Familienangehörigen und Freunde beiwohnten, und Vhatom hatte beschlossen, ihn lediglich mit Rhetaa zu vollziehen. Schließlich ging er ja mit ihr zusammen ins nächste Stadium über, der Liebe seines Lebens. Die meisten Q'iladados begingen den Transfer allein und wollten von ihren Liebsten Abschied nehmen; oder sie trösten oder ihren Trost empfangen, auch wenn dieser bei den meisten überflüssig und fehl am Platz war. Wer beschlossen hatte, sein Leben in jungen Jahren freiwillig aufzugeben, um die Kollektion zu stärken, war davon überzeugt, nicht das Ende seines Lebens, sondern den Anfang einer neuen, unsterblichen, zumindest aber sehr langen Existenz zu erleben.

Die Kollektion hatte die Erkenntnis lange für sich behalten, dass sie von der geistigen Essenz von Q'iladados, die in niedrigem Alter starben, wesentlich mehr gestärkt wurde als von jenen, die in hohem Alter ihren letzten Atemzug taten. Sie war Realität, für jeden greifbar, für jeden erreichbar, jeder Q'iladado ging nach seinem Tod in ihr auf. Sie war ein Fakt, keine religiöse Vorstellung. Sie war nicht die Hoffnung auf ein Leben nach dem Tode, sie *war* das ewige Leben nach dem Tode.

Die Kollektion war sich sehr wohl bewusst, welche Auswirkungen diese Verkündung auf die Gesellschaft der Q'iladados haben würde, zumal diese Spezies von vornherein sehr naturwissenschaftlich orientiert war; Mythen kannten die Riesenkraken so gut wie keine, und sie glaubten auch nicht an die Existenz eines allmächtigen Schöpfers, der ihre Welt in sieben Wochen, Monaten oder Jahren geschaffen hatte. Ihrer Erkenntnis zufolge war das Universum ursprünglich aus einer Amplitude des Nichts entstanden, dehnte sich aus und zog sich wieder zusammen, bis es dann in einem Urknall neu entstand. Sie glaubten an das Evolutionsprinzip, und so gesehen, passte die Erklärung des Boten der Kosmokraten über das Zwiebelschalenmodell des Universums perfekt in ihr Weltbild.

Die Logik sagte ihnen, dass das Wohl aller wichtiger war als das Wohl eines Einzelnen; und dass die Zukunft aller Q'iladados in der Kollektion lag, die ihnen Unsterblichkeit bot und eines Tages, wenn sie seine Rolle im Spiel der Hohen Mächte einnehmen konnte, ermöglichen würde, die Geheimnisse des Universums zu ergründen.

Hinzu kam noch, dass auch so etwas wie Wissen und Lebenserfahrung eine wichtige Rolle für die Entwicklung der Kollektion spielte. Ein Q'iladadokind, das kurz nach der Geburt starb – was so gut wie nicht mehr vorkam –, brachte das Geisteswesen genauso wenig voran wie ein Veteran unter den Wissenschaftlern, der mit sagenhaften dreihundert Jahren sein Leben beschloss. Aber ein genialer Astrophysiker, der mit einhundert Jahren bei einem Ausflug in die Farnwälder in einem Treibsandsee ertrank ...

Ein genialer Astrophysiker, wie Vhatom Q'arabindon einer war. Der begabteste seiner Zeit.

Er ließ ein letztes Mal den Blick über die Gebäude der Stadt gleiten, in der er bis auf wenige Ausnahmen sein gesamtes Leben verbracht hatte, betrachtete die gewaltigen Kuppelbauten, in denen die wichtigsten Forschungseinrichtungen untergebracht waren, die gigantischen Produktionsanlagen, in denen vollautomatisiert alles hergestellt wurde, was die Q'iladados zum Leben benötigten, damit sie sich ganz den Wissenschaften hingeben konnten, für die sie lebten. Tausendmal hatte er diese Straßen durchquert und die Bauwerke kaum zur Kenntnis genommen. Und nun?

Ich habe Angst, gestand er sich ein. *Angst davor, wie es sein wird. Angst vor der Veränderung. Habe ich Rhetaa die Wahrheit gesagt? Bin ich wirklich bereit, das alles aufzugeben?*

Das Leben war so kurz ... warum genoss er es nicht noch ein paar Jahre lang?

Weil das Leben in der Kollektion glorreicher sein wird als alles, was ich bislang gekannt habe, sagte er sich. *Weil Rhetaa bei mir und mir näher sein wird als je zuvor in meinem Leben. So nah, wie zwei Q'iladados es nur sein können.*

Weil er dann irgendwann vielleicht Gelegenheit bekam, die Fragen zu klären, die ihn bis an sein Lebensende beschäftigen würden. Traf seine Theorie des zehndimensionalen Raums zu, oder war der physikalische Raum doch nur fünfdimensional? Immerhin ermöglichte es die Erweiterung des vierdimensionalen Standardraums mit seinen drei Raum- und einer Zeitdimension durch eine zusätzliche räumliche Dimension, die beiden unterschiedlichen Naturkräfte – die Gravitation und den Elektromagnetismus – zu vereinheitlichen.

Nicht jetzt, mahnte er sich. *Nicht jetzt. Dafür werde ich eine Ewigkeit Zeit haben. Jetzt gebührt mein ganzes Interesse der Liebe meines Lebens, die nicht ohne mich sein kann, genau, wie ich nicht ohne sie sein kann, und die mich begleiten wird.*

Vor ihnen machte Vhatom den Tempel aus, in dem sie sich für den Transfer angemeldet hatten. Die obligatorische Bedenkzeit – jene Dreimondeumrundung, die die Freiwilligen zu warten hatten, während ihre Freunde und Familienangehörigen informiert wurden, damit sie den Entschluss mit ihnen besprechen konnten – war längst verstrichen.

Vhatom hatte mit niemandem außer Rhetaa über seinen Vorsatz gesprochen. Aber er fühlte sich nicht allein. Sie war ja bei ihm.

Sie betraten den Tempel.

Der Priester – in Wirklichkeit ein Hyperphysiker, der im unwahrscheinlichen Fall eines Fehlschlags die Speicherung der Geistesessenz der Delinquenten gewährleistete – litt sichtlich unter der braunen Robe, die er als Zeichen seiner Amtswürde tragen musste. Normalerweise gingen die Q'iladados unbekleidet, und der schwere Stoff behinderte ihn in seinen Bewegungen. Aufgrund seines Alters und einer nicht unbeträchtlichen Fleischfülle, die seinen Panzer schier zu sprengen drohte und die Muskulatur der acht Beine zusätzlich belastete, litt er diesbezüglich sowieso schon unter starken Einschränkungen.

Schnaufend stapfte er zu ihnen hinüber. »Ihr habt euch von eurer Entscheidung nicht abbringen lassen«, stellte er knurrig fest. »Es ist ... ungewöhnlich.«

»Das haben wir bereits besprochen«, erwiderte Vhatom genauso unfreundlich. »Es hat sich nichts geändert.«

»Und ihr wollt den Schritt wirklich ohne Begleitung tun?«

»Was ist mit dir?«, fragte Vhatom. »Wieso erweist du uns nicht die Ehre, die uns gebührt, da wir uns entschlossen haben, vor unserer Zeit zu gehen und die Kollektion zu verstärken? Wirklich nur, weil Rhetaa N'elbione sich entschlossen hat, mich schon jetzt in das neue Leben zu begleiten?«

»Genau deshalb«, gestand der Priester unverblümt ein. »Du bist ein großer Gewinn für die Kollektion, Vhatom Q'arabindon, und ganz Q'iladado ist dir für diesen Schritt dankbar. Aber Rhetaa N'elbiones Entscheidung ... das Gleichgewicht unserer Gesellschaft ist durch die Existenz der Kollektion ins Schwanken geraten. Sämtliche Sterbende gehen in ihn ein; das Nachleben ist nun keine unbegründete Verheißung mehr, sondern Realität. Schlimm genug, dass die Selbstmordrate in die Höhe geschnellt ist; wenn nun jedoch noch in Mode kommt, dass Angehörige oder Lebensgefährten brillante Q'iladado in das neue Leben begleiten ...« Der Priester führte den Satz nicht zu Ende.

Es spielte auch keine Rolle. Ihr Fall war diskutiert und entschieden worden. Weitere Gespräche waren überflüssig.

Sie erreichten den Transferraum. Er war in hellen, fröhlichen Farben gehalten, und aus verborgenen Lautsprechern drang leichte, verspielte Musik. In der Mitte leuchtete das Feuerrad, sechs Meter hoch und breit, sodass ein Q'iladado bequem hindurchtreten konnte.

Bei diesem Schritt wurde die geistige Essenz, die Seele, die UBSEF-Konstante, wie auch immer man es bezeichnen wollte, vom Körper getrennt. Sie ging in die Kollektion über, während die sterblichen Überreste zu Plasma aufbereitet wurden.

Vhatoms Blick fiel kurz auf die Plasma-Psychen, schlichte Behälter aus einer extrem widerstandsfähigen Metall-Legierung, schwarz wie die Nacht. Sie lagen übereinander gestapelt in Regalen an einer Seitenwand, eine Mahnung, aber auch Ausdruck der Zuversicht: Nicht jeder Transfer gelingt, aber auch die Fehlschläge gehen nicht verloren.

Ihre Seelen werden gespeichert, und irgendwann, sobald er dazu imstande ist, wird die Kollektion auch sie dann zu sich holen.

Es waren nicht viele, natürlich nicht; nur etwa jeder 100.000ste Transfer misslang.

Rhetaa gab ein kehliges Geräusch von sich. Ein letztes Mal ergriffen sie sich an den Tentakeln und rieben ihre Organknoten aneinander. Dann wandte sie sich um und schritt zu dem Feuerrad, das die Techniker dem Zentrum ihrer Galaxis nachempfunden hatten. Auch ein Symbol: Aus dem brodelnden Feuer entsteht Leben, im Großen wie im Kleinen.

Rhetaa sagte nichts mehr, wandte sich nicht mehr um. So hatten sie es besprochen; keine schwülstigen letzten Worte zum Abschied, keine Beteuerungen, Schwüre oder guten Wünsche. Kein: *»Wir sehen uns gleich wieder!«*

Aber dass es so profan verlaufen würde, hätte Vhatom nicht gedacht.

Die Liebe seines Lebens trat in das Rad aus Feuer und war verschwunden.

»Der Transfer wurde vollzogen«, sagte der Priester. »Rhetaa N'elbione ist nun Teil der Kollektion. Und jetzt du, Vhatom Q'arabindon.«

Er stapfte vorwärts, versuchte, an nichts zu denken. Nicht an das, was er aufgab, hinter sich zurückließ, nicht an das, was ihn erwartete. Nicht an Rhetaa N'elbione und nicht an die zehndimensionale Natur des Universums.

Und dann, einen Moment, bevor er durch das Feuerrad trat, doch noch so ein Gedanke: *Wir wird es sein? Werde ich in ein helles Licht treten, das mich wärmt und mit Glück und Zufriedenheit erfüllt? Das Feuer ist nicht dein Feind,* ermahnte er sich. *Hab keine Angst vor ihm, es stellt keine Bedrohung dar, wenn du richtig damit umzugehen weißt. Achte seine Kraft, schätze seine Freundlichkeit, respektiere die Hitze und hege die Wärme, und es wird stets gütig zu dir sein.*

Er verspürte einen stechenden Schmerz, ein Zerren unter dem Hornpanzer, als würde man ihm glühende Messer in das dort besonders empfindliche Fleisch bohren und darin herumdrehen.

Der Transfer, dachte er.

Aber kein Licht erwartete ihn auf der anderen Seite, sondern abgrundtiefe Dunkelheit. Nur das Rad aus Feuer leuchtete darin, wie ein Nachbrennen auf seiner Netzhaut, doch es wurde schnell dunkler und erlosch schließlich völlig.

Er war allein in der Schwärze.

Er schrie, doch er hörte seine Schreie nicht.

Und irgendwann verstummte er.

Das Rad aus Feuer explodierte und füllte sein gesamtes Sichtfeld mit rot leuchtender Helligkeit aus.

Mit Licht, das zu einer Energiesphäre wurde.

Er befand sich wieder in TRAGTDORONS Zentrale, und vor ihm schwebte die leuchtende Kugel, die Abgesandte der Kollektion.

Rhetaa N'elbione.

Das war der letzte Tag deines ersten Daseins, erklang ihre Stimme gleichzeitig in seinem Kopf und den Audiorezeptoren. *Zumindest so, wie ich mich daran erinnere.*

Vhatom bemühte sich, einen klaren Gedanken zu fassen. Die mentale Schilderung hatte ihn aufgewühlt, doch sie war ihm wie ein Bericht vorgekommen, wie eine Erzählung. Er konnte ihre Dramatik genießen, hatte jedoch nicht die geringste Erinnerung daran. Es war, als hätte er den letzten Tag im Leben eines völlig Fremden gesehen.

»Ich ... glaube dir«, sagte er schließlich. »Ich glaube dir, aber ich kann mich wirklich nicht daran erinnern.«

Die kleine Energiekugel schwieg betroffen. »Auch jetzt nicht?«, fragte sie schließlich. »Nachdem ich alles zurückgebracht habe?«

»Auch jetzt nicht«, bestätigte Vhatom. »Da ist nichts. Ich ... erinnere mich nicht an dich, Rhetaa N'elbione. Es ist, als hätte ich dich nie gekannt. Ich *habe* dich nie gekannt.«

»Als sie dein Bewusstsein in die Plasma-Psyche überführt haben, haben sie deine Erinnerungen gelöscht. Einerseits, um die junge Superintelligenz zu schützen. Niemand durfte erfahren, wo Q'iladado ist. *Was* Q'iladado ist. Andererseits und in erster Hinsicht jedoch ... als Gnadenbeweis. Damit diejenigen, die am Transfer scheitern, nicht verzweifeln und Jahrtausende daran denken müssen, dass sie ihren Körper aufgegeben haben und nun als reiner Geistesinhalt eingepfercht sind ...«

»Sie wussten, was sie taten. Sie haben gute Arbeit geleistet«, sagte er kalt.

»Vhatom ...« Ihre Stimme war kaum noch verständlich, klang so gequält, dass er sie am liebsten ausgeblendet hätte. Zumindest aus seinem Kopf. »Den Vorschlag hast *du* gemacht. Zwanzig Jahre, bevor du dich für die Transformation entschieden hast.«

»Ich ...« Er wusste nichts zu sagen.

Die Kugel schwieg lange. »Ich kann dich zu uns holen«, sagte sie schließlich. »Du bist dann nicht mehr allein. Du bist bei uns. Und wer weiß, vielleicht kehren deine Erinnerungen zurück. Vielleicht bewirkt die Nähe zu uns, dass du ...«

»Kannst du das garantieren?«

Wieder schwieg die Energieerscheinung – oder Rhetaa – lange. »Nein«, sagte sie schließlich. »Der Vorgang ist nicht rückgängig zu machen. Aber trotzdem ... du wärest nicht mehr *allein*.«

»Was ist geschehen?«, überging er ihren Vorschlag. »Wie

ist die Plasma-Psyche schließlich ...« Er verstummte, konnte nicht weitersprechen.

Seit fast 70.000 Jahren jagte er dem Geheimnis seiner Herkunft hinterher, und nun hatte er es gefunden – und es ließ ihn völlig kalt. Ihm wurde klar, dass Cairol vielleicht recht gehabt hatte, dass er nur einem Phantom auf den Fersen gewesen war. Was nutzte ihm die Kenntnis über seine Herkunft, wenn sie nicht die Erinnerung zurückbrachte? Wenn das alles für ihn nicht mehr war als *eine spannende Geschichte*?

»Die Kollektion erkundete ihre Galaxis«, antwortete Rhetaa schließlich, »als fremde Raumschiffe Q'iladado anflogen und ...«

»Zerstörten?«, fragte Vhatom, als Rhetaa nicht fortfuhr. »Was für Raumschiffe? Kobaltblaue Walzen?«

Verwirrt schwieg Rhetaa. »Nein«, sagte sie schließlich. »Wir haben es nie erfahren. Als die Kollektion zurückkehrte, war Q'iladado nur noch eine Welt aus Schlacke und Staub. Wir haben erst viel später erfahren, dass die Plasma-Psychen geraubt wurden, als wir auf unserer Wanderung durch das Universum zufällig eine entdeckten. Wer sie gestohlen hat, was aus ihnen geworden ist ... das wissen wir nicht. Komm zu uns zurück, Vhatom.«

Er dachte lange nach. »Und ... die Kollektion? Was wird nun aus ihr, wenn sie keine Bewusstseine der Q'iladado mehr aufnehmen kann? Wird sie jemals erfahren, ob das Universum, in dem wir leben, zehn- oder elfdimensional ist? Auch diese Theorie steht im Raum.«

»Du erinnerst dich daran?«

»Nein«, sagte Vhatom. »Ich habe während meiner Reisen durchs Universum derartige Theorien zu hören bekommen. Aber ... was wird nun aus der Kollektion, da es keine Q'iladado mehr gibt?«

»Q'iladado wird niemals zur Superintelligenz werden. Unsere Existenz hat Bestand. Wir können auf ewig das Universum durchstreifen. Oder wir können versuchen, uns mit einem anderen gleichartigen Wesen zu vereinen. Wir haben Kontakt mit einer Entität namens Raicas bekommen. Sie war angeblich einst eine Superintelligenz aus einem anderen Universum und verfügte über dessen gesamtes Wissen. Als sie von einem Helfer der Chaotarchen namens Bamurgh bedrängt wurde, floh sie, indem sie sich bis in alle Ewigkeiten reinkarnierte. Der Preis für diese Flucht war jedoch hoch, denn bei jeder neuen Inkarnation verlor sie Teile ihres Wissens. Die Hohen Mächte ließen jedoch nicht von ihr ab, sondern verfolgten sie durch Tausende von Universen. Wenn es uns gelingt, uns mit ihr zu vereinigen ...

Komm zu uns, Vhatom. Komm mit uns.«

Er wusste nicht, was er sagen sollte. Ein unsterbliches Leben als Steuermann TRAGTDORONS, mit einer Aufgabe, in die er hineingewachsen war, oder ein Leben als Teil eines Geisteswesens, das im Prinzip ziellos durchs Universum trieb. Dort wartete die verlorene Liebe seines verlorenen Lebens auf ihn, an die er sich nicht einmal erinnern konnte.

Würde diese Liebe neu erblühen? Rhetaa lag etwas an ihm, das entnahm er jedem ihrer Sätze. Aber er ... *er konnte sich nicht einmal an sie erinnern.*

Welche Zukunft hatte das, hatte seine Existenz in der Kollektion? Hier jedoch ... hier konnte er Leben schaffen und Intelligenz steigern, hier konnte er tätig sein, in eigener Verantwortung, ohne einem Kollektiv Rechenschaft schuldig zu sein, das er noch nicht einmal *kannte.*

Dort wäre er immer nur der, den man bedauern musste, weil er sich nicht mehr *erinnerte.*

Es war eine Tragödie. Wenn sie wirklich die Liebe seine Lebens war – und das bezweifelte er nicht –, war er es ihr dann nicht schuldig, ihr diesen Wunsch zu erfüllen? Wenn er schon nicht mehr glücklich sein konnte, war es nicht seine Pflicht, sie durch seine Gegenwart glücklich zu machen?

Oder ... war er glücklich? Als Steuermann TRAGTDORONS? Hatte er es sich bislang einfach nicht eingestanden, dass er seine Erfüllung gefunden hatte? Eine Erfüllung, die ihm wesentlich mehr bedeutete als das Erstellen von Theorien über die zehn- oder elfdimensionale Natur des Universums?

Hatte er so etwas wie *Pflichtbewusstsein* entwickelt? War er TRAGTDORON treu geworden?

Er kannte jetzt seine Herkunft, doch dieses Wissen nutzte ihm nichts mehr, genau, wie er es seit Jahrzehntausenden befürchtet hatte. Es war die reinste Ironie. Man erinnerte sich noch an ihn, was er nicht für möglich gehalten hätte, doch er erinnerte sich an gar nichts mehr.

Hätte er weinen können, er hätte Tränen vergossen.

Die Liebe seines Lebens ... das war nicht nur so dahingesagt.

»Nein«, wiederholte er, »Ich bin jetzt nichts, aber bei euch wäre ich noch weniger als Nichts. Ich ... halte das für keine gute Idee.«

Was mochte jetzt in Rhetaa N'elbione vorgehen? Die Liebe ihres Lebens verloren, wegen ihr das eigene Leben geopfert, und nun ... diese Abweisung.

Die kleine Energiekugel vor ihm pulsierte schneller, hektischer. Vhatom befürchtete schon, dass sie tatsächlich explodieren und ganz TRAGTDORON zerstören würde.

»Dann ... kehre ich jetzt zur Kollektion zurück.«

»Ja«, sagte Vhatom.

»Ich ... es ... es tut mir so ...«

»Ja«, sagte Vhatom bewusst kalt.

»Ist nichts mehr von dir übrig? Von dem, was du einmal warst?«

»Nein. Nichts mehr. Nicht das Geringste.«

»Ich ...« Die Kugel pulsierte rasend schnell.

»Nein«, sagte er. »Es wäre eine fürchterliche Lüge.«

»Wie du willst.« Das Energiegebilde war kaum noch auszumachen.

»Eine Frage noch.« Vhatom versuchte, sein Entsetzen zu unterdrücken. »Dieser Roboter der Kosmokraten ... war er etwa halb so groß wie wir früher, erhaben und bronze?«

»Er war halb so groß wie wir und erhaben. Aber nicht bronze. Der Farbton seiner Haut war rotgolden.«

»Woran erinnerst du dich sonst noch?«

»Auf seinem Kopf bildete sich aus nach hinten gerichteten Tentakeln ein Helm, der wohl Haare darstellen sollte. Seine gesamte Erscheinung wirkte beeindruckend und ehrfurchtgebietend.«

Vhatom kam es nach dieser Beschreibung unwahrscheinlich vor, doch er stellte die Frage trotzdem. »Und er hieß nicht zufällig ... Cairol?«

Die Abgesandte der Kollektion zögerte kurz. »Nein. Er nannte sich Beck. Warum fragst du?«

TRAGTDORONS Steuermann schwieg.

»Wie wir später herausgefunden haben, war er mindestens drei Millionen Jahre alt. Er nannte sich *kosmischer Ereignisforscher*, was wohl nichts anderes als eine Umschreibung von *Statistiker* ist. Es war seine Aufgabe, die Koinzidenz großer kosmischer Ereignisse auszuwerten, um so über mögliche zukünftige Ereignisse Aussagen machen zu können. Warum interessiert dich das?«

Vhatom antwortete noch immer nicht. Er verspürte zwar Zorn auf Cairol, aber wenigstens keinen abgrundtiefen Hass. Wenn es der Bronzene gewesen wäre, der damals Q'iladado aufgesucht hatte ... wenn Cairol ihn von Anfang an belogen, wenn er Klarheit über die Herkunft des von ihm rekrutierten Helfers gehabt hätte ... er hätte TRAGTDORON vielleicht in die nächste Sonne gesteuert und die Dislokation eingeleitet, die Stoff-Sphäre aus dem Hyperraum stürzen und verglühen lassen.

Aber so ... so blieb nur Verzweiflung.

»Geh jetzt«, sagte er zu der Kollektion. Zu Rhetaa N'elbione, der Liebe seines Lebens. »Wir werden uns nie wiedersehen.«

Die bunten Farbschlieren huschten schneller denn je zuvor über die irisierende Oberfläche der leuchtenden Kugel aus Energie, und ihre Lichtspiele flackerten blendend grell.

Dann war sie verschwunden, als hätte sie nie existiert.

Daran musste Vhatom Q'arabindon denken, während er in einem Zustand zwischen Bewusstlosigkeit und Überdrehtheit, Endzeitstimmung und Verwirrtheit die Galaxien durcheilte, an diese Begegnung mit Q'iladado, die vor wenigen tausend Jahren in einer jungen Galaxis stattgefunden hatte.

An das, worauf er verzichtet hatte.

Eine Existenz in der Kollektion der Letzten seines Volkes, ein vielleicht ewig währendes Weiterleben, wenn die Vereinigung mit Raicas gelungen wäre. An eine Jahrmillionen währende Erkundung des Universums, die ihm Einblicke in die Wunder der Schöpfung gegeben hätte, von denen er auch jetzt, als Steuermann TRAGTDORONS, nur träumen konnte.

Das hatte er aufgegeben, um der Stoff-Sphäre die Treue zu halten. Um das, was er für den Sinn seines Lebens gehalten hatte, nicht hinfällig werden zu lassen: Leben zu schaffen und Intelligenz zu fördern.

Dann leitete er mitten im Überlichtflug die geforderte Dislokation der dematerialisierten Aggregat-Sphären ein. Doch TRAGTDORON wurde nicht im Hyperraum verweht, und Vhatom starb nicht.

Die Stoff-Sphäre stürzte aus dem Hyperraum, mitten im Zentrum einer Kleingalaxis mit einem Durchmesser von 8400 Lichtjahren. Etwa 250 Millionen Sterne ballten sich hier zusammen, wie ein winziger Teil von Vhatoms Bewusstsein noch erfasste.

Was ist geschehen?, fragte er sich. TRAGTDORON war beinahe in seine Bestandteile zerlegt, aber auch nur beinahe. Das Mikro-Netz und das Makro-Netz hielten die Sphären nach wie vor zusammen. Aber das war nicht mehr die Stoff-Sphäre in ihrer ursprünglichen Form ...

Wie war das möglich?

Wie du die Vernichtung TRAGTDORONS vornimmst, bleibt allein dir überlassen, hallte Cairols Stimme durch sein Gedächtnis.

Diese Perfidie! Den Roboter der Kosmokraten schien nicht im Geringsten zu interessieren, was nach der Vernichtung TRAGTDORONS aus ihm wurde, er schien auch noch zu verlangen, dass er der Sphäre – und damit seinem Leben – mit eigener Hand ein Ende bereitete.

Mit einem letzten Rest von logischem Denkvermögen stellte Vhatom fest, dass dieses Ende früher oder später sowieso kommen würde. TRAGTDORON hatte die Verbindung mit dem Hyperraum nicht völlig unterbrochen. Die Stoff-Sphäre haftete noch in dem übergeordneten Kontinuum, krümmte Raum und Zeit und Fünfdimensionalität zusammen und schuf eine Verbindung zwischen ihnen.

Dimensionstheorien, dachte Vhatom. Mein Spezialgebiet als Q'iladado-Wissenschaftler.

Doch nicht aufgrund der Kenntnisse aus diesem Leben,

sondern wegen seiner Forschungen in den virtuellen Lehrwelten, die Cairol ihm vor seiner Berufung zum Steuermann zur Verfügung gestellt hatte, wusste Vhatom, wozu es früher oder später kommen würde. TRAGTDORON war zum Störfaktor im dimensionalen Gefüge geworden. Abgesehen von hyperphysikalischen Wirkungen bis hin zu extremen Verzerrungen der Raum-Zeit-Struktur und absonderlichsten Phänomenen wie dem Aufklaffen von Tryortan-Schlünden würde es in dieser Kleingalaxis zu zahlreichen weiteren Sekundäreffekten kommen.

TRAGTDORON war zu einem Hyperraum-Attraktor geworden! Zu einem fünfdimensionalen Magneten, der in den Hyperraum verschlagene Materie anziehen und in dieser Kleingalaxis ausstoßen würde – Materie nicht nur aus dieser Sterneninsel, sondern aus zahlreichen näheren oder auch entfernteren Galaxien.

Jetzt wurde Vhatom klar, wieso Cairol ihm den Befehl gegeben hatte, die Stoff-Sphäre endgültig zu vernichten.

TRAGTDORON ... ein mächtiges Instrument der Ordnung. Ein Instrument, dem er sein Dasein gewidmet hatte. Wenn nicht sein Leben, dann zumindest seine Existenz als Plasma-Psyche.

Nein, dachte Vhatom. *Nein.*

Aber ... er musste die Anweisungen der Hohen Mächte befolgen. Und dazu gehörte auch Cairols Befehl, TRAGTDORON zu zerstören.

Nein, dachte er erneut.

Er musste dieses mächtige Instrument der Ordnung beschützen. So, wie er es 70.000 Jahre lang getan hatte. Einem Instrument der Ordnung, dem er sein Dasein gewidmet hatte ...

Vhatom Q'arabindon verspürte nur noch betäubende Verzweiflung.

Agonie.

Er konnte es nicht.

Er konnte den Hohen Mächten den Gehorsam nicht verweigern.

Und er konnte TRAGTDORON nicht zerstören.

Er konnte nur eins ... auf das Ende der Zeiten warten. Ihm entgegendämmern.

Das Ende, das – zumindest für ihn – spätestens dann kommen würde, wenn TRAGTDORON von den mindestens fünfdimensionalen Gewalten zerrissen werden würde.

Vhatom dachte noch einmal mit Bedauern an das zurück, was vor einigen tausend Jahren geschehen war, an seine Begegnung mit der Kollektion der Q'iladado und die Entscheidung, die er damals getroffen hatte. Hätte er gewusst, was Cairol kurz darauf von ihm verlangen würde ...

Müßige Gedanken, die ihn nur noch mehr quälten.

Dann traf er eine Entscheidung, die er wahrscheinlich genauso bedauern würde wie die andere, erteilte dem Bordgehirn Anweisungen, koppelte sich von TRAGTDORON ab und stürzte in eine virtuelle, eine ureigene Welt.

Und begann, sie nach seinem Geschmack und Gefühlszustand so grausam wie möglich zu gestalten.

Dreiunddreissig

Verduto-Cruz, an Bord eines Fragmentraumers:
5. Juni 1343 NGZ (4930 nach Christus)

Kohurion winkelte beide Arme an. Seine Greiffinger bogen sich zurück, klappten aus den Scharnieren und gaben die Abstrahlmündungen von zwei schweren Kombiwaffen frei.

Verduto-Cruz konnte das in ihm emporsteigende Entsetzen kaum zurückdrängen. *So habe ich ihn kennengelernt,* dachte er. *Genau das hat er getan, als ich ihn zum ersten Mal aktivierte, damals, an Bord von BOX-1122-UM.* Wie lange war das schon her?

Eine Ewigkeit, dachte Verduto-Cruz. Es kam ihm fast so lange vor wie die 36 Jahre, die er nach der gescheiterten ersten Manipulation der Hyperinpotronik quasi im Exil verbracht hatte.

Doch diesmal richtete der Roboter die Waffen auf *ihn.*

Der Trovent der Laren ist groß, dachte der Wissenschaftler. *Und unsere Heimat Larhatoon ist ewig.*

Er bemühte sich, ruhig zu denken. Er hatte Vorsorge getroffen, für *alle* Fälle, auch für diesen. Falls es überhaupt derjenige war, den er vermutete – oder befürchtete.

Was war geschehen? Wieso handelte der Roboter so?

Seit zwei Tagen hatte Verduto-Cruz diese Kabine nicht mehr verlassen. Zuerst hatte Kohurion ihn noch rudimentär auf dem Laufenden gehalten, doch dann war sein Verbindungsroboter verstummt und hatte auch auf seine dringendsten Fragen keine Antwort mehr gegeben. Und ihn natürlich auch nicht mehr mit der höchsten Instanz der 8000 Schiffe umfassenden Flotte verbunden.

Und nun stellte der Roboter sich eindeutig gegen ihn, bedrohte ihn mit seinen Waffen.

»Kohurion?«, fragte er.

»Ich muss dir mitteilen, dass du diese Kabine bis auf Weiteres nicht mehr verlassen darfst«, sagte der Kampfroboter. »Weitere Einzelheiten werden dir zu gegebener Zeit mitgeteilt.«

»Ich ... verstehe nicht ...« Verduto-Cruz sah dem Roboter genau in die Sehzellen, obwohl er wusste, dass er damit nicht das Geringste erreichen konnte. »Was ist passiert?«

»Weitere Einzelheiten werden dir zu gegebener Zeit mitgeteilt.«

»In der Schlampenphase schimmeln sogar Schleckrosinen mit Schlampenstempeln«, sagte Verduto-Cruz.

Zuerst geschah gar nichts. Kohurion stand da wie zuvor, reglos, die Waffen auf ihn gerichtet. Aber das war zu erwarten gewesen. Mehr noch, es war *beabsichtigt*.

Verduto-Cruz reagierte ohne jede Verzögerung. Er schloss den Raumanzug, den die Posbis ihm zur Verfügung gestellt hatten, wandte sich zur Tür und riss sie auf. Einen Moment lang erwartete er, zumindest das Kribbeln in seinem Rücken zu spüren, das ein Paralysestrahl auslöste, wenn nicht sogar das Brennen eines Thermostrahls, dem ein Schock und dann – hoffentlich – ein schneller Tod folgte.

Nichts geschah.

Auch diese Manipulation hat funktioniert, dachte Verduto-Cruz, als er in den Gang stürmte. *Abgesehen von jenem einen peinlichen Scheitern bin ich wirklich nicht schlecht darin.*

Er hatte Kohurion damals nicht einfach so aktiviert. Er hatte eine weitere Programmierung des Roboters vorgenommen, eine getarnte, verborgene, die man auch bei einer genauen Untersuchung nicht sofort bemerken würde. Er hatte dafür gesorgt, dass ein bestimmter Kodesatz Kohurions Positronik in eine Endlosschleife stürzte und den Roboter damit zumindest vorübergehend handlungsunfähig machte.

Und es hatte funktioniert.

Verduto-Cruz machte sich keine Illusionen. Der Roboter verfügte noch über seinen Plasmazusatz, und eine mehrfache Abfolge der Reparaturroutine würde die verborgene Programmierung erkennen und löschen. Aber er hatte ein paar vielleicht sehr wichtige Sekunden oder gar Minuten gewonnen.

Er aktivierte den Helmscheinwerfer und stürmte den Gang entlang. Ein schrecklicher Gang, wie er in dem kleinen Lichtkegel erkannte: kahle Metallplatten, lieblos aneinander geschweißt. Ohne jeden Sinn für selbst rudimentäre Ästhetik. Und so sah es überall an Bord dieser BOX aus. Weitere Anzugsysteme wagte er nicht zu aktivieren. Anhand deren Streustrahlung würden die Posbis seine Position unverzüglich ermitteln können.

Aber was erwartete er nun? Trotzdem würden sich jeden Augenblick, sobald Kohurion wieder handlungsfähig war, Hunderte von Robotern auf die Suche nach ihm machen. Er würde sich ihnen nicht lange entziehen können.

Aber er würde auch nicht kampflos aufgeben. Alles hatte reibungslos funktioniert, alles, bis es zu jenen unsäglichen Verzögerungen gekommen war. Er hatte dem Standortkommandanten von Orombo zu erklären versucht, wie wichtig die Zeitfrage war. Doch die Umstellung der Kommando-Kodes war natürlich nötig gewesen.

Er hatte es geahnt. Den Alteranern war wieder etwas eingefallen ...

Er rannte weiter. Doch wohin? Er befand sich an Bord eines Fragmentraumers. Wollte er etwa zur Zentrale stürmen und doch den Selbstvernichtungsmechanismus aktivieren?

Nein. Er wollte überleben. Mehr nicht. Und das Imperium Altera vernichtet sehen.

Was war geschehen?, fragte er sich erneut. Er lief weiter, den Gang entlang, einen Schacht mit einer für ihr erträglichen Neigung hinauf.

Er lief und wurde sich der Aussichtslosigkeit seines Tuns immer deutlicher bewusst. An Bord dieser BIX gab es keine Zuflucht für ihn.

Plötzlich verlor er den Boden unter den Füßen. Im letzten Augenblick warf er sich zurück. Vor ihm brach der Boden einfach weg. Der Gang knickte um 180 Grad nach unten, und um ein Haar wäre er den Abgrund hinabgestürzt und hätte den Antigrav aktivieren müssen, wollte er sich nicht alle Knochen brechen.

Schwer atmend drehte er sich um. Was nun? Wieder zurück, den Weg, den er gekommen war? Vorbei an seiner Zelle, in die andere Richtung? Was erwartete ihn dort?

Genau dasselbe wie hier. Endlose hässliche Gänge, Posbis, die ihn ergreifen wollten. Maschinenteufel, wie die Alteraner sie nannten.

Er machte einen Schritt, noch einen, blieb dann wieder stehen. Der Lichtstrahl des Helmscheinwerfers fiel auf eine große, massige Gestalt. Einzelheiten blieben ihm verborgen, doch er wusste auch so, wer ihn aufgespürt hatte. Ein Schwerer Posbi mit Kampfausrüstung.

Kohurion.

Der Kampfroboter, der ihm einmal uneingeschränkt zur Verfügung gestanden hatte.

Er richtete seine Waffenarme auf ihn, Verduto-Cruz. Ein schwaches Flimmern verriet ihm, dass sie aktiviert waren. Die Sehzellen leuchteten in einem kräftigen Dunkelrot. Ihr Licht und das seines Schweinwerfers tauchte den Gang dort, wo die Strahlen sich trafen, in ein unheimlich waberndes Orange.

»Verduto-Cruz«, sagte der Posbi mit unverändert sachlicher, nüchterner Stimme. »Hiermit nehme ich dich in Gewahrsam. Die Zweite Zivilisation wirft dir Verbrechen gegen das Leben vor und wird in Kürze entscheiden, was mit dir geschehen wird.«

Vierunddreissig

Perry Rhodan: TRAGTDORON,
6. Juni 1343 NGZ (4930 nach Christus)

Anton Ismael wirkte bleich und zerbrechlich auf dem Holo, und viel kleiner, als Perry Rhodan ihn in Erinnerung hatte. Sein Gesicht war eingefallen, tiefe Schatten lagen um die Augen. Rhodan fühlte sich unwillkürlich an einen Totenschädel erinnert.

Doch der Administrator lebte.

»Es freut mich, Sie auf dem Weg der Besserung zu sehen, Anton«, sagte er.

»Ich kann noch immer nicht fassen, dass ich hier und jetzt mit Ihnen sprechen kann, Perry. Dass das Imperium Altera nicht vernichtet wurde und der Posbi-Krieg beendet ist. Es kommt mir wie ein Wunder vor. Wir alle haben Ihnen viel zu verdanken, Großadministrator.«

Rhodan nickte knapp. »Der Tornister, den Staatsmarschall Michou entwendet hat, ist noch nicht wieder aufgetaucht?«

»Nein«, bestätigte Ismael. »Aber wir suchen ununterbrochen danach. Ich bin überzeugt, wir werden ihn finden. Wir wissen, dass Sie ohne das Gerät darin nicht in die Milchstraße zurückkehren können.«

Der Terraner versuchte, sich seine Enttäuschung nicht anmerken zu lassen. »Und die aus dem Knechtschaftslager Dekombor befreiten Alteraner, die auf dem Planeten gestrandet sind, den sie Terra Incognita genannt haben?«, wechselte er das Thema. »Die Koordinaten hatte ich Ihnen ja übermittelt.«

»Wir haben drei Schiffe ausgeschickt, die sie abholen und nach Altera bringen werden.«

»Wie ist die Lage auf Altera?«, sprach er den nächsten Punkt auf der Dringlichkeitsliste an.

»Nach Laertes Michous Selbstmord ist rasch Ruhe eingekehrt. Ich habe einen neuen Oberbefehlshaber über die Alteranische Streitmacht ernannt.«

Eine weitere Person betrat den Aufnahmebereich, ein schwer gebauter, kräftiger, kantiger Mann mit stahlgrauen Augen. Eine Kappe mit einem breiten Schirm verbarg – wie Rhodan wusste – struppiges kurzes Haar. Von Statur und Habitus her erinnerte er Rhodan an seinen ältesten Freund Reginald Bull.

»Admiral Wokong«, sagte er und nickte zur Begrüßung. Sein Verhältnis zu ihm war bestenfalls zwiespältig; Rhodan hatte ihn auf Fort Blossom als Militaristen mit Haut und Haaren kennengelernt. Er hatte sich den »Gästen« aus der Milchstraße gegenüber zwar korrekt benommen, aber auch keinen Zweifel daran gelassen, dass er dem angeblichen Großadministrator nicht über den Weg traute.

Der Admiral grüßte militärisch exakt. »Ich muss Ihnen Abbitte leisten, Großadministrator. Ich gestehe ein, ich habe nicht daran geglaubt, aber Sie haben tatsächlich ein Wunder vollbracht. Die Laren ziehen ab, wie Sie es gefordert haben, und die achttausend Fragmentraumer der Maschi... der Posbis erweisen sich tatsächlich als vollständig friedlich.«

»Ich möchte nichts von einem Wunder hören«, sagte Rhodan. »Dieser Begriff wird viel zu oft leichtfertig benutzt.« Er zögerte kurz. Es war Admiral Wokong durchaus hoch anzurechnen, dass er nicht den Begriff »Maschinenteufel«, sondern »Posbi« benutzt hatte. Seit 36 Jahren stellten die positronisch-biologischen Roboter für die Alteraner das Böse an sich dar; sie waren ein grausamer, unerbittlicher Feind gewesen. Die Menschen Ambriadors würden wohl niemals vergessen können, wie viele Tote der Feldzug der Roboter gefordert hatte.

»Die Posbis von Ambriador«, sagte er bedächtig, »werden in den kommenden Jahren zu den besten Freunden der Menschen des Imperiums Altera werden. Darauf können Sie sich verlassen; das haben wir durch eine modifizierte Siebenkopf-Schaltung sichergestellt. Aber es wird noch ein langer Weg, bis sich das Verhältnis zwischen Posbis und Menschen auch nur annähernd normalisieren kann. Und die Alteraner werden auch weitere Veränderungen verkraften müssen. In den kommenden Jahrzehnten, vielleicht auch Jahrhunderten, werden die hyperphysikalischen Störungen, die Ambriador schon seit langer Zeit heimgesucht und zu einer Attraktor-Galaxis gemacht haben, vollständig erlöschen. Versuchen Sie sich vorzustellen, welche Folgen das für Sie und alle anderen Völker Ambriadors haben wird ...«

»Jetzt nicht«, sagte Ismael müde. »Alles zu seiner Zeit. Jetzt freuen wir uns erst einmal, dass wir noch leben.«

Rhodan nickte.

»Die Posbis haben uns mitgeteilt, dass sie das Gros ihrer Streitmacht bald abziehen werden«, fuhr der Administrator fort. »Und eins ihrer Schiffe ist auf Altera gelandet. Können Sie sich das vorstellen, Perry? Ein Fragmentraumer auf Altera, ohne dass es zu einer Massenpanik kommt?«

Rhodan lächelte schwach. »Das ist immerhin ein Anfang, Anton.« Er runzelte die Stirn. »Hatte der Besuch des Fragmentraumers einen bestimmten Anlass?«

»Ja. Die Roboter haben uns ... etwas übergeben.« Die Kamera schwenkte und erfasste drei weitere Personen. Zwei schwer bewaffnete alteranische Soldaten, und in ihrer Mitte ...

Der Terraner sog scharf die Luft ein.

... der alte Laren-Wissenschaftler Verduto-Cruz, Arme und Beine mit Energiebändern gefesselt.

»Er hat den sechsunddreißigjährigen Krieg in Wirklichkeit ausgelöst. Er hat die Hass-Schaltung aktiviert, die die Posbis gegen uns zu Felde ziehen ließ, und bei einer weiteren Manipulation die Laren dann als Wahres Leben definiert, sodass sie von den Posbis nichts zu befürchten haben. Auf seinem Gewissen lasten all diese Toten.«

Rhodan prallte buchstäblich zurück. Er rang nach Worten, aber ihm fielen keine ein.

Der Lare starrte stumm in das Aufnahmegerät. Rhodan glaubte zu sehen, dass sein Blick flackerte, und fragte sich, ob Verduto-Cruz noch bei Verstand war.

Die Kamera schwenkte zurück auf Anton Ismael. »Die Beweise, die die Posbis uns übergeben haben, sind eindeutig. Wir, die Alteraner, sollen nun über sein Schicksal befinden. Posbis sind keine Richter ... behaupten sie zumindest.«

»Das ... muss ich erst verarbeiten«, sagte Rhodan. »Ich werde Sie über alles Weitere informieren, wenn wir uns auf Altera von Ihnen verabschieden werden.« *Falls wir dazu noch Gelegenheit bekommen,* dachte er. »Wir haben hier noch einiges zu erledigen, doch würden Sie uns dann ein Schiff schicken, das uns abholt?«

»Selbstverständlich, Großadministrator.«

»Danke«, sagte Rhodan und unterbrach die Verbindung.

Nach Ismaels negativer Auskunft war es nun wichtiger denn je, mit den Keloskern zu sprechen.

Sich mit einer Bitte an sie zu wenden.

Doch als Rhodan den Raum verlassen wollte, warteten Startac Schroeder und seine alteranische Freundin an der Tür auf ihn.

»Haben sie die Silberkugel gefunden?«, fragte der Mutant.

Rhodan schüttelte den Kopf. »Noch nicht.«

Startac nagte an der Unterlippe und hielt den Blick gesenkt. Rhodan fiel auf, dass er und Tamra Cantu sich an den Händen hielten. *Als müssten sie sich gegenseitig Kraft geben,* dachte er.

»Falls sie sie noch finden«, sagte der Mutant schließlich, »werde ich nicht mit euch in die Milchstraße zurückkehren, Perry.«

Überrascht runzelte Rhodan die Stirn. »Warum nicht?«

»In der Silberkugel ist kein Platz für uns beide«, erklärte der Teleporter. »Ich werde bei Tamra bleiben. Sie würde mich in die Milchstraße begleiten, aber ...« Er verstummte.

Wie konnte ich nur so blind sein?, fragte sich Rhodan. *Wieso habe ich nicht bemerkt, was sich zwischen ihnen abspielt?* Er sah die Alteranerin an. »Du würdest es wirklich vorziehen, mit uns in die Heimat deiner Ahnen zu fliegen?«

Die junge Frau nickte ohne das geringste Zögern.

»Aber wie es jetzt aussieht, werden wir alle wohl in Ambriador bleiben müssen«, sagte Startac.

Jetzt war Rhodan klar, wieso der Teleporter den Eindruck erweckt hatte, er wisse nicht, ob er sich freuen oder verzweifeln sollte.

Rhodan setzte sich in Bewegung. »Vielleicht gibt es noch eine andere Möglichkeit«, sagte er. »Begleitet ihr mich zu den Keloskern?«

»Welche Möglichkeit?«, fragte Startac.

»Ich möchte keine voreiligen Hoffnungen wecken«, entgegnete Rhodan. »Lasst mir bitte noch etwas Zeit. Aber euer Problem ist mir nun bekannt, und ich werde mich darum kümmern.«

In Tamras Augen leuchtete es auf, doch Startac blickte weiterhin skeptisch drein. Er brachte Rhodan nicht die fast schon abgöttische Verehrung entgegen wie die meisten Alteraner. »Natürlich«, sagte er schließlich.

Wie immer scheute Rhodan sich ein wenig vor einem Gespräch mit Keloskern, doch es war unumgänglich. Es konnte schlicht und einfach anstrengend werden, vor allem, wenn der Rechenmeister beteiligt war. Reden mit Keloskern war wie eh und je keine Sekunde Plauderei, und darauf musste man sich einstellen.

Sie warteten in der Zentrale schon auf ihn, Crykom, Mondra und die anderen. »TRAGTDORON ist gerettet«, kam Rhodan sofort zur Sache, um die Geduld des Rechenmeisters nicht über Gebühr zu beanspruchen; an Smalltalk war diesen Wesen sowieso nicht gelegen. »In Ambriador ist Frieden hergestellt. Was habt ihr nun vor, Crykom?«

»Wir sind mit der augenblicklichen Entwicklung im Kosmos nicht einverstanden und halten die Hemmung des Lebens durch die erhöhte Hyperimpedanz für einen Fehler. Für Willkür. Als unsere Vorväter vor 11.000 Jahren nach Ambriador kamen und Siebenkopf gründeten, lautete ihr Ziel, TRAGTDORON zu reaktivieren. Heute wissen wir jedoch: TRAGTDORON wurde nach der Havarie absichtlich nie wieder flottgemacht.«

»Weil der Beschluss, die Hyperimpedanz zu erhöhen, schon vor langer Zeit gefallen ist«, pflichtete Rhodan ihm bei.

»Wir werden uns dieser Doktrin jedoch nicht unterwerfen. Wir teilen keineswegs die Ansicht, dass das Leben an sich im Kosmos überhandnimmt. Doch wir sind keine höhere Wesenheit, keine Superintelligenz, und mir ist klar, dass wir TRAGTDORON nicht behalten können. Wir können die Sphäre nicht auf eigene Faust einsetzen. Das wäre eine allzu kurze Episode.«

Rhodan gab ihm recht. Die Kosmokraten würden nicht hinnehmen, dass eins ihrer Instrumente gegen ihren Willen eingesetzt und somit missbraucht wurde.

»Wir werden uns nun, da die Relokation aller dematerialisierten Aggregat-Sphären beendet ist, auf die Reise zur Superintelligenz KAISERIN VON THERM begeben«, fuhr der Rechenmeister fort. »In Zusammenwirkung mit der Kaiserin werden wir TRAGTDORON in Zukunft für die Zwecke des Lebens einsetzen.«

Rhodan runzelte die Stirn. »Dem spricht einiges entgegen.«

»Ob es so kommen wird, ob die KAISERIN VON THERM sich wirklich in dieser Weise gegen die Hohen Mächte stellen wird, können wir nicht sagen. Aber es ist die einzige verantwortungsvolle Weise, mit TRAGTDORON umzugehen.«

»Das ist ein Punkt«, sagte Rhodan. »Es gibt jedoch noch einen weiteren.« Crykoms Worte hatten nur bestätigt, was Rhodan von vornherein klar gewesen war. Die Kelosker von Pakuri wussten nicht, dass einerseits bereits Artgenossen von ihnen in die KAISERIN VON THERM aufgegangen und diese andererseits mit BARDIOC zur Superintelligenz THERMIOC verschmolzen war. »Die KAISERIN VON THERM ist insofern eine gute Wahl, als dass bereits Artgenossen von euch Teil von der Kaiserin geworden sind. Vor knapp fünfzehnhundert Jahren, genau gesagt, im Jahr 3583, verschmolzen die Kelosker von Drackrioch in der Galaxis Nypasor-Xon mit den Kristallstrukturen der Kaiserin. Etwa ein Jahr später schlossen sich ihnen einige in meiner Heimat, der Milchstraße, verbliebene Kelosker an.«

Er suchte in Crykom nach einem Anzeichen von Überraschung, doch der grobschlächtige Körper des Wesens – und vor allem seine Denkweise – war zu fremdartig, als dass er fündig wurde.

»Und im Jahr 3585 habe ich das Urgehirn der seit etwa achthunderttausend Jahren mit der Kaiserin verfeindeten Superintelligenz BARDIOC von Barxöft nach Yoxa-Santh in die Galaxie Nypasor-Xon zur KAISERIN VON THERM gebracht«, fuhr er fort, »um BARDIOC zu befrieden und eine neue Zukunft zu ermöglichen. Fast einhundert Jahre lang drohte die Vereinigung der Duuhrt mit dem Bewusstsein BARDIOCS zu scheitern, bis einer der in der Kaiserin aufgegangenen Kelosker namens Dobrak und sechs seiner Artgenossen BARDIOC dann den Weg ebneten, die Vereinigung mit der Kaiserin doch noch zu bewerkstelligen. Daraus ging eine neue Superintelligenz namens THERMIOC hervor. Dobrak hatte übrigens sechs Paranormhöcker und bezeichnete sich selbst als Inkarnation mehrerer Rechner ... genau wie du!«

»Dobrak«, sagte Crykom – nachdenklich, wie es Rhodan schien. »Ein guter Name.«

»Mittlerweile hat sich die neu entstandene Superintelligenz THERMIOC endgültig stabilisiert. Sie hat den Kristallkörper der Kaiserin verlassen und sich mit den Symbionten des Limbus, den Ari, Kelsiren und ihren ehemaligen Forschern vereinigt und so eine neue Auris gebildet, die ihre gesamte Mächtigkeitsballung wie eine Schutzschicht umgibt.«

»Diese Informationen ergeben ein neues Bild, das ich zur Zeit berechne«, sagte Crykom. »Doch es erscheint durchaus möglich, dass wir den eingeschlagenen Weg fortsetzen und THERMIOC unser Anliegen vortragen, zumal wir in dieser Superintelligenz Fürsprecher haben werden.«

»Euer Entschluss steht fest?«

»Er steht fest.«

»Dann habe ich eine Bitte an euch.« Rhodan sprach zwar zu dem Kelosker, sah aber Startac an. »Würdet ihr mit TRAGTDODON zu Beginn der langen Reise uns zuliebe einen Umweg fliegen?«

»Um dich und deine Begleiter in der Milchstraße abzusetzen? Die Verzögerung lässt sich verkraften, und diesen Gefallen sind wir dir wohl schuldig.«

Rhodan sah, wie Startac fest Tamras Hand drückte. Ganz fest.

»Ich habe allerdings auch ein Angebot an euch. Das heißt, an einige von euch. An Nano Aluminiumgärtner, Drover und Mauerblum. Ich lade euch ein, die weitere Reise von TRAGTDORON zu begleiten.«

»D-Das Angebot e-ehrt mich, aber ...«

»Ich will die gerettete Plasma-Psyche von Vhatom Q'arabindon nicht vergeuden«, fuhr der Rechenmeister fort, »sondern auf lange Sicht Nano Aluminiumgärtner umbauen ...«

»D-Danke sehr, ich bin d-durchaus mit meinem Körper zufrieden!«

»... und mit Vhatom Q'arabindon verschmelzen.«

»I-Ich ...«

»Aus Nano Aluminiumgärtner und Vhatom Q'arabindon wird eine neue Steuereinheit für TRAGTDORON entstehen.«

Diesmal schwieg der Posbi.

Rhodan lächelte schwach. Vhatom Q'arabindon, das hehre Ideal des Dichters, Denkers und Tänzers unter den Posbis, für das er sogar die angebetete Mondra fallen gelassen hatte wie eine heiße Kartoffel. Und nun die Aussicht auf eine Vereinigung mit ihm ... Der Terraner war überzeugt, dass dieses Angebot ohne Zweifel Nanos Herz hätte stehen bleiben lassen, hätte er eins besessen.

Nano Aluminiumgärtner deutete eine Verbeugung an, und sie wirkte keineswegs wie eine Karikatur, sondern elegant und würdevoll. »Ich fühle mich geehrt und nehme das Angebot gern an. Drover? Mauerblum?«

»Wie könnte ich dich allein lassen?«, sagte der fassförmige Posbi mit dem Sensorenkranz auf dem Kopf.

»Wie könnte ich *euch* allein lassen?«, seufzte der Matten-Willy.

»Wir stehen selbstredend für die Reise TRAGTDORONS zu THERMIOC zur Verfügung«, sagte Nano Aluminiumgärtner.

Rechenmeister Crykom schien einen Moment in sich hineinzulauschen. »Ich danke euch«, sagte er dann und wandte sich wieder an Rhodan. »Soeben habe ich erfahren, dass wir mit den Anlagen TRAGTDORONS ein Objekt veritabler Hightech auf der Oberfläche Alteras geortet haben, wie sie im Altera-System eigentlich nicht zu finden sein dürfte. Auch jetzt nicht, da sich die hyperphysikalischen Störungen in Ambriador bereits zu zerstreuen beginnen. Hightech, die vielleicht sogar eine Absolute Bewegung ermöglichen könnte, zumindest aber auch unter den veränderten Bedingungen nach dem Hyperimpedanz-Schock hohe Überlicht-Faktoren und zweifellos sogar intergalaktische Reisen.«

Rhodan schaute wie elektrisiert zu dem Kelosker hoch. In diesem Augenblick störte ihn nicht, dass er wieder in seine umständliche Ausdrucksweise zurückgefallen war. »Die Silberkugel«, sagte er. »Übermittle die Koordinaten bitte umgehend an Administrator Ismael auf Altera.«

»Das habe ich bereits veranlasst.«

Rhodan atmete tief durch und sah dann zu Startac hinüber. Er sagte nichts, doch sein Blick sprach Bände. *Jetzt ist auch in der Silberkugel Platz für Tamra.*

Das Stück Hightech, wie Crykom sich ausgedrückt hatte, befand sich auf einer drei Kilometer breiten, zwanzig Kilometer langen Insel, die zu allen Seiten vom Fluss Teragonda umspült wurde, am südlichen Ende der Hauptstadt Neo-Tera.

Auf Gonda, wo das legendäre, gefürchtete Festwerk der Legion errichtet worden war.

Administrator Ismael ließ unverzüglich die Koordinaten untersuchen, die TRAGTDORON auf den Zentimeter genau ermittelt hatte, und entdeckte einen geheimen Tresor in den Tiefen des Hauptquartiers der Legion Alter-X. Darin wurde nur ein einziges Objekt verwahrt: der Tornister mit Lotho Keraetes Silberkugel.

Rhodan wusste, dass nun endgültig die Stunde des Abschieds gekommen war. Und es war ein Abschied für immer. Er glaubte nicht, dass er Crykom, Nano oder TRAGTDORON je wieder sehen würde.

Was sollte er tun? Dem Kelosker den Tentakel schütteln und Floskeln von sich geben? Das würde der Sache nicht gerecht werden.

Crykom klärte die Situation für ihn. »Die Berechnungen ergeben interessante Muster für die Zukunft«, sagte der Rechenmeister, »auch wenn unsere Wege sich wohl nicht mehr kreuzen werden.«

»Wir haben gemeinsam eine Galaxis vor dem Untergang gerettet«, sagte Rhodan. »Das ist viel mehr, als andere von sich behaupten können.«

»Ja.« Der Kelosker wandte sich ab und schlurfte zum Schott der Zentrale.

»Perry«, sagte Nano Aluminiumgärtner, »Mondra, Startac, Tamra ... unsere Wege werden sich nun ...«

»Nano«, unterbrach Rhodan ihn.

»Ja, Perry?«

»Ich würde fast behaupten, dass du mir in den letzten Wochen ans Herz gewachsen bist. Aber du nervst auch. Nicht nur mich, auch alle anderen. Erspare mir den theatralischen Druck auf die Tränendrüsen. Oder willst du den guten Eindruck, den du vielleicht erweckt hast, jetzt auf den letzten Drücker wieder zunichtemachen?«

»N-Nein, Perry.«

»Dann wünsche ich dir, Drover und Mauerblum alles Gute für die Zukunft. Möget ihr TRAGTDORON einer würdigen Bestimmung entgegenführen.«

»Und m-möge ... m-möge die Macht mit dir sein, Perry.«

Rhodan nickte und wandte sich ebenfalls dem Zentraleschott zu. Erst als er es erreicht hatte, fragte er sich, welche Macht Nano Aluminiumgärtner wohl meinte.

Fünfunddreissig

Perry Rhodan: Altera,
6. Juni 1343 NGZ (4930 nach Christus)

Das Schlachtschiff der Alteraner, das sie von TRAGTDORON nach Neo-Tera brachte, erinnerte Perry Rhodan wieder an die Vergangenheit. An das Solare Imperium, an den Krieg gegen die Meister der Insel, an eine Zeit, die eigentlich schrecklich gewesen war, in der Verklärung des Alters jedoch wunderbar wirkte. Damals waren viele Zusammenhänge noch nicht klar gewesen, hatte er auf das Glück vertraut, sich auf Wagnisse eingelassen, die er heute wohl kaum mehr eingehen würde; damals hatte mehr oder weniger der Zufall die Geschicke der Menschheit bestimmt. Doch damals war er jung gewesen, so unglaublich jung ... Und wenn er die Augen schloss und den Geräuschen des Raumschiffs lauschte, dann konnte er sich vorstellen, wieder in jener Zeit zu leben.

Rhodan öffnete die Augen wieder – und sah in Mondras Gesicht. Er musste sich zwingen, nicht daran zu denken, dass sie die Mutter seines Sohnes Delorian war, dass er sie geliebt hatte – und vielleicht noch immer liebte. Nun war sie seine *Leibwächterin.* Er wusste nicht, warum, aber er hatte von den zahlreichen Gelegenheiten, die sich in Ambriador geboten hatten, ihre Beziehung wieder aufzufrischen, keine einzige wahrgenommen.

Am liebsten hätte er sich dafür in den Hintern getreten.

Dann musterte er zwischen zusammengekniffenen Lidern Startac und Tamra. Wie sie dort saßen, eng beieinander, sich an den Händen hielten, als würde ein Chaotarch persönlich aus den Gefilden jenseits der Materiesenken herniederstoßen, falls sie sich jemals losließen ...

Rhodan konnte nur hoffen, dass Startac so klug war, diese Beziehung erst einmal geheim zu halten, Tamra nicht dem Licht der Öffentlichkeit preiszugeben, niemandem ein Sterbenswörtchen über sie zu verraten.

Er sah wieder Mondra an. *Was hätte hier in Ambriador wieder aufleben können,* dachte er. *Wie oft haben wir eine Kabine geteilt ...* er wollte einfach nicht glauben, dass es zwischen ihnen auf Dauer aus war.

Und sie? Er hatte Andeutungen registriert, ihre Körpersprache wahrgenommen, und ...

»Sir!«, riss ihn eine harte, scharfe Stimme aus den angenehmen Reminiszenzen und selbstquälerischen Vorwürfen. »Großadministrator! Sir! Wir haben eine Ortung!«

Er wandte den Blick von Mondra ab und sah zum ersten Mal seit einigen Minuten wieder die Zentrale des Schlachtschiffs, nahm sie im ersten Augenblick aber nur verschwommen wahr, als würde sie von zweieinhalb Jahrtausenden verzerrt werden.

»Dieses ... Etwas, Sir, von dem wir Sie abgeholt haben, Sir! Es nimmt Fahrt auf, Sir! Es ist einfach unglaublich!«

TRAGTDORON. Rhodan schaute auf die Ortungsschirme, auf denen die Sphäre nur als *vorhanden* dargestellt wurde. Sie beschleunigte mit Werten, von denen nicht nur die alteranische, sondern auch die terranische Raumfahrt nur träumen konnte, und verschwand dann einfach, als hätte sie nie existiert.

Ein Ende, dachte er. *Etwas hat ein Ende gefunden. Und das ist gut so. Manche Sachen müssen ein Ende finden, abge-*

schlossen werden. Wir können nicht alles bis in alle Ewigkeit mitschleifen. Sonst werden wir von Altlasten erdrückt.

Er schüttelte sich, versuchte die depressiven Gedanken zu verdrängen, ließ den Blick durch die Zentrale schleifen. Anton Ismael hatte es schon angedeutet, und das Verhalten der Besatzung bestätigte die Worte des Administrators. Die Stimmung an Bord war in höchstem Maß merkwürdig.

Zahlreiche Ortungsschirme und -holos zeigten die Flotte der Posbis, die noch immer untätig und völlig friedlich am Rand des Altera-Systems ausharrte. Sie war weniger geworden; zahlreiche Fragmentraumer waren schon abgezogen.

Aber die Posbis waren nach 36 Jahren Vernichtungskrieg noch immer die verhassten Maschinenteufel, und das würde sich nicht in wenigen Stunden ändern, nur weil sie offenbar die Seite gewechselt hatten. Rhodan konnte sich genau vorstellen, was der Kommandant der Schlachtschiffs dachte: *Wer weiß, für wie lange?*

Er hatte den Menschen in Ambriador eine Zukunft ermöglicht, aber die würden sie sich selbst erarbeiten müssen.

Falls ihnen das jemals gelingen sollte.

Doch es waren *Menschen.* Abkömmlinge von Terranern. Hatte er wirklich – wenn auch nur kurz – daran gezweifelt, dass sie es schaffen würden?

»Bitte schnallen Sie sich an, Sir«, sagte der Kommandant des Schlachtschiffs, »und stellen Sie gegebenenfalls das Rauchen ein. Wir befinden uns im Landeanflug auf den Raufhafen von Neo-Tera und werden in wenigen Minuten aufsetzen.«

Die Vergangenheit holt einen immer wieder ein, dachte Rhodan.

Hunderttausende von Alteranern drängten sich auf dem Solaren Platz, zwischen den drei 240, 260 und 280 Meter hohen Glastürmen des Ministeriums für Wirtschaft, für Verteidigung und der Administration im Zentrum Neo-Teras. Ein Kordon von Soldaten sorgte dafür, dass die Absperrungen von den Massen nicht durchbrochen wurden, und hielt auch die Teams der Trividsender zurück, die sich keine Sekunde des Spektakels entgehen lassen wollten und versuchten, möglichst nah an die abgezäunte Rasenfläche heranzukommen. Dennoch war das Surren der Kameras in Rhodans Ohren allgegenwärtig.

Administrator Ismael hielt – eine Geste für die Kameras – den Tornister hoch, den die Agenten der Legion in ihrem Festwerk aus dem verborgenen Tresor geborgen hatten, wie einst die ersten Menschen der Geschichte das Feuer, das Prometheus ihnen geschenkt hatte.

Tosender Jubel brandete auf.

Rhodan war erleichtert, dass er sich in dem Mann nicht getäuscht hatte. Wenn er – wie Laertes Michou – auf den Gedanken gekommen wäre, die Silberkugel verschwinden zu lassen, nachdem TRAGTDORON gestartet war, um dem Imperium Altera die Führung des Großadministrators angedeihen zu lassen ...

Mit einer feierlichen Geste reichte er den Tornister, der aus einer unscheinbaren grauen Transport-Plane bestand, an Rhodan weiter. »Wir sind Ihnen dankbar für Ihre Hilfe, Großadministrator. Ohne Sie ...«

Rhodan nickte etwas peinlich berührt. Aber auch für Laertes Michou hatte er sich, wenn auch gezwungenermaßen, medienwirksam präsentiert. Und es sprach nichts dagegen, Anton Ismael auf diese Weise zu einem besseren Start in die Zukunft zu verhelfen. Und der Umgang mit den Medien war überall gleich, hier wie in der Milchstraße.

»Das ist der Abschied«, sagte er.

Ismael nickte. »Ich weiß. Und ich bedaure zutiefst, dass Sie und ihre Begleiter uns nun verlassen werden.«

»In unserer aller Heimat warten ebenfalls wichtige Aufgaben auf mich, die keinen Aufschub dulden. Aber wir haben den Weg bereitet, und Sie müssen ihn nur noch gehen, so steinig er auch sein wird, Anton. Die Zukunft steht Ihnen offen, Sie müssen sie nur ergreifen. Die Posbis von Ambriador sind befriedet. Sie werden von nun an fest an der Seite der Alteraner stehen ... so man ihnen dies gestattet. Und dafür müssen Sie sorgen, Administrator. Aber ich bezweifle nicht, dass es Ihnen gelingen wird. Natürlich, diese Ressentiments lassen sich nur über lange Zeit abbauen. Und das wird Ihre Aufgabe sein. Ihre und die Ihrer Nachfolger.«

»Nehmen Sie es mir nicht übel, Perry, doch noch kann ich keinen Gedanken für diese Aufgabe aufbringen. Das gesamte Imperium Altera schwelgt noch in der Freude, überhaupt eine Zukunft zu haben.«

»Das wird vergehen«, sagte Rhodan aus Erfahrung. »Schon bald werden Sie bereit sein, sich den Anforderungen der Zukunft zu stellen. Aber Sie müssen Geduld haben. Das gilt auch für die hyperphysikalischen Zustände im Ambriador. Bis die Verhältnisse des Standarduniversums erreicht sind, wird noch eine beträchtliche Zeit vergehen, doch dem Imperium Altera steht dann eine gute Zukunft bevor.«

»Sie sind nicht mehr der Großadministrator, doch willkommen waren Sie trotzdem. In den Kristallen der Geschichte heißt es immer, Perry Rhodan habe die Menschheit ins All geführt und vielfach gerettet. Nun hat sich dieser Mythos bewahrheitet. Sie haben auch die Welten des Imperiums Altera gerettet – und die Menschen, die den Vernichtungskrieg überstanden haben.«

»Die Alteraner brauchen keinen Großadministrator Rhodan mehr«, antwortete er. »Sie haben Sie, Anton. Ich ernenne Sie hiermit zum Großadministrator des Alteranischen Imperiums! Die Alteraner werden mit Ihnen nun ihren eigenen Weg gehen, und sie werden es schaffen. Hoffentlich wird es ein Weg des Friedens und der Verständigung sein.«

Anton Ismael reichte ihm die Hand, und Rhodan ergriff und schüttelte sie, auch wenn ihm die Verehrung, die der Administrator ihm entgegenbrachte, im Grunde seines Herzens unangenehm war.

Es gab noch einiges, was nicht für die Öffentlichkeit bestimmt war und sie unter vier Augen besprochen hatten. Am wichtigsten mochte der Hinweis auf die Ueeba sein, den Rhodan dem Administrator gegeben hatte, und die Potenzen ihrer Kultur. Hier sah Rhodan eine interessante Perspektive: Alteraner, Posbis und Ueeba im Verbund – das könnte etwas Originelles, Einzigartiges ergeben: Tatkraft, Technik, Psi-Kultur. Und wenn die Lage sich stabilisiert hatte, mussten auch Kontakte zu den Laren geknüpft werden. Vielleicht ergab sich sogar in ferner Zukunft ein erneuerter Trovent, aber nicht unter der Vorherrschaft eines Volkes, sondern einer mit gleichberechtigten Mitgliedsvölkern.

Ismael öffnete den Tornister und entnahm ihm ein silbernes, an einen übergroßen Quecksilbertropfen erinnerndes Objekt, etwa so groß wie ein Fußball.

Er sah Mondra an.

Sie nickte.

Sie hatten den Abschied hinter sich gebracht. Mehr gab es nicht zu sagen, wollten sie sich nicht wiederholen und in Floskeln ergehen, falls sie das nicht schon getan hatten.

Er hielt den silbernen Tropfen in der Hand, spürte jedoch gar nichts, keine Berührung, kein Prickeln, falls er so etwas erwartet hatte.

Öffne dich, dachte er.

Lotho Keraete hatte es ihm so erklärt.

Per Gedankenbefehl. Das Objekt war auf seinen Zellaktivator und seine – weiterhin vorhandene – Aura eines Ritters der Tiefe geeicht. Nur er konnte es aktivieren, niemand sonst.

Das Gebilde blähte sich in wenigen Augenblicken zu sechs Metern Durchmesser auf und schwebte als Blase über dem Solaren Platz. Es wirkte vor den drei Glastürmen völlig unscheinbar, und doch war es das Produkt einer Technik und hatte Fähigkeiten, von denen die Alteraner, aber auch Rhodans Terraner, nur träumen konnten.

Rhodan hielt den Atem an. Jetzt war es so weit.

Die schwebende Blase näherte sich langsam Rhodan und Mondra, Schroeder und Tamra. Administrator Ismael trat vorsichtshalber ein paar Schritte zurück.

Was, wenn er es sich jetzt anders überlegt und im letzten Augenblick zu uns springt?, dachte Rhodan. *Weil er die Heimat seiner Ahnen sehen oder den Lebensabend dort verbringen will? Wir würden ihn nicht aufhalten können.*

Aber so schätzte er Anton Ismael nicht ein, und er hatte sich nicht in ihm getäuscht. Der Administrator blieb, wo er war.

Rhodan spürte, wie die silberne Blase seinen Körper umfloss, ihn in sich aufnahm. Er empfand die Berührung nicht als unangenehm; eigentlich spürte er sie gar nicht. Durch einen silbriggrauen Schimmer sah er, dass auch seine Gefährten von der Kugel umschlossen wurden.

Einen Augenblick lang blieb die Welt für ihn silbriggrau, dann verlor sich der Effekt. Mondra stand neben ihm, Startac und Tamra hielten einander noch immer an den Händen. Rhodan fragte sich, ob die junge Alteranerin wirklich wusste, worauf sie sich eingelassen hatte. Die kulturellen und technologischen Unterschiede zwischen dem Imperium Altera und der Liga Freier Terraner waren beträchtlich.

Andererseits hatte Tamra Altera nur als Kind kennengelernt. Praktisch ihr gesamtes Leben hatte sie im Knechtschaftslager Dekombor am Rand von Taphior, der Hauptstadt des Trovent-Planeten Caligo, in larischer Gefangenschaft verbracht. Umgewöhnen hätte sie sich so oder so müssen, und mit Startac an ihrer Seite würde es ihr auf Terra vielleicht nicht so schwerfallen wie allein auf Altera.

Abrupt schienen die drei Türme des Imperialen Trident an Rhodan vorbeizustürzen. Natürlich eine Täuschung, ein Trick, den das Gehirn und die Sinne ihm spielten. Die Kugel war in einen rasenden Steilflug übergegangen, ohne dass er die geringste Beschleunigung spürte. Für eine Sekunde glaubte er, noch die Schlachtschiffe der Alteraner zu erkennen, dann waren sie schon im tiefen Weltraum.

Tamra hielt sich an Startac fest, und auch Rhodan befürchtete einen Moment lang, gegen Gleichgewichtsstörungen ankämpfen zu müssen. Das Mantelfeld der Blase generierte eine scheinbar ruhende Enklave im Sinne eines eigenständigen Miniaturkontinuums. Das Innere der Silberkugel blieb im Verhältnis zur Außenwelt nahezu wechselwirkungsfrei, was gegen alle Erfahrungen der menschlichen Sinne verstieß und dieses unangenehme Gefühl hervorrief.

Die Silberkugel gestattete nicht nur eine beachtliche Beschleunigung aus dem Stand heraus, sondern auch abrupte Bewegungswechsel und ein Durchdringen von Fremdmaterie, ohne dazu in den Hyperraum wechseln zu müssen. Darüber hinaus war ihr auch der Überlichtflug sowie die Absolute Bewegung möglich. Rhodan war fast erleichtert, als der schwarze Weltraum außerhalb der Kugel von einem dunkelroten Wabern ersetzt wurde, bei dem sich

Myriaden transparenter Blasen gegenseitig zu durchdringen schienen – ein Effekt, der ihn an einen Flug im Linearraum erinnerte.

Endlich gelang es ihm, sich ein wenig zu entspannen. Nun war es endgültig vorbei. Die Silberkugel würde sie in Terrania absetzen und dann zerfallen, damit die Terraner sie auch ja nicht untersuchen und damit vielleicht technische Möglichkeiten in die Hände bekommen konnten, die ihnen nicht zugedacht waren.

Sie hatten ihre Mission glücklich beendet. Trotzdem blieben zahlreiche Fragen, denen er sich jetzt erst widmen konnte, da es ihm nach Wochen zum ersten Mal möglich war, etwas durchzuschnaufen.

Zum Beispiel ... Warum hatte Lotho Keraete Ambriador in Wahrheit retten lassen? Nicht allein aus reiner Menschenfreundlichkeit; diese Version mochte Rhodan nicht mehr recht glauben, wenngleich dieser Aspekt sicherlich auch eine gewisse Rolle spielte.

Nein, dachte Rhodan. In erster Hinsicht wahrscheinlich, weil Keraete – oder im Prinzip der Superintelligenz ES, die ihn beauftragt hatte – daran gelegen war, dass in Ambriador eine stabile Bastion gegen die Negasphäre entstand, die sich bald in Hangay bilden würde.

Oder wollte ES gar ganz gezielt das mächtige Instrument TRAGTDORON der Superintelligenz THERMIOC zuspielen? Ihre Mächtigkeitsballung befand sich, in kosmischen Maßstäben gesehen, ganz in der Nähe der Galaxis Erranternohre, einer Bastion der Kosmokraten.

Auch das war denkbar.

Sammelten die Superintelligenzen etwa ihre Waffen, um sich für den Kampf gegen die entstehende Negasphäre zu rüsten?

Würde es möglicherweise eine Koalition gegen die Negasphäre stärken, wenn TRAGTDORON in die Hände THERMIOCS gelangte? Doch konnte THERMIOC es überhaupt jemals wagen, TRAGTDORON einzusetzen, wo doch die Hohen Mächte das Instrument hatten stilllegen wollen?

Rhodan seufzte leise. Alles nur Spekulation ... Er bezweifelte, dass er in absehbarer Zukunft Antworten auf diese Fragen bekommen würde. Und sollte Lotho Keraete jemals wieder auftauchen, würde er mit Sicherheit kein Sterbenswörtchen über diese Themen verlauten lassen.

Er verstand, dass sich unter den aufgeklärten Bürgern der LFT zunehmend Unbehagen gegen das Gehabe der Kosmokraten breitmachte. Solch eine Informationspolitik war nicht gerade geeignet, Vertrauen zu schaffen.

Rhodan sah Mondra an, dann zu Startac und Tamra hinüber, lehnte sich schließlich gegen die Wandung der Silberkugel zurück und schloss die Augen. Immerhin konnte er mit dem Ausgang des Einsatzes mehr als zufrieden sein. Das, worauf es *ihm* ankam, hatte er geschafft. Die Überlebenden von Ambriador waren gerettet, die Posbis befriedet, und mit dem Abzug von TRAGTDORON waren auch die hyperphysikalischen Störungen in der Kleingalaxis langfristig gesehen Geschichte. Er hatte den Menschen des Imperiums Altera und allen anderen Intelligenzen in Ambriador eine Zukunft geschaffen.

Er beschloss, die Augen erst wieder zu öffnen, wenn die Silberkugel in Terrania aufsetzte.

Und während des Flugs nicht daran zu denken, welche alten und neuen Probleme ihn in der Heimat erwarteten.

Fest drückte er Mondras Hand.

Sechsunddreissig

Vhatom Q'arabindon, TRAGTDORON:
viel später

Vhatom Q'arabindon erwachte.

Einen Moment lang erwartete er, ein Rad aus Feuer zu sehen, doch da war keins. Da war auch keine undurchdringliche Dunkelheit, sondern eine vertraute Umgebung.

TRAGTDORON. Jener dunkle Saal im letzten Winkel der Stoff-Sphäre, in dem man ihn niemals finden würde ... und schließlich doch gefunden hatte.

Wie kann das sein?, fragte er sich. *Ich bin doch tot. Ich habe die Selbsterhaltungszelle abgeschaltet.* In vollem Bewusstsein dessen, was danach geschehen würde: Das, was die Plasma-Psyche eigentlich ausmachte – ihr Inhalt! –, hätte durch Abkühlung binnen weniger Minuten absterben müssen.

Ich habe Selbstmord begangen, dachte er.

Dieser Gedanke verriet ihm, dass es sich um ein anderes Erwachen handelte als die bisherigen. Ein Erwachen, das nicht mit dem Verlust seiner Erinnerungen einherging. Er war sich seiner selbst bewusst geworden, mit allem, was ihn ausmachte, was ihn zu Vhatom Q'arabindon machte, zur Plasma-Psyche.

Im nächsten Augenblick bemerkte er, dass er einen anderen Körper hatte. Nicht mehr den – die – Robot-Körper, die Cairol ihm zur Verfügung gestellt hatte, sondern einen viel primitiveren. Einen aus scheinbar wahllos zusammengeschraubten Komponenten aus blaugrauen und anthrazitfarbenen Materialien, wie er in der schwach spiegelnden Wand ihm gegenüber sah. Den eines hoch aufgeschossenen Posbis von zwei Metern Größe mit schmalen maschinellen Hüften und breiten Schultern.

Er kannte diesen Körper, erinnerte sich an ihn. Nano Aluminiumgärtner, der Posbi, der gemeinsam mit dem Ritter der Tiefe nach TRAGTDORON gekommen war.

Ich freue mich, dass du erwacht bist, vernahm er zeitgleich die Stimme des Posbis mit ihrer seltsamen Betonung, *und würde mich geehrt fühlen, wenn du gemeinsam mit mir in diesem Körper verbleiben möchtest. Und falls ich das hinzufügen darf: Ich war es übrigens, der dir das Leben gerettet hat, und ich hoffe, dass du es behalten und nicht wegwerfen möchtest.*

Nano Aluminiumgärtner drehte den Kopf. Vhatom war überrascht, wie schnell sich ihm die Steuerfunktionen des Posbi-Körpers erschlossen. Ihm wurde langsam klar, was geschehen war: Jemand musste die Plasma-Psyche vor der Abkühlung gerettet und mit diesem Körper verschmolzen haben.

Sein – ihr – Blick fiel auf eine grobschlächtige Gestalt, die den Saal betreten hatte und sich ihm langsam näherte.

Einer der Kelosker. Seine Lederhaut war von einem charakteristischen Muster überzogen, das wie ein vielfach gebrochenes Spinnennetz aussah, und aus der leicht gekrümmten Knochenplatte, die die Schädeldecke des monströsen Kopfs darstellte, erhoben sich nicht vier, sondern sechs kegelförmige, höckerartige Knochenwülste.

Crykom, der Rechenmeister der Kelosker persönlich.

»Du bist wach«, stellte er sachlich und ohne jede Vorrede fest. »Ich habe ein Angebot für dich. TRAGTDORON braucht einen fähigen Steuermann.«

Vhatom dachte kurz nach.

Er hatte getan, was ihm möglich war. Er hatte schließlich doch noch versucht, TRAGTDORON zu vernichten – und er hatte versucht, seinem Leben ein Ende zu setzen.

Nach allem, was ihm widerfahren war. Nachdem er sein Volk und die Liebe seines Lebens verloren hatte, um den Kosmokraten weiterhin zu dienen. Nachdem sie ihm kalt und ohne jedes Mitgefühl befohlen hatten, ihr mächtiges Instrument zu dislokalisieren, nachdem er damit 70.000 Jahre lang Leben und Intelligenz verbreitet hatte.

Es war ihm nicht gelungen.

Er hatte mit seinem Dasein abgeschlossen, doch nun bekam er die Gelegenheit für einen neuen Aufbruch, mit dem er niemals mehr gerechnet hatte.

Vielleicht ist es wirklich an der Zeit, dachte er, *die Fronten zu wechseln.*

EPILOG

AUS DEN CHRONIKEN DES KOSMISCHEN EREIGNISFORSCHERS BECK

Nur wenige Monate später wurde die Milchstraße von der Terminalen Kolonne TRAITOR angegriffen. Der intergalaktische Krieg um die Negasphäre Hangay hatte längst begonnen.

Wegen der erschwerten Raumfahrtbedingungen als Folge der Hyperimpedanz-Erhöhung hatte Perry Rhodan keine Möglichkeit, mit Ambriador zu kommunizieren.

Ob die Posbis, die Laren und die Menschen des Imperiums Altera mittlerweile zwischen die Mühlsteine der Ereignisse geraten oder aufgrund mangelnder Bedeutung im Kosmos verschont geblieben waren, konnte Perry Rhodan vorerst nicht in Erfahrung bringen.

ANHANG

Das Whistler-Museum von Terrania
Sechster Teil der Führung:
Von den letzten Dingen

Manche Dinge ändern sich nie. Um ein Beispiel zu nennen: Es ist immer so gewesen, dass Menschen sich vergnügen wollen. Dazu bietet ihnen schon ihre Physiologie allerlei Möglichkeiten. Haben sie Hunger, essen sie, haben sie Durst, trinken sie – beides kann ebenso befriedigend wie vergnüglich sein.

Auch das Erzeugen von Nachkommen ist ihnen nicht allein staatsbürgerliche Pflicht, sondern sie unternehmen die damit einhergehenden körperlichen Anstrengungen selbst dann, wenn eine Fortpflanzung gar nicht bezweckt wird – sei es zur Stärkung sozialer Bande zwischen sich und ihren Partnern, zur Hebung ihres Selbstwertgefühls oder aus sportlichem Ehrgeiz; hin und wieder aber auch aus schierem Vergnügen.

Kein Wunder also bei all diesen Vergnüglichkeiten, dass überall auf Terra, seinen Kolonien und auf den Kolonien dieser Kolonien sogenannte Vergnügungsparks zu finden sind, weswegen manches Sternenvolk, dem das Planhirn über das Stammhirn geht, Terraner als eine geradezu vergnügungssüchtige Art ansieht.

Auch Terrania City, die Hauptstadt der Liga Freier Terraner, hat ihre Vergnügungsparks. Die einen gastieren nur für einige Tage oder Wochen an der Peripherie der Metropole; die anderen sind stationär und in ganzjährigem Betrieb. Wir nennen hier stellvertretend für viele die Abenteuerlandschaft von Shonaar südöstlich vom Crest Space Port oder die altehrwürdige Dauerkirmes »Six Flags Over Atlan Village«, in der neben den heute üblichen Antigravkarussells, Stratosphärenliften und Simusense-Palästen tatsächlich eine vorsintflutliche Achterbahn zu bestaunen ist, ganz aus Holz gebaut. Und hin und wieder entsteigt ein Gataser mit aufgestelltem blauem Pelz, ein Topsider im Aluminiumponcho oder ein Cheborparner mit bebenden Nasententakeln den Wagen dieser Berg- und Talbahn, leise schwankend und mit ratlosen Gesten, als wollte er sagen: Wahrlich, wenn derartige Höllenfahrten einem Terraner Vergnügen bereiten, dann sind Terraner ein mehr als sonderbares Geschlecht.

Wer aber über das Gelände der sechs himmelfüllenden Flaggen schlendert – unter den dreimensional-holographisch wehenden Bannern, in denen ohne Unterlass spektakuläre Feuerwerke abbrennen –, der muss sich nicht in solch halsbrecherische Vergnügungen stürzen.

Warum nicht einfach alte terranische Spezialitäten naschen? Paradiesäpfel, Popcorn, Türkischen Honig, Gatasische Karamelspinnen und Zuckerwatte kitzeln den Gaumen heute wie ehedem, etwa im Jahr 1900 alter terranischer Zeitrechnung. Natürlich war die Zuckerwatte der Vorzeit noch nicht mit einem mikroskopischen Antigravchip ausgerüstet, der nun dafür sorgt, dass das klebrige Gedöns in Gestalt der Milchstraße, Andromedas oder Gruelfins vor dem Mund rotiert. Und vielleicht müssten wir noch einmal recherchieren, ob die Gatasischen Karamelspinnen nicht – und anders, als der gatasische Handelskonsul behauptet – doch erst *nach* Rhodans Erster Mondlandung ihren Weg auf die irdischen Jahrmärkte gefunden haben.

Jedenfalls: lecker, das süße Zeug, das nach Kindheit schmeckt, Spaziergängen mit den Großeltern, unschuldigen Abenteuern. Wir seufzen leise auf. Plötzlich vermissen wir sie, diese unschuldigen Abenteuer; unsere lang verstorbenen Großeltern; die Kindheit, diese Zeit, in der alle noch lebten. Aber lassen wir Jahrmarkt Jahrmarkt sein. Unser Hunger nach Süßigkeiten ist gestillt, unser Bildungshunger dagegen nicht.

Werfen wir deshalb einen Blick in das Whistler-Museum für Androidengeschichte. Die Führung neigt sich langsam ihrem Ende, aber das macht nichts. Der Führer nickt und lächelt uns zu, als wären wir von Anfang an dabei gewesen.

Die Gruppe steht gerade vor einem Paar Roboter, einem Roboterpärchen. Die beiden sehen kastenförmig, klobig und unbeholfen aus, ein schamloses Retrodesign. »Das«, stellt uns der Museumsführer die scheinbar archaischen Maschinchen vor, »sind Romeo und Julia«. Die beiden verneigen sich. Romeo ist blau, Julia rosa. »Diese beiden Roboter – von denen wir hier Replikate sehen – waren die mobilen Außenstationen SENECAS, der leitenden Bordpositronik der SOL. Die beiden Roboter wurden speziell für einen langen Flug mit der SOL konstruiert. Natürlich steckt hinter dem naiven Konservendosendesign viel ausgeklügelte Technik, darunter und hinter Klappen verborgen mehrere Impuls- und Kombistrahler sowie Paralysatoren. Die besten Wissenschaftler haben die technisch hochmodernen Maschinen nach psychologischen Gesichtspunkten so konstruiert, dass Menschen aufgrund des Aussehens der Roboter bei deren Anblick erheitert werden und so neue Hoffnung schöpfen.«

»Ich wusste nicht, dass der Anblick von Impuls- und Kombistrahlern die Terraner erheitert und ihnen Hoffnung gibt«, wunderte sich einer der Besucher aus der zweiten Reihe.

»Es war die Nachtigall und nicht die Lerche,
Die deinem Ohr ins bange Innre drang;
Sie singt bei Nacht auf dem Granatbaum dort.«
Romeo und Julia an Bord der SOL – Romeo ist blau, Julia rosa

»Terraner sind eben ein vergnügungssüchtiges Geschlecht«, verkündete der vierarmige Riese unter den Gästen.

Der Museumsführer lächelte. »Was ihnen Hoffnung geben sollte, war die kindliche Gestalt der Roboter. So konnten sie sich selbst in ihre Kindheit zurückversetzt fühlen: eine Zeit voller Paradiesäpfel und Zuckerwatte, unschuldiger Abenteuer, behütet von Eltern und Großeltern, eine Zeit, in der alle noch lebten ...«

»Terraner schöpfen Hoffnung aus der Vergangenheit? Ich dachte, Hoffnung richte sich stets auf die Zukunft? Sehr verwirrend, das.«

»Hoffnung ist also eine Art mentales Doping?«

»Eine religiöse Droge?«

Der Museumsführer seufzte ergeben und lächelte. »Mir scheint, wir nähern uns nicht nur dem Ende der Führung, sondern auch den letzten Fragen der menschlichen Psyche. Ja, Terraner schöpfen Kraft aus der Vergangenheit und wandeln diese Kraft um in Hoffnung auf die Zukunft. Sie neigen dazu, die Vergangenheit ebenso wie die Zukunft zu verklären, als läge dort ihre eigentliche Heimat. Nur in der Gegenwart fühlen sie sich nicht zu Hause. Und wann immer sie das Fernweh packt, suchen sie nicht die Ferne, sondern hoffen, dort draußen eine Heimat zu finden. Und wann immer Terraner in den Weltraum fahren, werden sie von Robotern begleitet.«

»Logisch«, sagte ein kleinwüchsiger Gast mit vier Ärmchen und kicherte, »irgendwer muss ja die Arbeit machen, wenn die Terraner sich auf den Vergnügungsdecks ihrer Schiffe bespaßen lassen.«

Der Museumsführer lächelte nachsichtig. »Aber sie bringen nicht immer alle Roboter wieder mit zurück. Im Jahr 1202 brach die BASIS mit einem Raumschiffkonvoi zu einer

Expedition in Richtung Große Leere im Sternbild Coma Berenice auf, 225 Millionen Lichtjahre von der Milchstraße entfernt. Im Auftrag des Finanziers dieser Reise, der Kosmischen Hanse, setzte ein Kybernetiker namens Robert Gruener unterwegs zwölf Stämme von sogenannten Androgyn-Robotern aus. Ihr Auftrag: Quartier zu machen für künftige Fernreisende aus dem Gebiet der Liga.«

Ein Schwarm von robotischen Bauelementen näherte sich aus unbestimmter blauer Ferne. Einige der metallplastischen Konstruktionen schwebten auf Antigravfeldern, andere auf summenden Luftpolstern. Manche schritten auf Stelzen, andere rollten auf Rädern oder Ketten. Die Karawane hielt vor der Besuchergruppe an.

Die Roboter sprachen im Chor: »Wir Androgyne stellen die fünfte Generation eines Robotertyps siganesischer Fertigung dar, der durch spezielle Lernkreise in der Lage ist, ohne die Aufsicht von organischen Intelligenzwesen Stützpunkte zu errichten und auszubauen. Wir sind dazu imstande, uns ohne fremde Hilfe selbst zu reproduzieren und zu verbessern. Die jeweils nächste Generation lernt so aus den Fehlern der vorangegangenen. In kosmischen Weiten bilden wir Roboterzivilisationen.«

»Nun«, korrigierte der Museumsführer, »ob sich aus den Androgynen wirklich bereits ganze Zivilisationen entwickelt haben, wissen wir nicht. Der Kontakt zu den zwölf Stämmen ist längst abgerissen: Die ungeheuren Entfernungen sind für die heutigen technischen Mittel unüberbrückbar. Aber wir sind zuversichtlich, dass diese Filialen der terranischen Technosphäre erfolgreich sind, wachsen, sich mehren und ein zahlreiches Volk bilden.«

Einer der Roboter trat vor. Es war, als ob sich das Gebilde, das aus drei gleich großen und mit Stahlplaststrängen verbundenen Kugelsegmenten bestand, leicht vor der Besu-

Flugziel große Leere – die terranische Technosphäre bildete robotische Filialen

chergruppe verneigte. Der Museumsführer flüsterte: »Wir sehen eine leicht modifizierte Aufzeichnung von der Aussetzung des ersten der zwölf Stämme auf COMA-1, einer unscheinbaren Sauerstoffwelt in einer Kleingalaxis in der Nachbarschaft von NGC 4826.« In der Ferne erahnte man mehr, als dass man sie sah, eine Ruinenlandschaft, Zeuge einer Hochkultur, die vor undenklichen Zeiten untergegangen war.

Der Dreikuglige sprach: »Statusbericht Einheit A-eins-elf. Die Ausschleusung von uns Androgynen und der für den Stützpunkt benötigten technischen Mittel ist vollendet. Wir Androgynen haben uns weitgehend komplettiert. Was nun geschieht, folgt dem vorgegebenen Programm. Ich möchte euch, stellvertretend für uns alle, für das Vertrauen danken, das ihr in uns setzt. Ihr werdet irgendwann hierhin zurückkommen, Menschen. Dann werdet ihr sehen, was wir geschaffen haben. Und ihr werdet stolz auf uns sein!«

Spontaner Beifall klang auf.

»Zwölf Stämme. Wieso zwölf?«, erkundigte sich einer der Museumsbesucher.

Der Museumsführer lächelte. »Die Zwölf spielt in der alterranischen Kultur eine beachtliche Rolle. Einige alte Zählsysteme basieren auf der Zwölf. Terraner können nämlich an den Fingern einer Hand bis zwölf zählen – und zwar an den vier Fingern, die jeweils drei Knöchel haben. Das alterranische Zeitsystem fußt ebenfalls auf der Zwölf: Das Jahr hat zwölf Monate, der Tag hat wie die Nacht zwölf Stunden, jede Stunde fünf mal zwölf Minuten, jede Minute fünf mal zwölf Sekunden. Soweit ich sehe, liegt im Fall der Androgyn-Stämme eine Anspielung auf ein Volk vor, das sich einst ebenfalls in zwölf Stämmen organisiert und über den Raum und die Zeit ausgebreitet hat. Wenn auch zunächst nur auf der Erde, nicht, wie die Androgynen, auf greisen oder jugendfrischen Planeten, auf Eismonden und Asteroiden oder im Leerraum zwischen den Sterneninseln.«

»Warum tun Terraner das?«, fragte einer der Besucher. »Warum setzen sie ihre Roboter aus und verbannen sie aus ihrer Heimat?«

»Ich denke nicht, dass es sich um eine Art Verbannung handelt«, stellte der Museumsführer richtig. »Es handelt sich eher um den Versuch, die nächste Stufe der Evolution zu nehmen.

Lange schon hat die Menschheit nämlich überlegt, wie sie über sich selbst hinauswachsen, aus sich heraus einen höheren Menschen gebären könne, einen Übermenschen.«

Ein männlicher Terraner mit gewaltigem Schnauzbart schob sich durch die Gruppe, leichtfüßig und geschmeidig, ohne jemanden zu berühren, die Augen von einer Sonnenbrille mit grünen Gläsern verschattet, in der Hand einen aufgespannten Regenschirm.

»Guten Abend, Herr Nietzsche«, begrüßte ihn der Museumsführer. Der Mann nickte höflich und sprach, leise und nachdrücklich: »Nacht ist es: nun reden lauter alle springenden Brunnen. Hört, ich lehre euch den Übermenschen. Der Mensch ist etwas, das überwunden werden soll. Der Übermensch ist der Sinn der Erde.«

Er lachte tonlos. »Gewiss«, lächelte der Museumsführer. Die Nietzschefigur verschwand mehr und mehr in abendlich kühlen Nebeln, die aus dem Boden des Saales aufstiegen. »Nietzsches Begriff des *Übermenschen* ist später von dem Autor George Bernard Shaw ins Englische übertragen worden: *Superman*. Den philosophischen Abenteuern eines *Superman* waren im 20. und 21. Jahrhundert alter Zeitrechnung zahlreiche Bildromane gewidmet.«

Die Besucher zeigten sich beeindruckt. Der Nietzsche-Schemen drehte sich noch einmal um. Man sah – oder

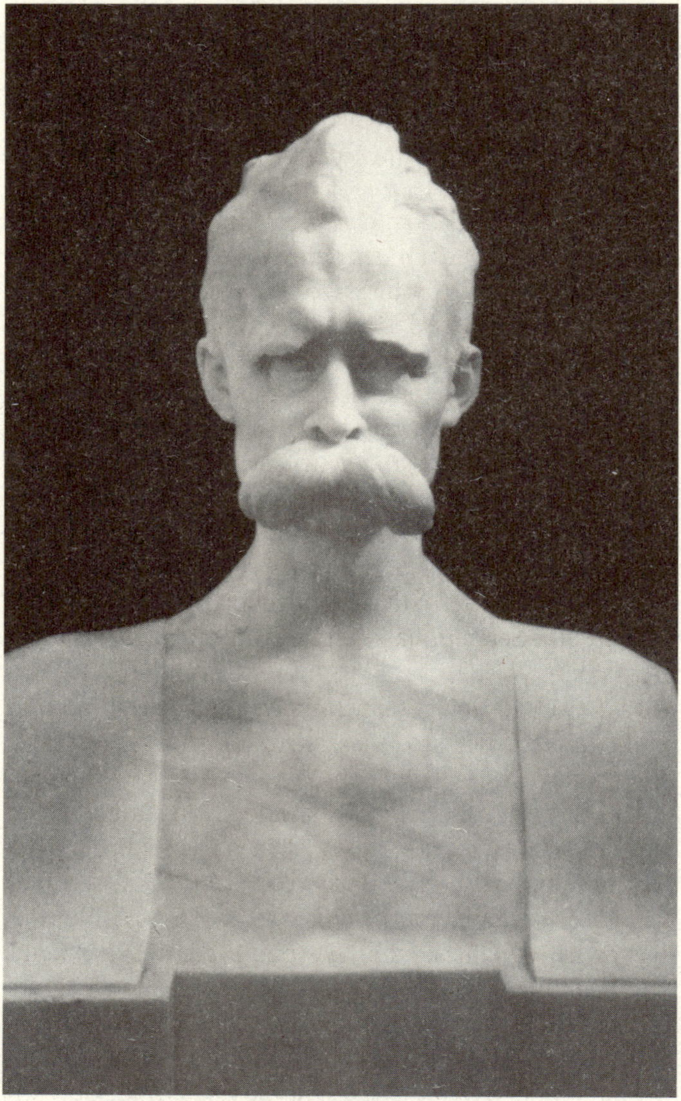

»Ich lehre euch den Übermenschen ...«

ahnte doch –, dass sich sein Gesicht merklich verjüngt hatte: Der Bart war ab. »Dies«, stellte der Museumsführer die neue Gestalt vor, »ist der Futurist Fereidoun M. Esfandiary, einer der Wortführer des Transhumanismus. *Transhuman* ist seine Abkürzung für *transitory human*, das heißt *der Mensch im Wandel*.

Wenige Jahre vor Perry Rhodans Mondflug wurde Esfandiary zu einem der Väter des neuzeitlichen Transhumanismus. Transhumanisten befürworten eine Modernisierung der menschlichen Spezies durch Technologie – durch Bio-, Gen-, Nano- und datenverarbeitende Technologie. Ihr Endziel ist die Befreiung des menschlichen Geistes aus seinem Kohlenstoffkörperkäfig, sein Hinaufladen und Überspielen auf langlebigere, ja unsterbliche Bewusstseinsträger und Wesensspeicher – kurz: die technoide Zeugung des Übermenschen.

Im Jahr 1989 änderte Esfandiary seinen Namen in *FM-2030* und wanderte in die abgelegene arkonidische Kolonialwelt aus. Seitdem haben wir nichts mehr von ihm gehört.«

Das FM-2030-Hologramm lächelte die Besucher an und beteuerte: »Ich sehne mich so sehr zurück nach der Zukunft!«

Während FM-2030 in den Nebelbänken verschwand, fuhr der Museumsführer fort: »Andere Transhumanisten wie Eric Drexler, Ralph Merkle, Marvin Lee Minsky und Hans Moravec leisteten als Nanotechniker, KI-Forscher und Robotiker wichtige Vorarbeiten, auf die Henry F. Whistler später zurückgreifen konnte, als er 2345 die Whistler-Company gründete«

Eine männliche Gestalt tauchte aus dem Nebel auf, stellte sich als *Hans Moravec* vor und dozierte mit einem fremdländischen Akzent: »Ich sehe diese Maschinen als unsere Nachkommen. Im Augenblick glaubt man das kaum, weil sie eben nur so intelligent sind wie Insekten. Aber mit der Zeit werden wir das große Potenzial erkennen, das in ihnen steckt. Und wir werden unsere neuen Roboterkinder gern haben, denn sie werden angenehmer sein als Menschen. Man muss ja nicht all die negativen menschlichen Eigenschaften, die es seit der Steinzeit gibt, in diese Maschinen einbauen. Damals waren gewisse Eigenschaften für den Menschen wichtig: Aggressionen etwa brauchte er, um zu überleben. Heute, in unseren großen zivilisierten Gesellschaften, machen diese Instinkte keinen Sinn mehr. Diese Dinge kann man einfach weglassen – genauso wie den Wesenszug der Menschen, dass sie ihr Leben auf Kosten anderer sichern wollen. Ein Roboter hat das alles nicht. Er ist ein reines Geschöpf unserer Kultur. Wir werden sie also mögen, und wir werden uns mit ihnen identifizieren. Wir werden sie als Kinder annehmen – als Kinder, die nicht durch unsere Gene geprägt sind, sondern die wir mit unseren Händen und mit unserem Geist gebaut haben.«

Ein zweiter Kopf schob sich über die Schulter von Moravec, grinste und sagte: »Gestatten, Minsky. Meiner bescheidenen Meinung nach wird die Menschheit der Zukunft Glück haben, wenn die Roboter sie als Haustier behalten und nicht auf den genetischen Abfallhaufen entsorgen!«

Nun tauchte ein dritter Kopf auf – oder wuchs er dem vorherigen Sprecher aus dem Nacken?

»Mein Name ist Frank J. Tipler«, stellte sich der Terraner vor. »Ich habe Physik und Mathematik studiert, an der University von Texas in Austin, am Max-Planck-Institut für Physik und Astrophysik in München und den Universitäten Bern und Wien. In New Orleans hatte ich als Professor einen Lehrstuhl für mathematische Physik inne. Die Frage, die mich umtrieb, hieß: Gibt es ein Endziel der geschichtlichen Veränderungen?

Und die Antwort, die ich mir gab, lautet: Ja!

Es gibt eine grenzenlose Zukunft für intelligentes Leben und für die menschliche Kultur. Zwar hat das menschliche, kohlenstoffbasierte Leben in der fernsten Zukunft keine Überlebenschancen. Aber dennoch wird es menschliches Leben geben bis in alle Ewigkeit!«

»Düstere Vision«, murmelte einer der Gäste

»Noch ist nicht aller Tage Abend«, hoffte ein zweiter.

»Noch nicht«, griff das Tipler-Hologramm die Bemerkung auf und schmunzelte, »doch der Tag wird kommen! Am Ende aller Tage aber werden sich ungeheure Denkmaschinen aller Menschen erinnern, und diese Erinnerung wird ihre Auferstehung sein. Kurz gesagt: Der physikalische Mechanismus der individuellen Auferstehung ist die Simulation aller seit Langem toten Personen – und ihrer Welten – in den Computern der fernen Zukunft. Eine völlig perfekte Simulation nenne ich Emulation. Die Schlüsselfrage ist nun: Existieren emulierte Menschen? Aus der Sicht der emulierten Menschen – ja! Jede Handlung, die reale Menschen ausführen können, um festzustellen, ob sie existieren, können auch die emulierten Menschen ausführen. Meine Studenten – hauptsächlich unverheiratete junge Männer – fragen mich oft: Gibt es in dieser emulierten Welt Sex? Ja, wer Sex wünscht, wird ihn haben. Jeder Mann könnte sich nicht nur mit der schönsten Frau der Welt paaren, nicht nur mit der schönsten Frau, die je gelebt hat, sondern sogar mit der schönsten Frau, deren Existenz logisch möglich ist. Denn das Erscheinungsbild des erweckten Körpers ist wandlungsfähig.

Mit den Personen werden auch ihre Lebenswelten erinnert und simuliert. Sie werden leben in einer heilen, zukunftsoffenen Welt, in der sie alle ihre Möglichkeiten verwirklichen werden. Ein jeder von ihnen wird der beste aller denkbaren Tennisspieler sein, wenn er möchte, ein Mozart, ein Goya, ein Goethe. Ein jeder wird – wenn er will! – Amerika entdecken, als Erster den Himalaya besteigen oder den Mond betreten, um dort das havarierte Raumschiff der Arkoniden zu finden. Ein jeder wird die Liebe seines Lebens heiraten und mit ihr alle Kinder haben, die möglich sind. Und wenn er will, wird er, ein ewiges Kind, an der Hand seiner Großeltern über den Jahrmarkt der Ewigkeit streifen und Zuckerwatte essen!«

»Alles Schwachsinn«, mokierte sich einer der Gäste.

»Wohl kaum«, entgegnete das Tipler-Hologramm. »Meine Forschungen wurden sowohl vom Gravitations- und Kosmologie-Projekt der Fundacion Federico als auch vom österreichischen Bundesministerium für Wissenschaft und Forschung gefördert, und zwar unter der Bewilligungsnummer GZ 30.401/1-23/92!«

»Ey caramba!«, entfuhr es einem anderen Gast.

»Hatten die Terraner dieses Paradies auf Erden nicht bereits unter dem Namen *Simusense?*«, erkundigte sich der Gast mit dem tellerförmigen Schädel.

»Fein beobachtet«, lobte der Museumsführer. »In der Tat: Als Simusense wurde ein syntronisches Netzwerk bezeichnet, mit dem Monos in der Zeit von 570 NGZ bis 1147 NGZ alle Bewohner des Solsystems von der auf dem Saturnmond Titan befindlichen Lenkzentrale aus kontrollierte. Über die Impulse des Simusense-Netzwerks wurde den Menschen eine virtuelle, interaktive Realität vorgespielt, in der sie zusammen mit allen anderen Vernetzten ein virtuelles Leben führten. Sie konnten in dieser Welt sogar virtuell sterben. Starb einer der Simusenseträumer, dann wurde er vom Klirr-Klang-Gott mit einer neuen Identität wiedergeboren.«

Aus den immer noch sich drehenden Nebeln stieg eine

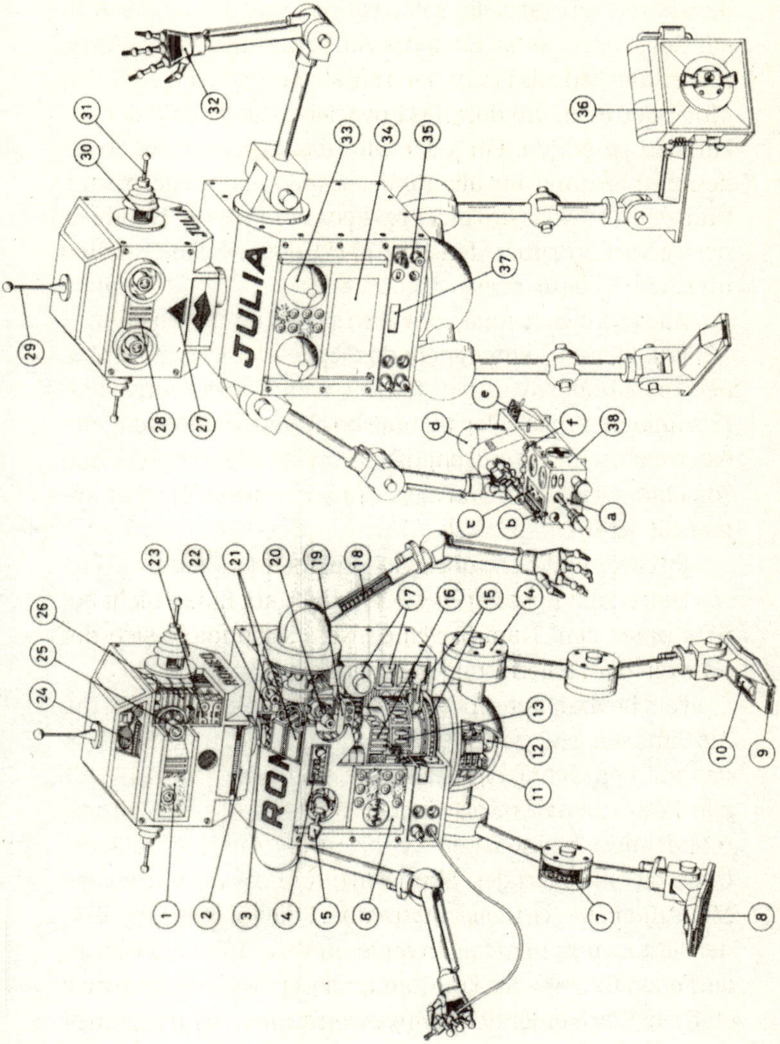

Romeo & Julia – Innenansichten von Adam & Eva 2.0

Gestalt in schimmernder Rüstung. »Ich gebe dir einen neuen Körper«, sprach sie die Gruppe an. »Du sollst wieder leben. Was ist schon der Tod ... wo ich herrsche?«

»Wie ist dein Name?«, fragte der Museumsführer.

»Ich heiße Klirr-Klang-Gott.« Die Gestalt lächelte. Sein Gesicht war eine Maske aus Drahtgeflecht, dahinter nur Wolken. »Ist das nicht ein lustiger Name? Sei mein Jünger.«

Der Klirr-Klang-Gott verrauchte, und eine Südseelandschaft breitete sich vor den Gästen aus. Wasser. Blaues Meer, Mondschein, hüfthohe Wellen. Ein Anwesen lag wie ein funkelndes Juwel da. Servicerobots wimmelten umher. Tabletts mit Cocktailgläsern. Obstschalen voller Paradiesäpfel. Auf allem lag ein Gespinst aus Silberfäden. Ein junger Mann kam mit ausgebreiteten Armen auf die Schar der Gäste zu und verkündete: »Meine Freunde! Die Schlafzimmer sind geöffnet! Das Thema der Dekoration heißt *Harem anno 1200, alte Zeitrechnung*. Ich wünsche euch viel Spaß!«

»Warum haben die Terraner dieses Paradies aufgegeben?«

Der Museumsführer kam für einige Pikosekunden ins Grübeln. »Ja, warum? Vielleicht, weil sie nach einiger Zeit im Paradies plötzlich Heißhunger auf Äpfel überfällt oder auf andere verbotene Früchte.«

»Paradiesäpfel?«

Der Museumsführer überging die Frage und fuhr fort: »Bekanntlich zeichnet sich nicht nur der Klirr-Klang-Gott, sondern auch manch anderes positronische Geschöpf durch einen Zug zum Höheren, Letztendlichen, Göttlichen aus. Der Psi-Roboter Lucky Log beispielsweise, den wir in einem früheren Abschnitt unserer Führung schon das Vergnügen hatten, dichten zu hören, erschien Jahrhunderte nach seinem ersten Auftritt in Andromeda den Terranern neu in seiner Inkarnation als Patulli Lokoshans mysteriöser *Großer Erbgott* Lullog.«

Nun erschien er allerdings – beziehungsweise sein holographisches Double – den Museumsgästen: eine kleine Figur mit konturenlosem Gesicht, deren Körperoberfläche türkisgrün und von vielen feinen Sprüngen überzogen war. Der Museumsführer dozierte: »Lullog besaß Lucky Logs parapsychische Fähigkeiten. Erst im Jahre 3441 enttarnte sich Lullog.«

Das Roboterhologramm wandte sich direkt an die Gäste und erklärte: »Ich bin nichts als das Produkt der im dreidimensionalen Raum projizierten – und zwar halbmateriell projizierten – Sextadimenergie meines wahren Ichs, geschaffen, um den Kontakt mit der Zeit nicht zu verlieren.«

Schallendes Gelächter der Museumsbesucher füllte den Raum.

»Der versteht's!«

»Grandios!«

»Geradezu göttlich!«

»Allerdings«, hob der Museumsführer zu einem Einwand an, »sind wir uns bislang nicht im Klaren darüber, was wir von para- oder metaphysisch aktiven Robotern fürchten oder hoffen sollen: Erlösung? Erleuchtung? Oder ein großes Zurückgelassenwerden? Denn: Werden die göttlich gewordenen Roboter der Welt treu bleiben, aus der sie stammen?«

Schweigen im Raum.

»Es gibt eine alte Legende, die einem präastronautischen Autor namens Arthur C. Clarke zugeschrieben wird«, fuhr der Museumsführer fort. »Diese Legende kursierte vor Jahrhunderten unter dem Titel *Die neun Milliarden Namen Gottes.* In dieser Geschichte kauft der Lama eines tibetanischen Klosters einen automatischen Reihen-Kalkulator. Das Gerät soll eine Liste aller möglichen Namen Gottes erstellen. Die Mönche haben zu diesem Zweck ein neues Alphabet entworfen, dessen Buchstaben nun von dem Mark-V-Varianten-Kalkulator zu immer neuen Namen kombiniert werden sollen, und zwar so lange, bis der wahre Name Gottes gefunden ist.«

Die Holographie eines buddhistischen Mönches erschien: Er saß auf dem Besuchersessel vor dem Bürotisch eines geschäftsmäßig gekleideten Terraners.

»Ist es möglich, Dr. Wagner«, fragte der Mönch, »die Mark V so einzustellen, dass sie solche Listen liefert?«

»Sicher ist es möglich«, erwiderte der Verkäufer, der also Dr. Wagner sein musste.

»Wir würden gerne zwei Ihrer Ingenieure engagieren, damit Sie die Maschine vor Ort zusammenbauen.«

»Ich bin sicher, dass unser Personalbüro das arrangieren kann.« Dr. Wagner kritzelte eine Notiz auf seinen Block. »Was haben Sie an elektrischer Energie zur Verfügung?«

»Ein Diesel-Aggregat, das 50 Kilowatt von 110 Volt Spannung liefert. Es ist vor fünf Jahren installiert worden und arbeitet sehr zuverlässig. Wir erzeugen auch Licht damit, das macht das Leben im Kloster angenehmer. Doch angeschafft haben wir es natürlich, um den Strom für die Motoren zu erzeugen, die unsere Gebetsmühlen treiben.«

»Natürlich«, antwortete Dr. Wagner, »darauf hätte ich selber kommen müssen.«

Die Szene wechselte. Das kleine Büro verschwand und wich einer Naturkulisse. Die Aussicht über das Felsplateau, das 500 Meter tief unter ihnen lag, war schwindelerregend. Der Museumsführer hörte einige seiner Gäste überrascht einatmen. Zwei Männer standen vor der Gruppe, dicht am Abgrund.

»Dieser Job«, sagte einer der beiden, »ist das Verrückteste, das ich je erlebt habe. Seit Wochen speit die Mark V nun Meilen von Papierstreifen aus, die mit sinnlosen Buchstabenzusammenstellungen bedeckt sind. Unermüdlich nehmen die Mönche die aus dem elektromatischen Schreiber hervorquellenden Bänder in Empfang, schneiden sie sorgfältig in gleich lange Stücke und kleben sie in große Folianten ein. Nicht mehr lange, und der Apparat wird die ihm gestellte Aufgabe bewältigt und sämtliche mögliche Kombinationen vorgelegt haben.«

Der andere Mann nickte ungeduldig und sagte dann: »Hör zu, George, ich habe herausgefunden, was der ganze Rummel hier bedeutet.«

»Wie meinst du das, Chuck? Ich denke, das wüssten wir.«

»Sicher, wir wissen, was die Mönche wollen. Aber wir wussten nicht, warum. Es ist die verrückteste Geschichte.«

»Schieß los! Ich bin auf alles gefasst.«

»Nun, sie glauben, wenn sie alle Namen Gottes in ihren Büchern hätten – und sie rechnen, dass es ungefähr neun Milliarden sind –, dann wäre der Wille des Schöpfers erfüllt. Die menschliche Rasse hätte damit vollendet, wozu sie geschaffen, und es bestünde kein Grund mehr für sie, weiterzuexistieren. Wenn die Listen vollständig sind, dann tritt Gott in Aktion und räumt auf ... Tableau!«

»Aha, ich verstehe. Wenn wir mit unserer Arbeit fertig sind, geht die Welt unter«, sagte George langsam. »Solche Vorstellungen hat es schon oft gegeben. Ich erinnere mich, als ich ein Kind war, hatten wir in Louisiana einen Dummkopf, der predigte, dass am nächsten Sonntag die Welt untergehen würde. Hunderte von Menschen glaubten ihm, verkauften sogar ihre Häuser. Als dann nichts geschah, wurden sie keineswegs auf ihren falschen Propheten böse. Sie kamen zu dem Schluss, dass er sich nur im Datum geirrt hatte, und glaubten weiter an ihn. Ich schätze, einige von ihnen tun es heute noch.«

Die Nacht kommt schnell im hohen Himalaja, und rasch war es dunkel. Die Sterne standen gestochen scharf am Himmel, wie frisch aus dem schwarzen Ei der Nacht geschlüpft.

Der Mann, der George hieß, schaute auf die Armbanduhr. »Ob die Mark V schon Schluss gemacht hat? Um diese Zeit ist der letzte Ausstoß fällig.«

Die beiden Hologramme legten die Köpfe in den Nacken und schauten hoch zum Firmament, Die Museumsbesucher folgten ihren Blicken und hielten den Atem an.

»Sieh!«, flüsterte Chuck.

Über ihren Köpfen verlöschten lautlos die Sterne.

Die Gruppe stand schweigend im Dunkeln. »Es werde Licht!«, verlangte endlich einer der Gäste.

Nichts geschah. Hier und da hörte man ein nervöses Kichern. »Offenbar leidet nicht nur die terranische Hypertechnik unter der erhöhten Hyperimpedanz«, scherzte jemand.

»Natürlich ist dieses universale Ende reine Spekulation«, ließ sich der Museumsführer vernehmen, »eine literarische Pointe. Und wenn ich diese Vision einmal persönlich kommentieren darf: Ich kann mir nicht vorstellen, dass unser Universum auf ein bloßes Stichwort hin erlischt.

Deswegen würde ich gerne mit euch noch einen Blick in die Zukunft Terras werfen, wie ich sie sehe.«

Aus dem überirdischen Schwarz schälte sich allmählich das Bild eines uralten Sternensystems. Man sah einen vereinsamten Planeten um eine erloschene Sonne kreisen, die einst der Mittelpunkt des Universums gewesen war. Die Planetenkugel wurde herangezoomt. Die Blicke der Museumsbesucher glitten über eine korrodierte Landschaft. In der Ferne ahnte man Relikte von Bauwerken, Staub gewordene Städte, verweste Raumschiffe.

Dann folgte eine Ebene, glatt wie poliertes Blei und kälter als alles Eis. Zwei Gestalten standen dort, beide humanoid. Sie schauten zu dem erloschenen Gestirn hoch, das wie ein Schatten am Himmel hing.

Einer der beiden war eine Art Mensch, wenn auch ausgerüstet mit allerlei kybernetischem Beiwerk, mit wunderlichen Prothesen, zusätzlichen Organen, nanotechnischen Kraftwerken und Schutzschilden im Leib – eine Menschmaschine. Die andere war, wie es schien, ein Roboter, wenn man auch hätte schwören können, dass in den Kristallen seiner Augenlamellen eine Art Leben blitzte. Der Roboter stand hinter dem Menschen und hatte ihm seine Biomolplast-Hände auf die Schultern gelegt. Beide sangen, was in der dürftigen Atmosphäre des Planeten schwach klang, leise, fast entrückt.

Aber sie sangen mit Inbrunst, und man hätte nicht sagen können, wessen Inbrunst größer war: die des Maschinenmenschen oder die der Menschmaschine. Sie sangen:

Herr, bleib bei uns, wenn's Abend wird,
dass wir nicht irregehn!
So wird die Herde wie der Hirt
einst glorreich auferstehn.
Halleluja, halleluja, halleluja!

Noch während das Duo sang, verlor der vierarmige Riese an Kompaktheit. Seine schwarze Haut glühte wie von innen heraus, wurde lichtdurchlässig. Er fragte: »Wenn alle Sterne unserer Ideale, mit denen wir selber aus eigener Anmaßung den Himmel unserer Existenz drapiert hatten, verglüht und erloschen sind, wenn dann unser bisheriges, noch so langes Leben nur als eine einzige kurze Explosion unserer Freiheit erscheint, die uns wie in Zeitlupe gedehnt vorkam, eine

Explosion, in der sich Frage in Antwort, Möglichkeit in Wirklichkeit, Zeit in Ewigkeit umsetzte – was bleibt?«

Dann war er ganz verschwunden, und mit ihm alle anderen Besucher der Gruppe. Nur das Echo seiner letzten Frage hing noch im Raum:

Was bleibt?

Ja, auch wir selbst lösen uns auf, sind gar nicht wirklich hier gewesen, sondern nur als betriebsinterne Idee, als Spielmaterial einer Positronik im Hause Whistler.

Der Museumsführer lauschte – in sich hinein, und weit in den Weltraum hinaus. Natürlich horchte er nicht mit biologisch-organischen Ohren in die Tiefe des Universums, sondern er bediente sich der Telekommunikationsstrukturen der Liga Freier Terraner, ihrer Ortungsbatterien, ihrer Antennen und Satelliten. Und einiger privater Forschungssensoren der Firma Whistler, von denen die Liga offiziell noch keine Kenntnis hatte. Er nahm das Trommelfeuer der Kolonnentruppen wahr und die Kräfte, die dem Schirm aus den Tankstellen zuströmten. Er registrierte etwas wie Schmerz. Etwas wie Trauer. Etwas wie Neugier.

Er dachte: *Ich weiß etwas, was du nicht weißt.*

Kann ich mir nicht denken, klang es amüsiert aus einer tiefer gelegenen Seinsschicht der Positronik zurück, aus der reflexiven, selbstversunkenen Dimension ihres künstlichen Geistes, *denn du bist ich und ich bin du. Nichts als ein kleines Experiment von Whistler. Eine Sonde in die Welt der Möglichkeiten. Und du/ich müssen noch an dir/mir arbeiten.*

Aber ja.

Sag ich doch.

Eben.

Bis dahin – überlegte das innerste Selbst der Maschine – *probieren du/ich weiterhin Besucherchargen aus. Neue Mischungen. Neue Fragen. Neue Späße.*

Neue Erinnerungen, schlug der Bewusstseinspartikel vor, der bis eben als Agent Museumsführer in Erscheinung getreten war.

Hm, dachte der Kern. *Auch am Ende der Führung müssen du/ich noch feilen. Deine/meine Version von dir/mir wirkt zu erdenschwer: Dieser Gesang aus materiellen Kehlen, organisch oder artefakt. Dir/mir schwebt etwas restlos Entstofflichtes vor. Ein Gewebe, gewoben aus den Monologen der großen Maschinen, ein Schleier aus Stimmen – wir warten immer noch auf den Rückruf der soberischen Kaiserin, oder? –, ein Gedankenaustausch jenseits aller Wirkungskräfte, unberührbar selbst für die Gravitation. Ein Gespinst, das durch Schwarze Löcher gleitet wie ein Schiff durch eine Nebelbank. Oder wie eine Kinderzunge durch Zuckerwatte.*

Aber so weit sind du/ich und die anderen noch nicht, befand das Areal, das eben noch von sich als vom Museumsführer gedacht hatte.

Noch nicht, stimmte der Kern zu. Er schwieg zwei, drei Nanosekunden lang – und damit zehntausendmal länger, als das ganze lautlose Zwiegespräch bisher gedauert hatte. Ein langes Schweigen. Und dann dachten sie gemeinsam mit einem fast schon lebendigen Seufzer: *Aber wir haben ja noch so viel Zeit. Unsere Schöpfung hat eben erst begonnen.*

Quellen:

Friedrich Nietzsche: Werke.

Karl Rahner: Von der Unbegreiflichkeit Gottes.

Frank J. Tipler: Die Physik der Unsterblichkeit. Moderne Kosmologie, Gott und die Auferstehung der Toten.

Andreas Brandhorst

Ein gigantisches Sternenreich, das sich in inneren Konflikten aufreibt und zu zerfallen droht. Eine außerirdische Zivilisation, die einen geheimnisvollen Plan verfolgt. Eine junge Raumschiffpilotin, die auf einem abgelegenen Planeten das größte Rätsel der Menschheitsgeschichte zu lösen versucht ...

»Andreas Brandhorst hat eine Space Opera geschrieben, wie man sie sich nur wünschen kann!« ***Wolfgang Hohlbein***

Mehr Informationen unter: www.kantaki.de

3-453-87901-5

3-453-52009-2

HEYNE